Resteliebe Korken

Alles verwenden. Nichts verschwenden.

Ina Mielkau

Resteliebe

KORKEN

Alles verwenden.
Nichts verschwenden.

DIE BESTEN IDEEN AUS KORKEN

Inhalt

Schön praktisch

Dekorativ und verspielt

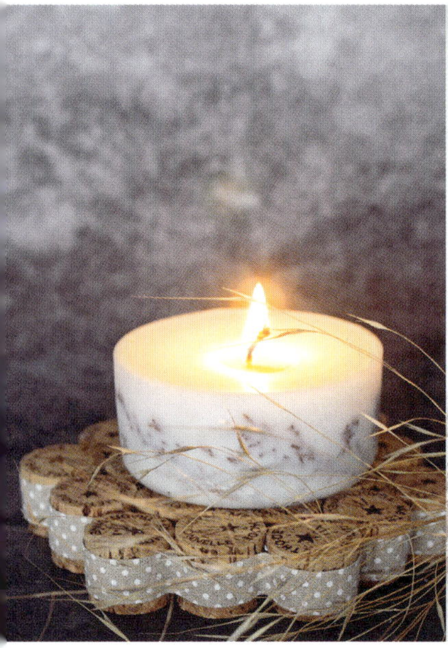

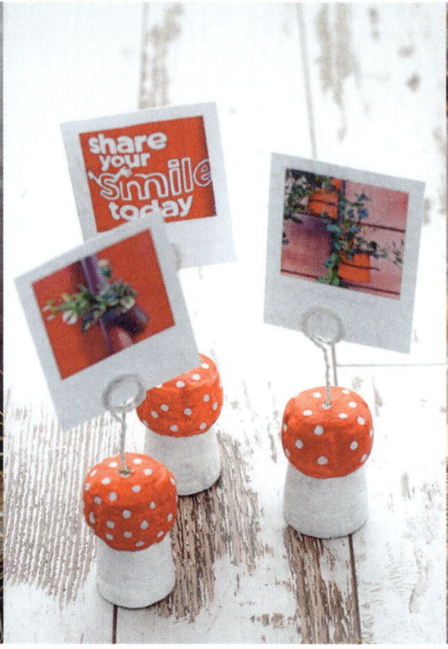

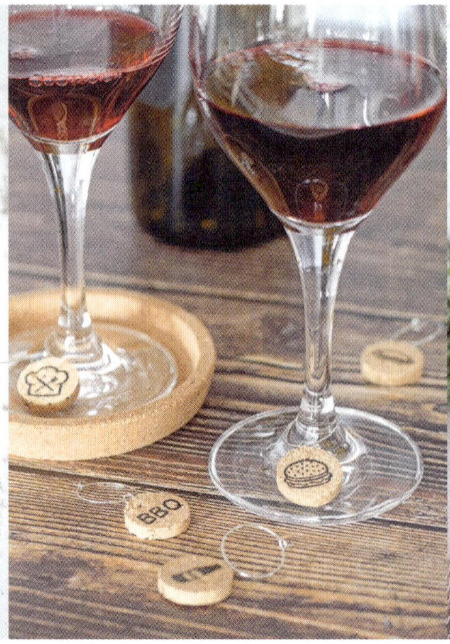

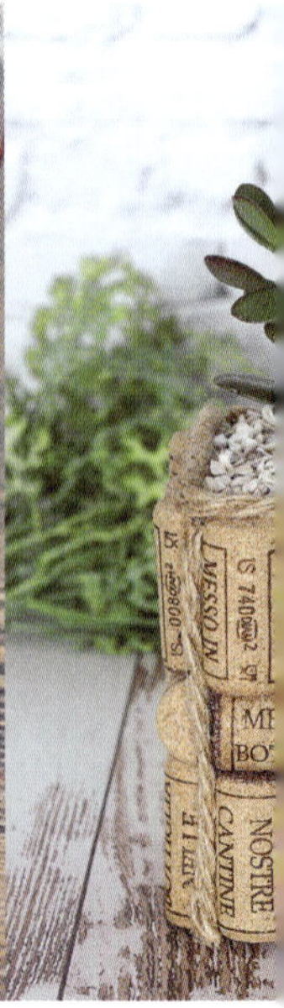

Schmuckstücke

Weihnachtliches

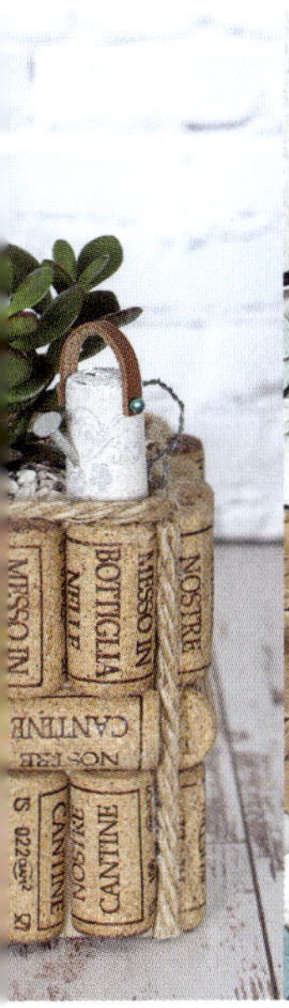

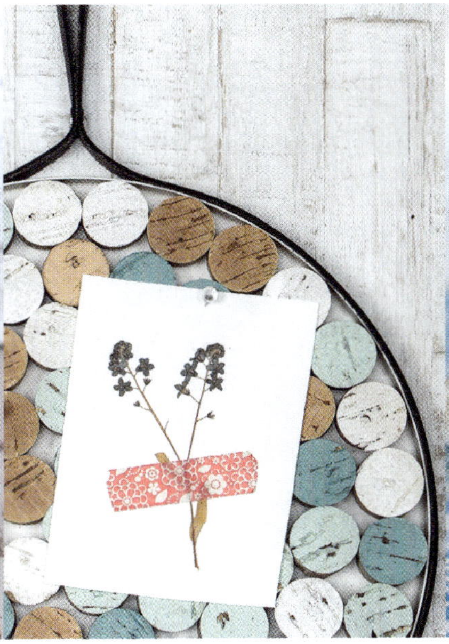

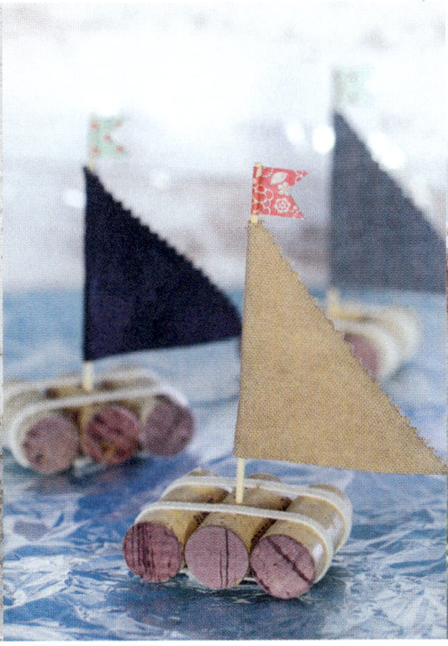

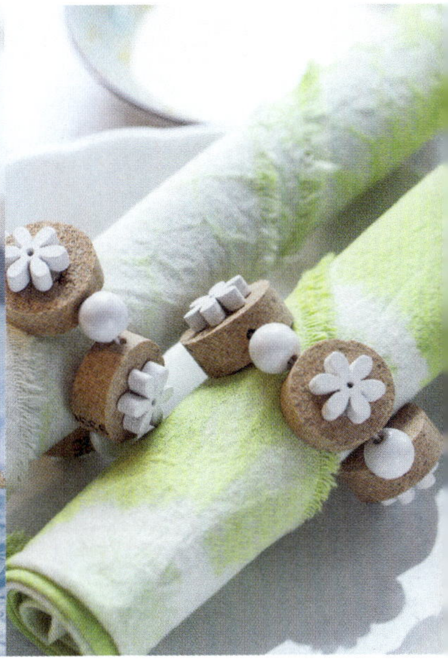

Vorwort

Wer jetzt vermutet, wir würden hier viel Wein und Sekt trinken, liegt nicht so ganz falsch. Aber solche Menge schaffen wir dann doch nicht in solch kurzer Zeit, in der das Buch entstanden ist. Freunde und Bekannte haben fleißig mitgesammelt. Und die oder der eine oder andere hatte noch richtige Schatzkisten im Keller. Wofür auch immer die wohl gedacht waren?

Aber Korken wirft man eben nicht so leicht weg. Schließlich ist das nicht nur ein Flaschenverschluss, sondern ein Produkt aus einer Jahrhunderte alten Landbewirtschaftung in den Korkwäldern.

Fast in jeder Stadt gibt es Stellen, wo man Korken abgeben kann. Der NABU stellt auf seiner Webseite eine Suchfunktion zur Verfügung, mit der man die nächste Sammelstelle finden kann. Außerdem rufen die Naturschützer in ihrer KORKampagne dazu auf, im Rahmen eines Kranichschutzprojekts Korken zum Recyclen zu sammeln. So sollen die lichten Kork- und Steineichenwälder im Südwesten der iberischen Halbinsel geschont werden, die als Überwinterungsgebiet von bis zu 100.000 Kranichen aus ganz Mittel- und Nordeuropa dienen.

Ein paar Korken kann man natürlich auch zum Basteln verwenden. Den Rest spenden! In diesem Sinne Prost und viel Spaß beim Sammeln und Basteln!

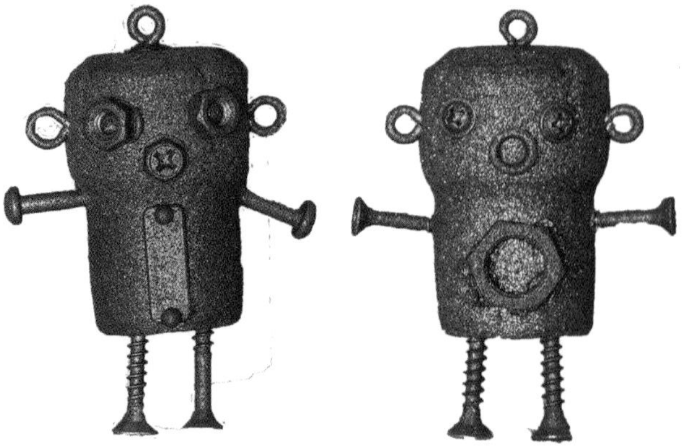

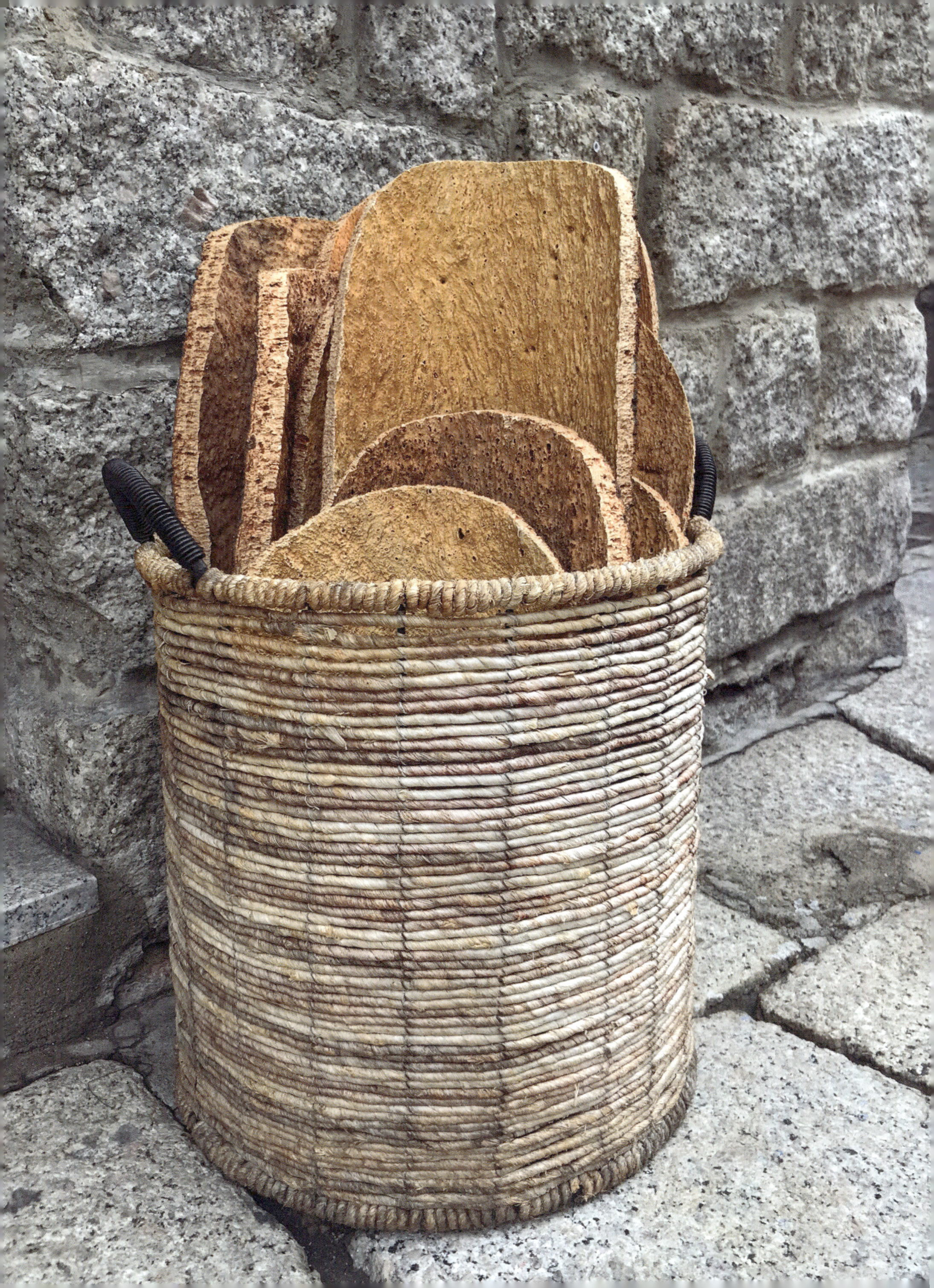

Der Kork

WAS IST EIGENTLICH KORK?

Alltagssprachlich wird mit dem Begriff Kork das Material aus der Rinde der schönen, knorrigen Korkeiche bezeichnet. Der weltweit größte Korkproduzent ist Portugal. Die Korkeiche ist ein immergrüner Laubbaum, der viel Sonne benötigt, um hochwertigen Kork zu bilden. Die Rinde wird nach ca. 20 bis 25 Jahren das erste Mal geerntet, wobei maximal ein Drittel abgeschält werden darf, damit der Baum nicht austrocknet. Nach 9 bis 11 Jahren kann man die Korkeiche erneut schälen. Das Schälen geschieht in der Regel von Hand mit speziellen Werkzeugen. Die gewonnenen Korkplatten werden zum Trocknen in der Sonne ausgelegt. Später werden sie sortiert und in verschiedene Kategorien eingeteilt, je nach Qualität und Verwendungszweck. Eine Korkeiche kann 9 bis 15 Mal abgeerntet werden.

WAS MACHT KORK SO VIELSEITIG?

Kork hat eine Reihe von Eigenschaften, die ihn zu einem sehr vielseitigen und nachhaltigen Material machen:

Natürlich: Kork wird aus der Rinde der Korkeiche gewonnen und ist somit ein natürliches und nachwachsendes Material.
Wärme- und schalldämmend: Kork hat eine hohe Wärme- und Schalldämmung, was ihn für die Verwendung in Dämmstoffen und als Bodenbelag prädestiniert.
Wasserabweisend: Kork ist wasserabweisend und absorbiert kaum Feuchtigkeit; daher ist er ideal für die Verwendung in feuchten Räumen wie Badezimmer und Küchen.
Leicht: Kork hat ein geringes Gewicht, wodurch er einfach zu handhaben und zu transportieren ist.
Langlebig: Kork ist langlebig und kann mehrere Jahrzehnte halten, wenn er ordnungsgemäß gepflegt wird.
Flexibel: Kork hat eine hohe Flexibilität und kann leicht in verschiedene Formen gepresst werden, wodurch er sich für viele verschiedene Anwendungen eignet.
Umweltfreundlich: Kork ist biologisch abbau- und recycelbar und trägt so zum Umweltschutz bei.

Und natürlich kann man Kork auch super zum Basteln verwenden. Er lässt sich mit verschiedenen Werkzeugen und Techniken bearbeiten, wie z.B. einer Feile, einem Messer, einer Schere, einer Säge, einer Bohrmaschine oder einem Brandmaler. Auch das Bedrucken oder Bemalen von Kork ist möglich.

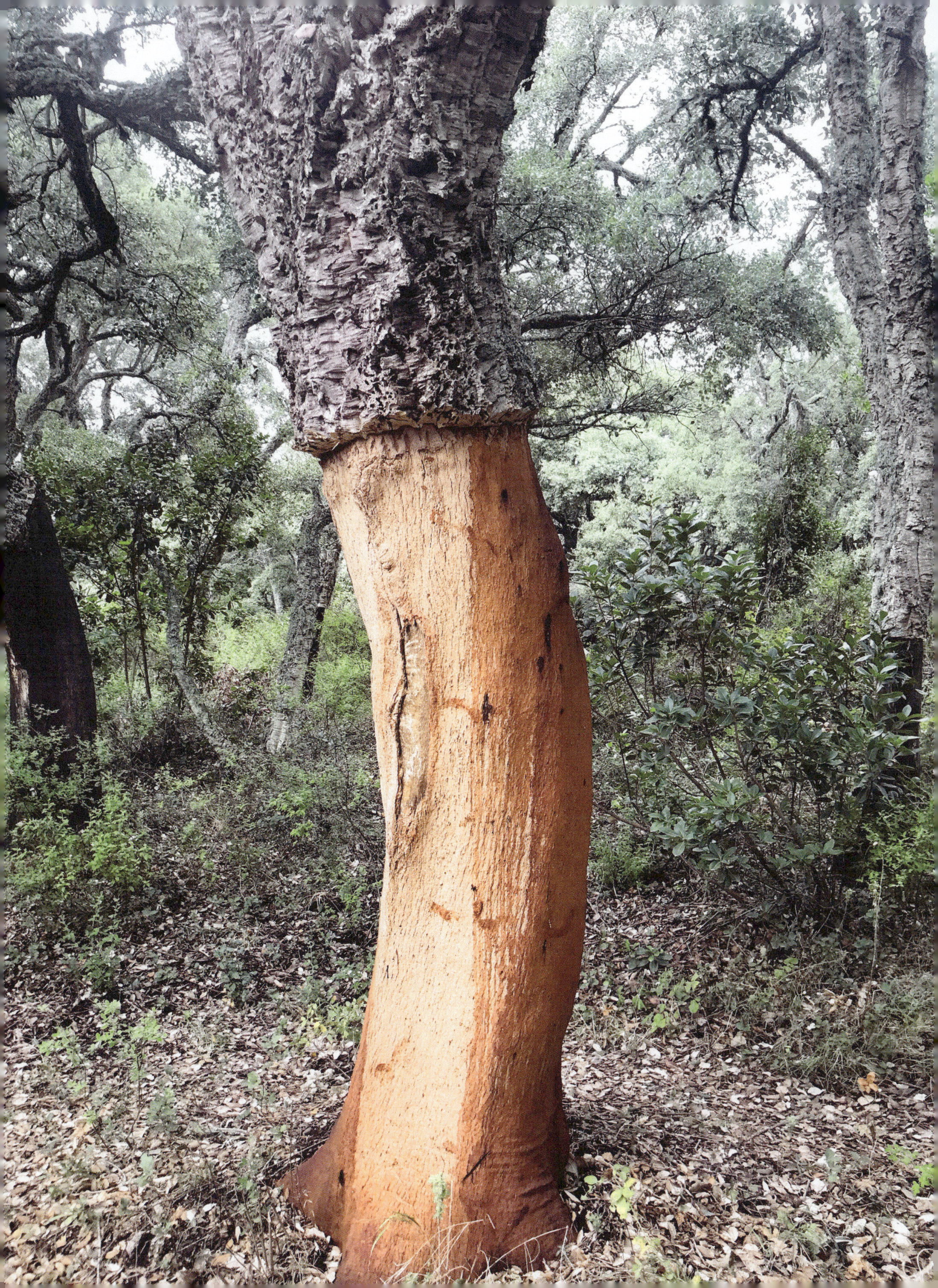

Tipps zur Verarbeitung

MATERIAL VORBEREITEN

Im Internet findet man zwei Methoden, die es erleichtern, Korken zu schneiden. Beide sind gut, beide funktionieren. Man kann die Korken in einem Topf Wasser 10 Minuten kochen oder man dämpft sie in einem Sieb über kochendem Wasser bei geschlossenem Deckel. Aber Achtung: Korken quellen auf, das sollte man beim Basteln mit einplanen (siehe Abb. unten rechts).

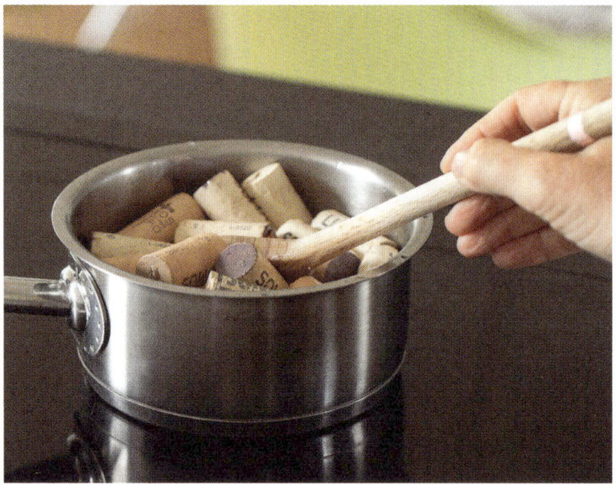

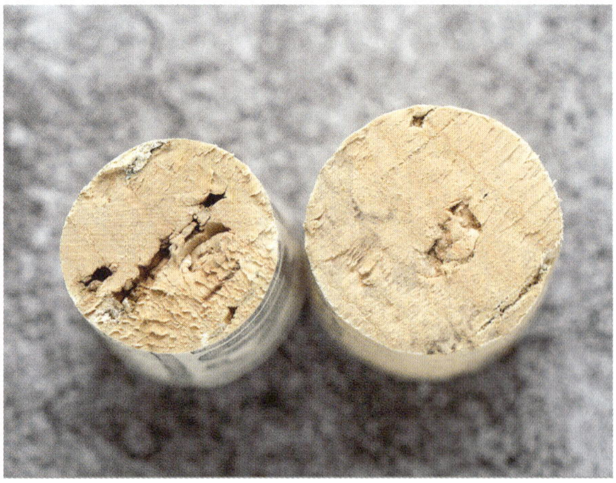

KORKEN SCHNEIDEN

Auch hier gibt es mehrere Möglichkeiten: mit einem sehr scharfen Messer, einem Cutter oder einer Säge. Es kommt immer darauf an, was man erreichen möchte. Für mich persönlich hat sich das Messer bewährt. Mit einer kleinen Metallsäge lassen sich die Korken ebenfalls sauber absägen. Um Stücke aus dem Korken herauszuschneiden, verwendet man am besten ein scharfes Küchenmesser oder einen Cutter. Ein kleiner Schraubstock ist hierbei hilfreich.

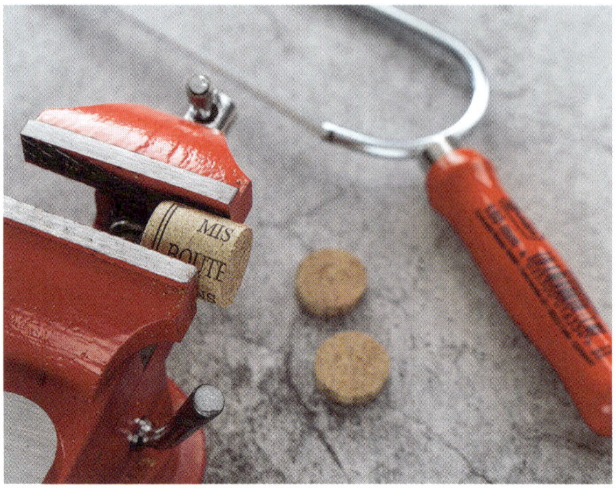

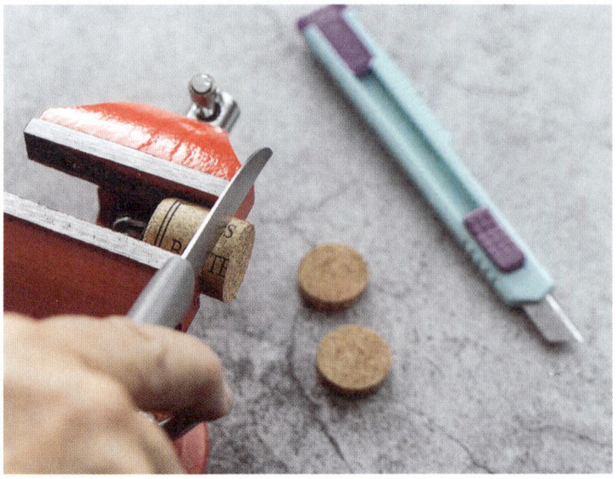

KLEINE SCHNEIDEHILFE BASTELN

Für gerade Schnitte benötigt man das richtige Werkzeug: ein sehr scharfes Küchenmesser, ein Cuttermesser oder eine feine Säge. Die Korken zuvor am besten aufkochen, wie links beschrieben. Aber auch eine kleine selbstgebastelte Gehrungslade kann von Vorteil sein, damit die Schnitte gerade und gleichmäßig werden.

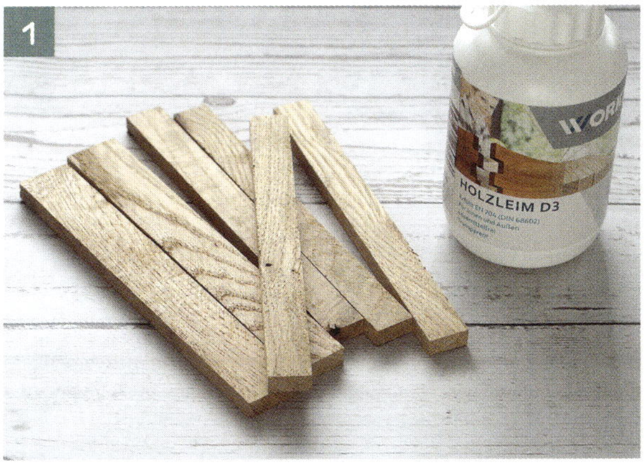

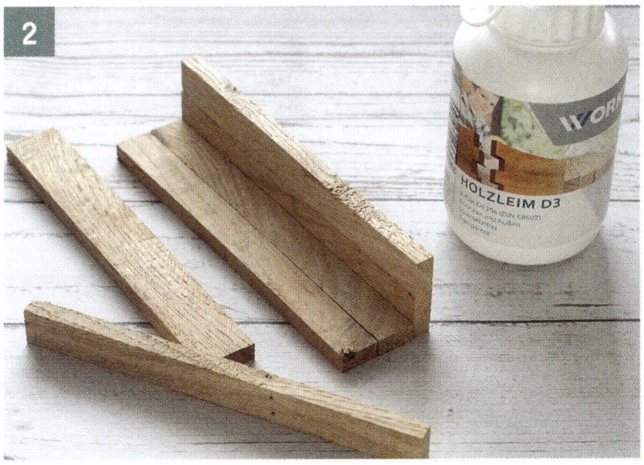

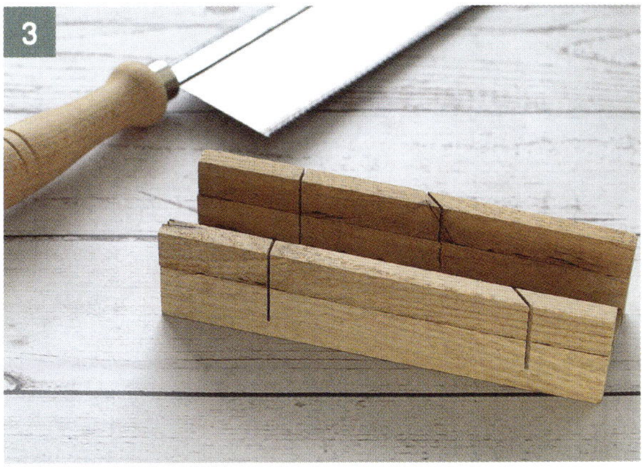

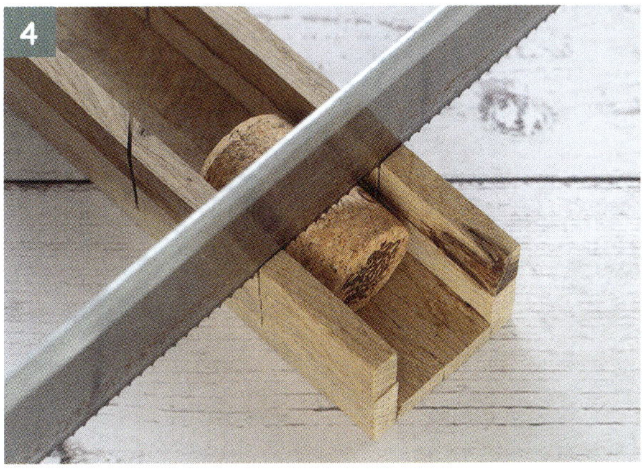

1. Für die kleine Sägehilfe kann man Holzleisten verwenden, wie zum Beispiel Easy Sticks (oder Stäbchenparkettreste, wer welche übrig hat). Das genaue Maß ist eigentlich gar nicht so wichtig. Wichtig ist, dass der dickste Korken hineinpasst und dass die Seitenwände etwas höher als die Korken dick sind.

2. Mit Holzleim klebt man die Teile zusammen. Den Kleber lässt man gut aushärten.

3. Dann sägt man einen geraden Schnitt im 45°-Winkel, und vielleicht auch noch einen 60°-Winkel in die Seitenwände.

4. Nun kann man den Korken hineinlegen und mit einer Säge oder einem Messer in den Sägeschlitzen gleichmäßige Stücke absägen bzw. abschneiden.

Viele der im Buch gebastelten Projekte wurden in der Gehrungslade geschnitten. Meist sieht man sie auch auf dem Foto, sie taucht aber in der Materialliste nicht auf. Jede und jeder sollte selbst testen, womit sie oder er am besten klarkommt.

Eine weitere einfache Möglichkeit ist es, den Korken mithilfe einer Klammer zu halten. Auch so bleiben die Finger beim Schneiden geschützt und der Korken rutscht nicht weg.

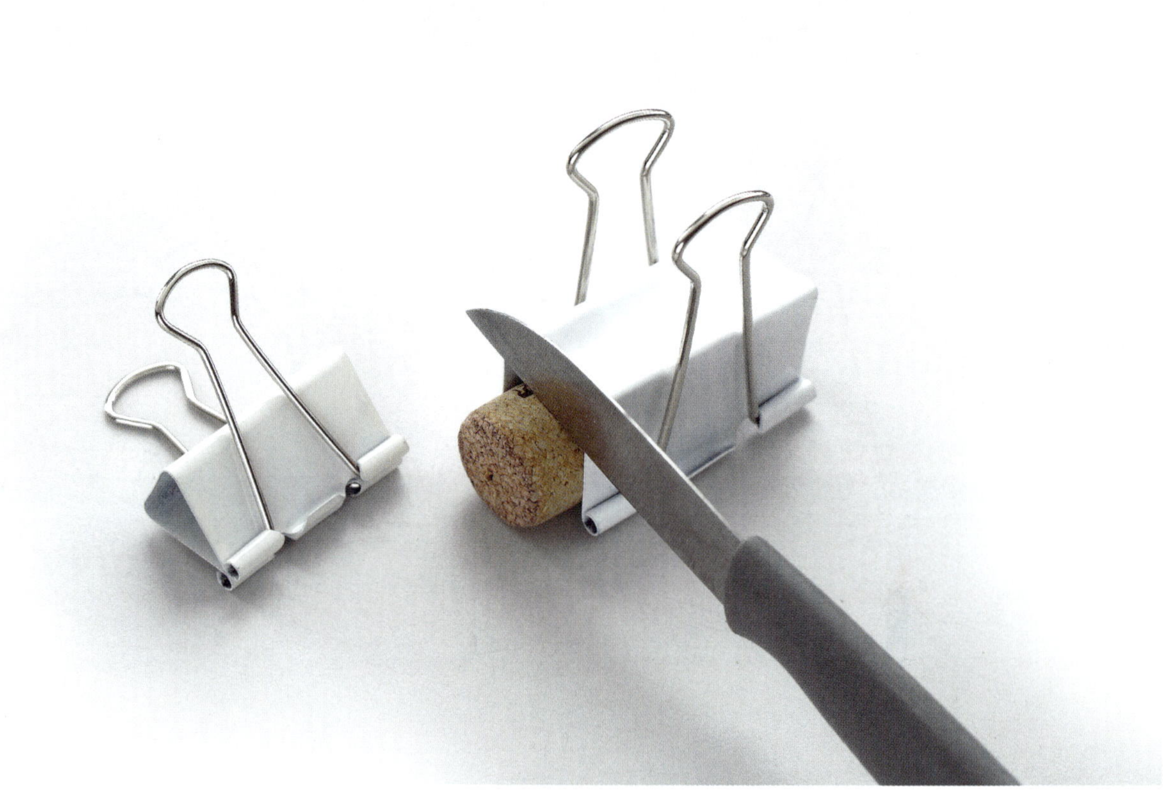

KORKEN BOHREN

Wer weder Bohrmaschine noch Akkuschrauber hat, kann die kleinen Handbohrer verwenden, die es in verschiedenen Größen gibt. Beim Bohren mit einem elektrischen Bohrer unbedingt den Korken zuvor fixieren, entweder mit einer Klammer oder in einem Schraubstock.

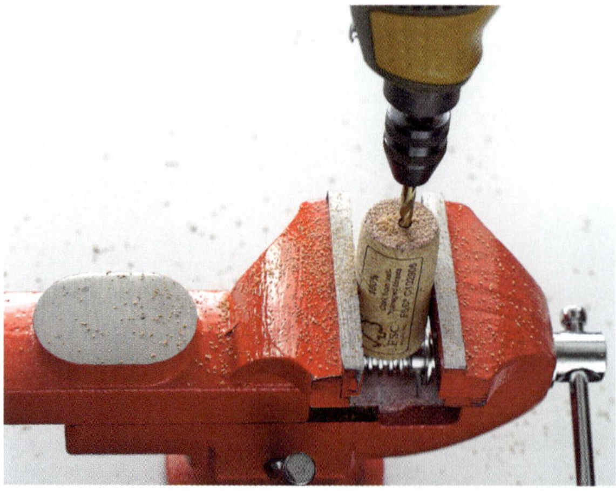

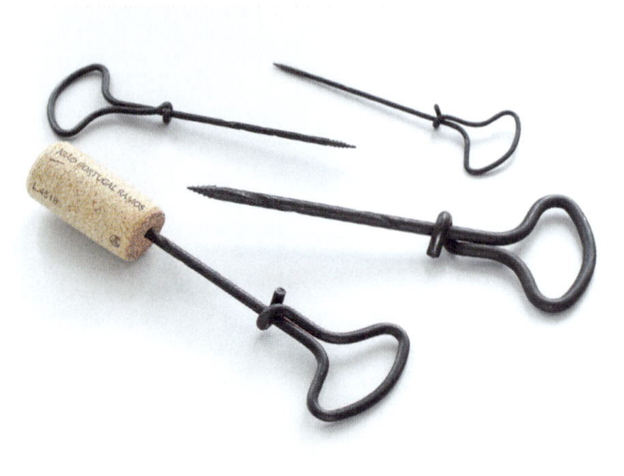

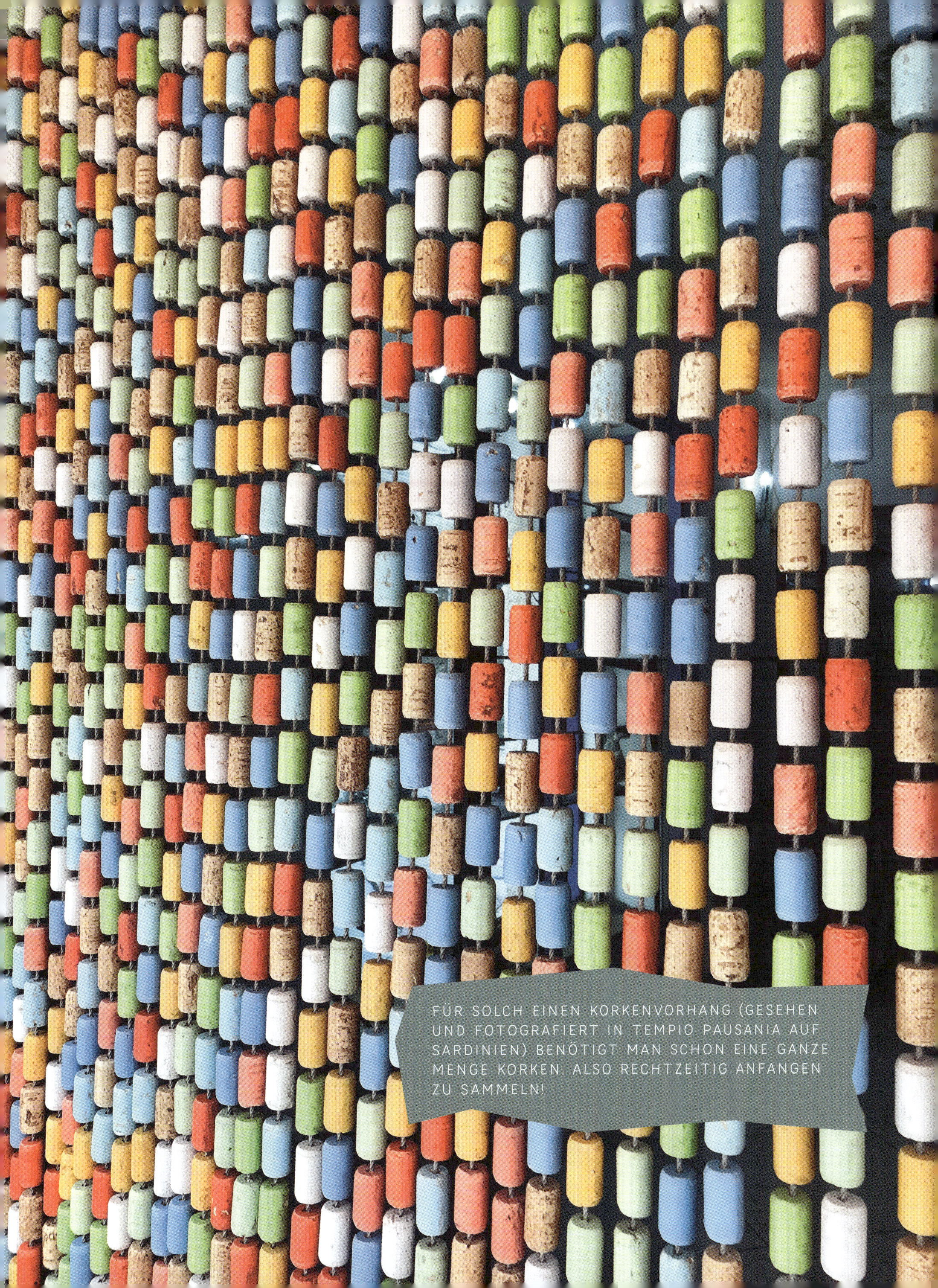

FÜR SOLCH EINEN KORKENVORHANG (GESEHEN UND FOTOGRAFIERT IN TEMPIO PAUSANIA AUF SARDINIEN) BENÖTIGT MAN SCHON EINE GANZE MENGE KORKEN. ALSO RECHTZEITIG ANFANGEN ZU SAMMELN!

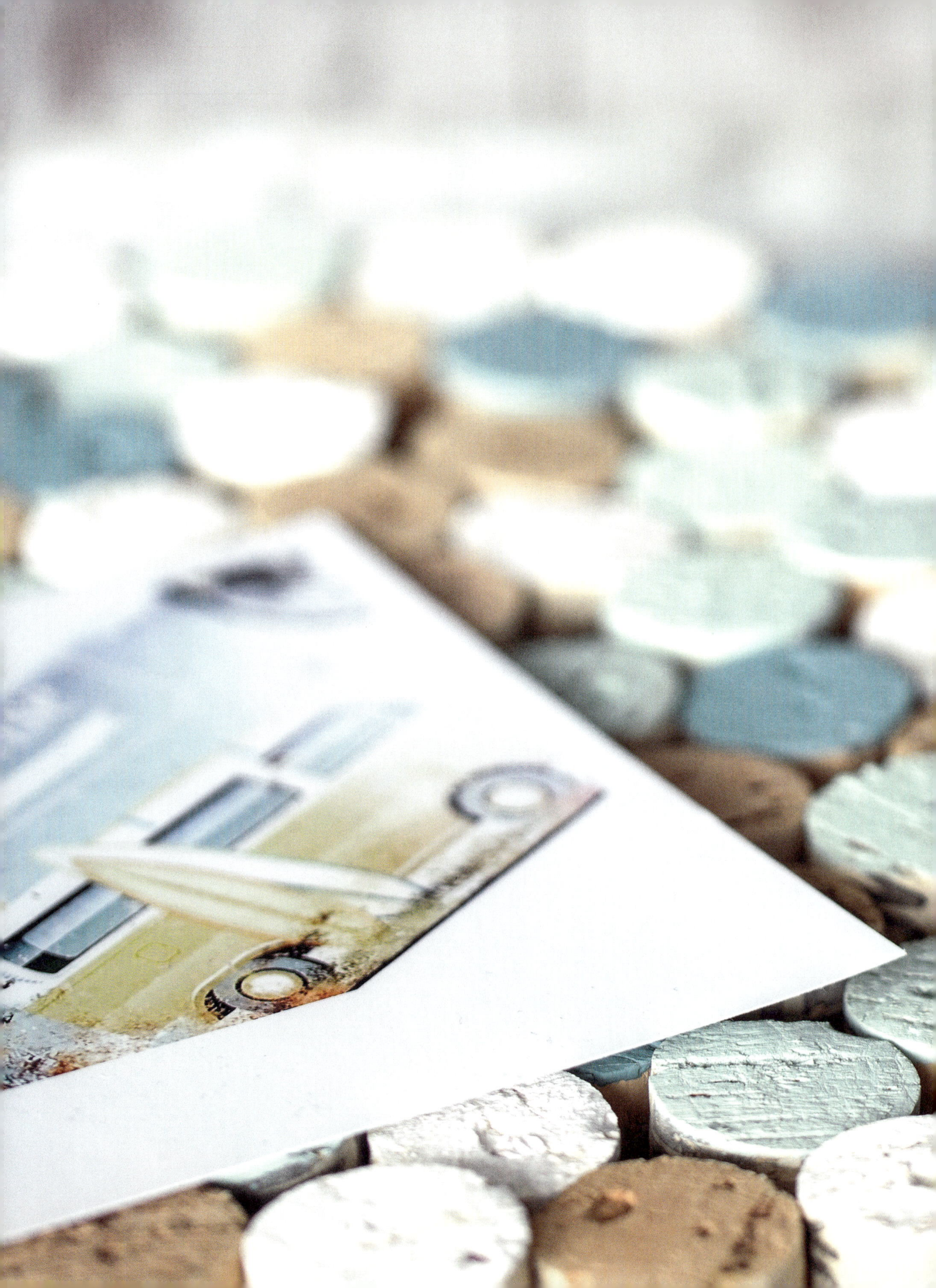

Schön praktisch

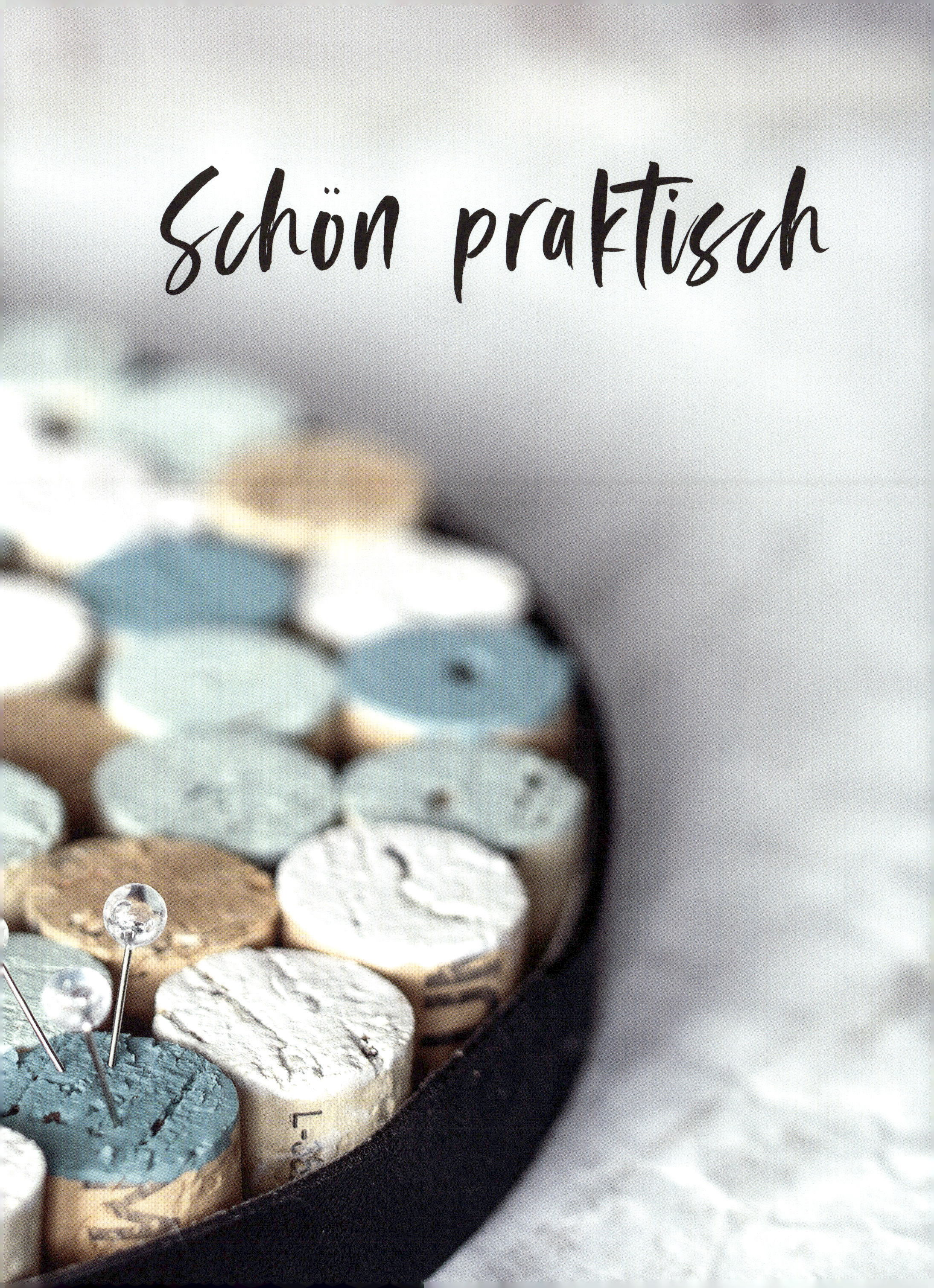

Alles im Blick

MATERIAL:
RUNDES TABLETT, KORKEN, KUNSTLEDERBAND, SCHRAUBNIETE (BUCHSCHRAUBE), LOCHZANGE, SCHERE, MESSER, ACRYLFARBEN, PINSEL ODER SCHWAMM, HEISSKLEBER

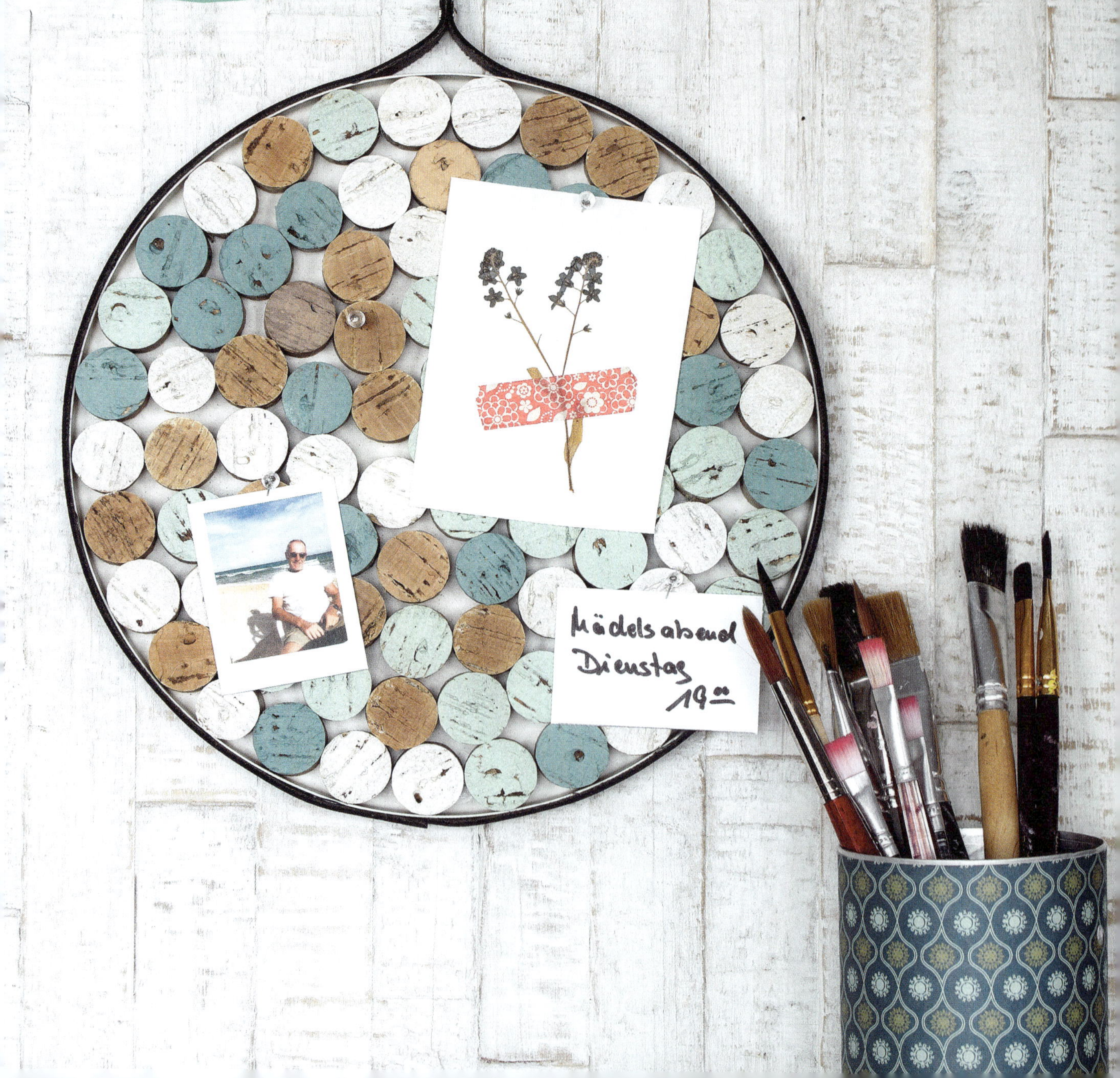

KAUM JEMAND, DER FRÜHER OHNE EINE KLASSISCHE PINNWAND AUS KORK AUSKAM. BIS SIE DANN VON DER MAGNETTAFEL ABGELÖST WURDE. ABER JETZT IST SIE WIEDER DA! UND ZWAR ALS INDIVIDUELLES PINBOARD AUS ALTEN KORKEN. WER JETZT NOCH EIN ALTES TABLETT FINDET, HAT DAS PERFEKTE UPCYCLING!

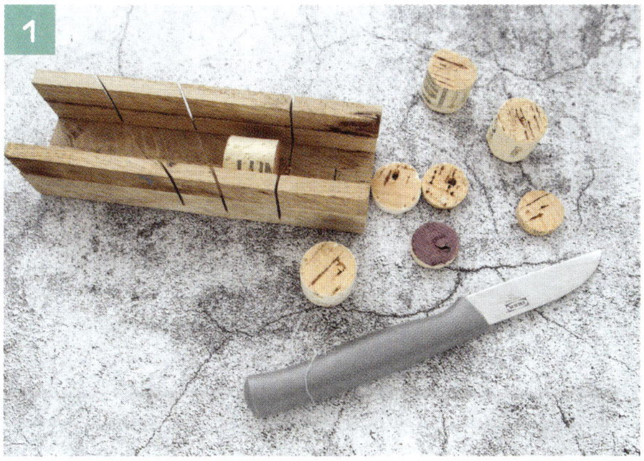

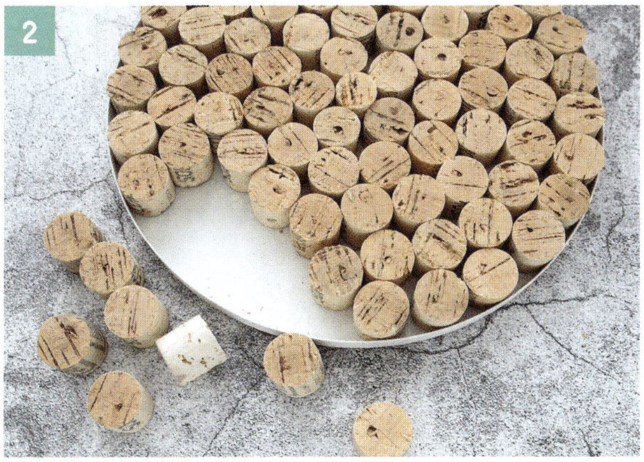

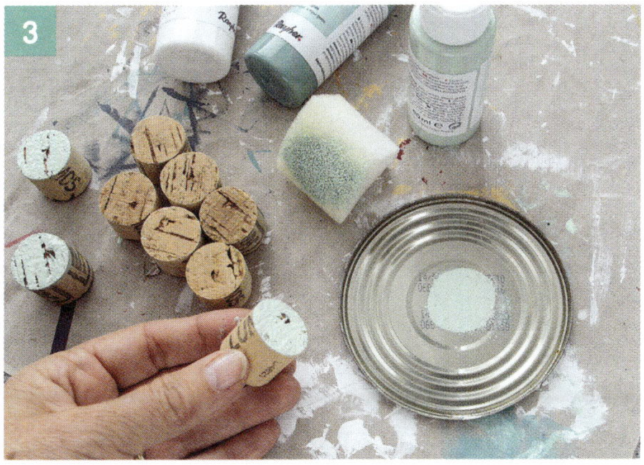

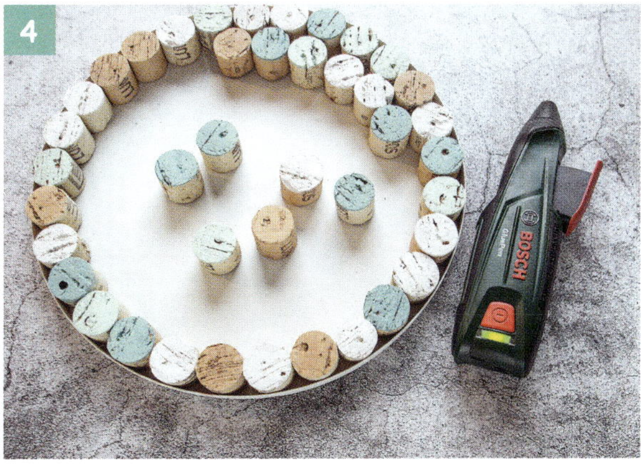

1. Je nach Höhe des Tabletts schneidet man sich die Korken in der gewünschten Stärke zu.

2. Man sollte die zugeschnittenen Korken schon mal auf dem Tablett arrangieren, um zu sehen, wieviele man insgesamt benötigt.

Achtung: Wenn die Korken im heißen Wasser präpariert wurden, um sie besser schneiden zu können, sollten sie erst mal ein paar Tage trocknen. Sie schrumpfen dabei nämlich ein wenig.

3. Dann auf die Schnittflächen der Korken mit Pinsel oder Schwämmchen die Acrylfarben auftupfen und anschließend gut trocknen lassen.

4. Danach mit Heißkleber die einzelnen Korken bunt gemischt auf das Tablett kleben. Dabei am besten mit dem äußeren Ring anfangen und schrittweise die Fläche mit weiteren Korken ausfüllen.

Fortsetzung auf der nächsten Seite

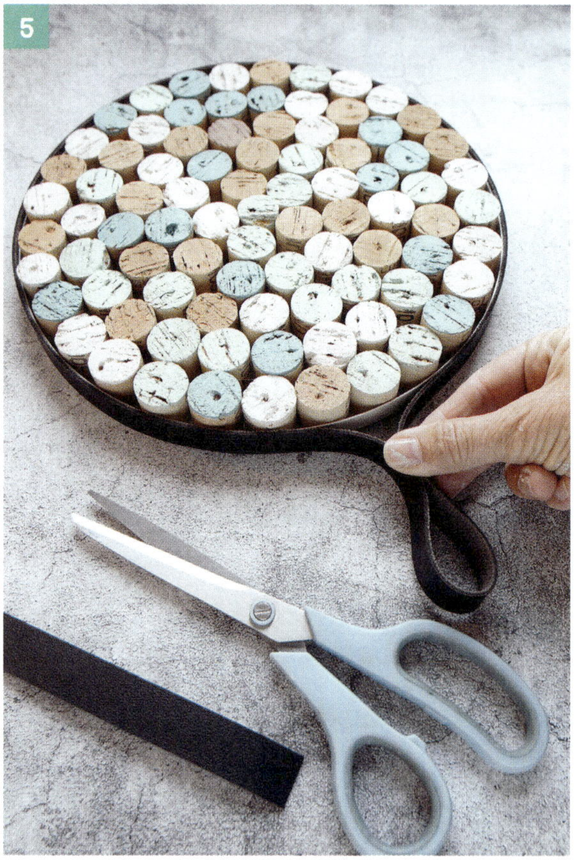

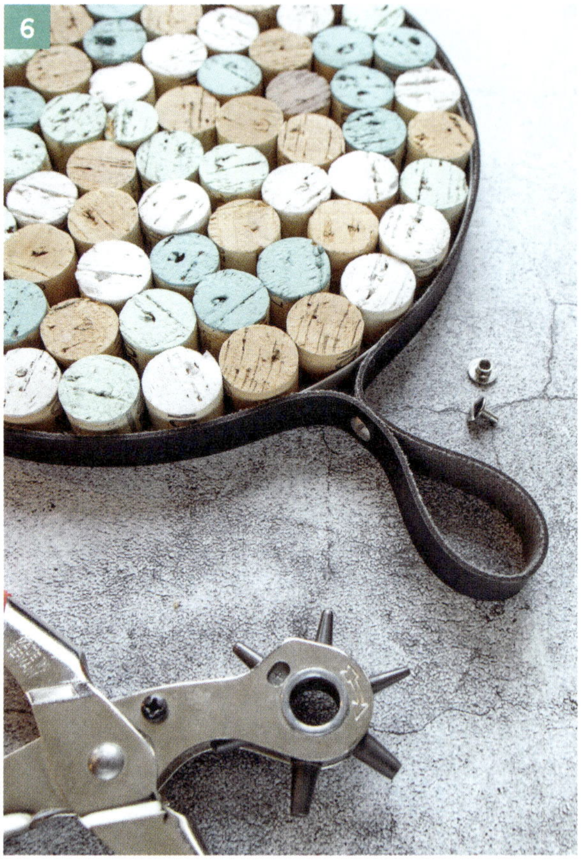

5. Für die Aufhängung schneidet man dann das Kunstlederband zu. Es muss nicht unbedingt exakt gleich breit sein wie die Höhe des Tabletts. (Alternativ kann man auch eine dicke Kordel verwenden.)

Das Band so lang lassen, dass man es oben zu einer Schlaufe für die Aufhängung zusammenfassen kann. Mit Heißkleber am Rand des Tabletts befestigen.

6. Nun mit einer Lochzange beide Enden des Bandes knapp oberhalb des Tablettrandes lochen. Eine passende Schraubniete durchstecken und die Schraube eindrehen. Alternativ geht natürlich auch eine passende Lochniete.

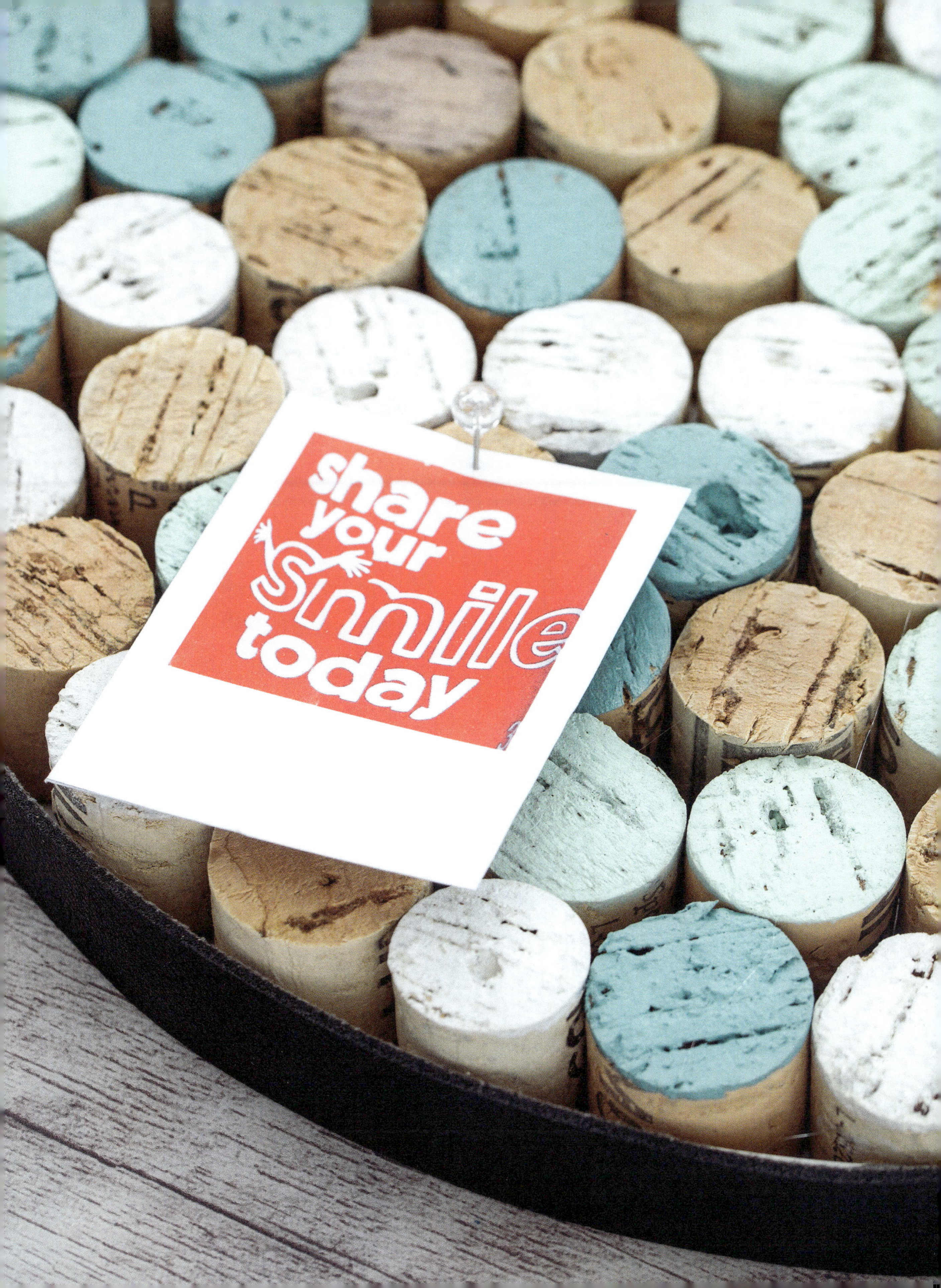
share
your
smile
today

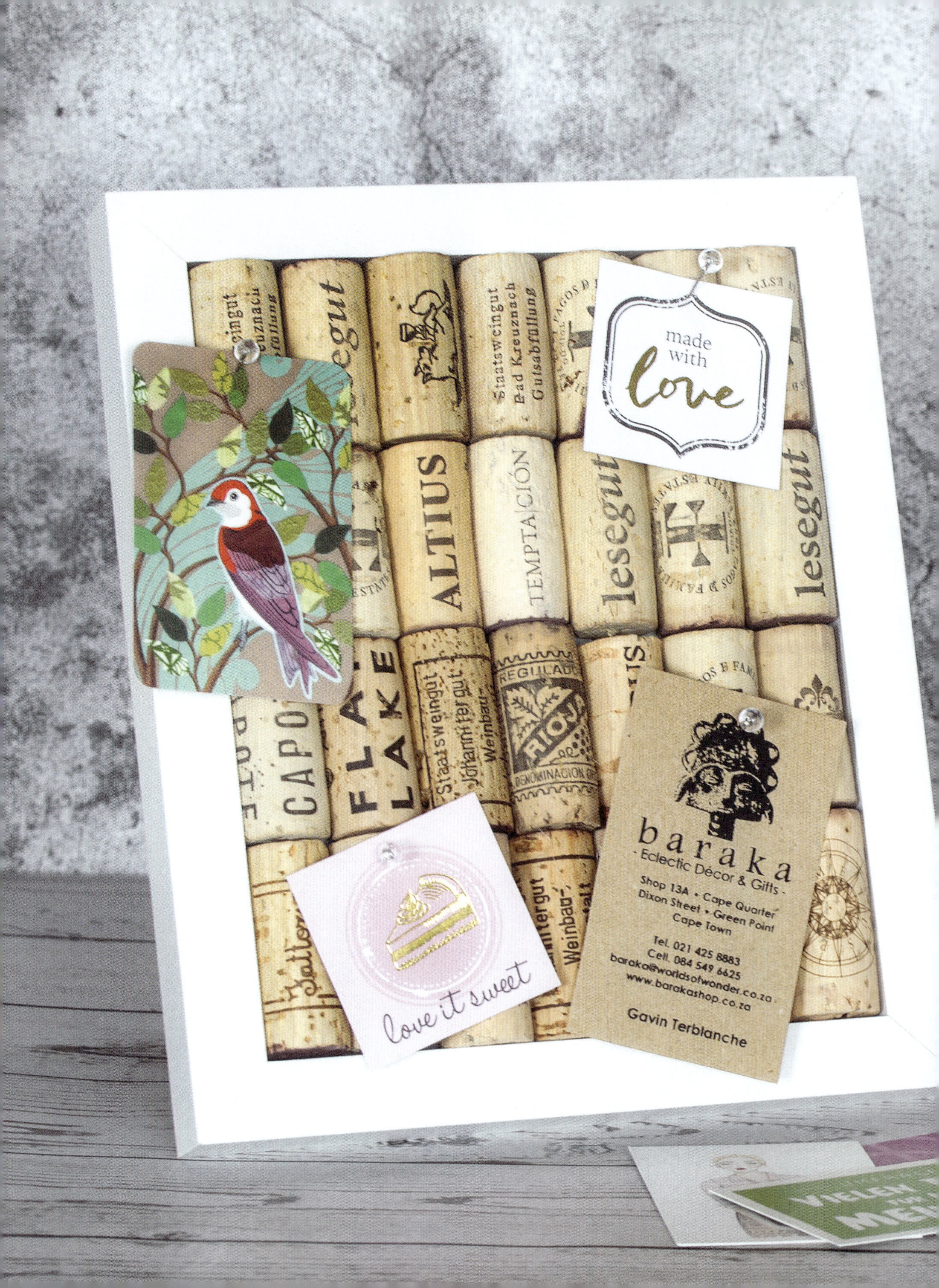

made with love
baraka
- Eclectic Décor & Gifts -
Shop 13A • Cape Quarter
Dixon Street • Green Point
Cape Town
Tel. 021 425 8883
Cell. 084 549 6625
baraka@worldsofwonder.co.za
www.barakashop.co.za
Gavin Terblanche
love it sweet
Staatsweingut
Bad Kreuznach
Gutsabfüllung
ALTIUS
TEMPTA|CIÓN
lesegut
lesegut
RIOJA

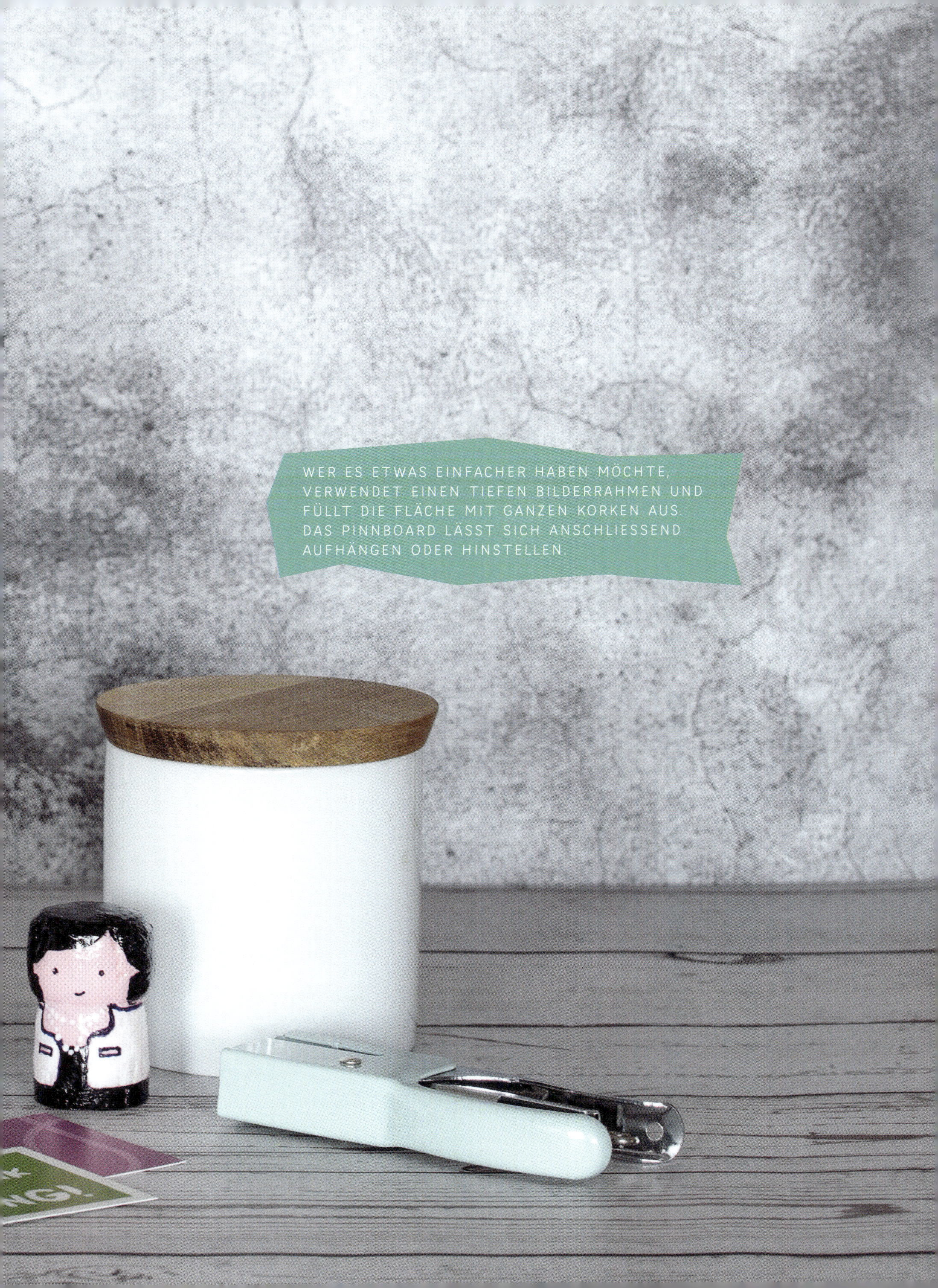

WER ES ETWAS EINFACHER HABEN MÖCHTE, VERWENDET EINEN TIEFEN BILDERRAHMEN UND FÜLLT DIE FLÄCHE MIT GANZEN KORKEN AUS. DAS PINNBOARD LÄSST SICH ANSCHLIESSEND AUFHÄNGEN ODER HINSTELLEN.

Stets griffbereit

MATERIAL:
HOLZBRETT, SEKTKORKEN, SCHMIRGELPAPIER, STIFT, LINEAL, BOHRER, SCHRAUBEN, AUFHÄNGER, SCHRAUBENDREHER

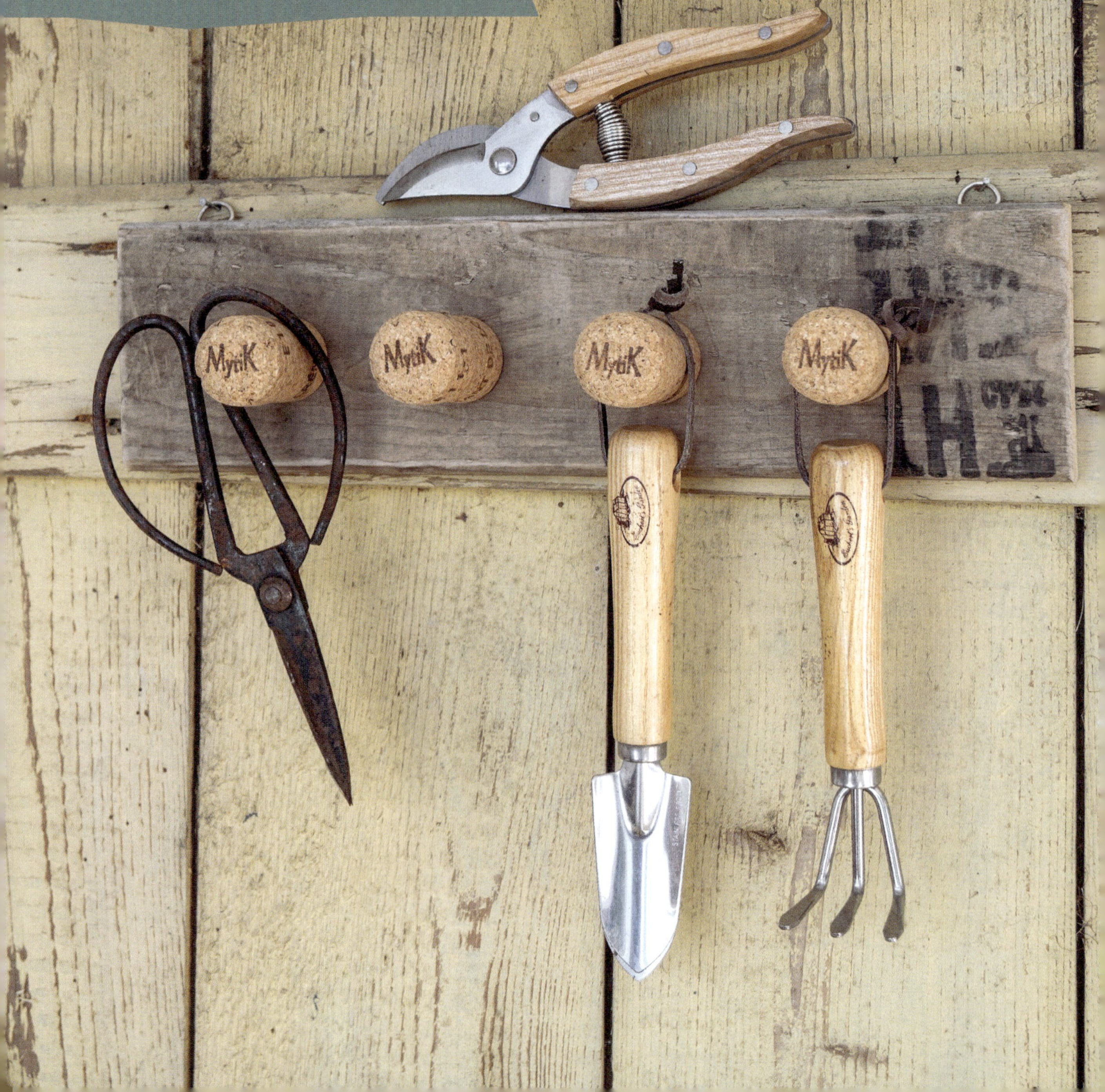

ES MÜSSEN NICHT IMMER HAKEN SEIN, UM ETWAS AUFZUHÄNGEN. DIE DICKEN, KNUBBELIGEN SEKTKORKEN MACHEN SICH AUCH GANZ GUT. VOR ALLEM AUF EINEM ALTEN STÜCK HOLZ. VIELLEICHT VON EINER ALTEN PALETTE ODER EINER WEINKISTE. IDEAL FÜR KLEINE GARTENGERÄTE.

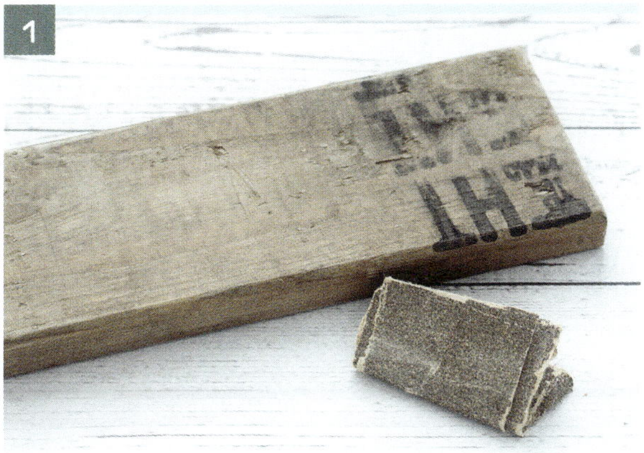

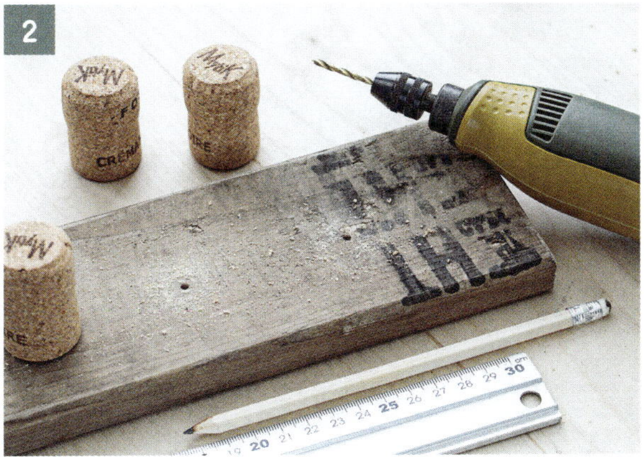

1. Die Größe des Bretts kann man wählen, wie man möchte. Das ist abhängig davon, wie man das kleine Board einsetzen möchte. Hier ist es ein Stück einer alten Palette, 33 cm lang und 9 cm breit. Die Kanten werden mit Schmirgelpapier schön abgerundet.

2. Dann positioniert man seine Korken auf dem Stück Holz und richtet sie aus, markiert die Stellen und bohrt die Löcher passend für die Schrauben.

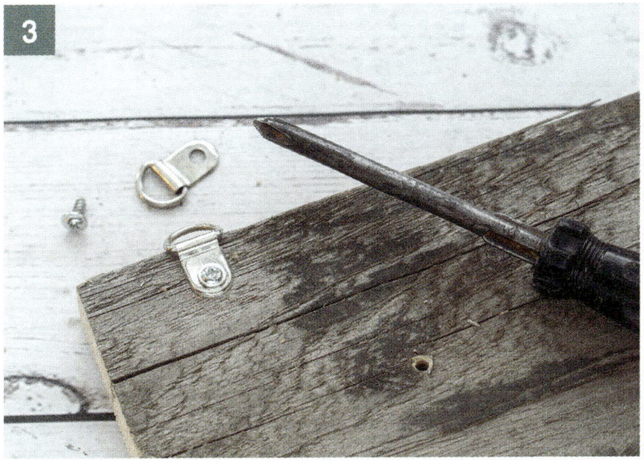

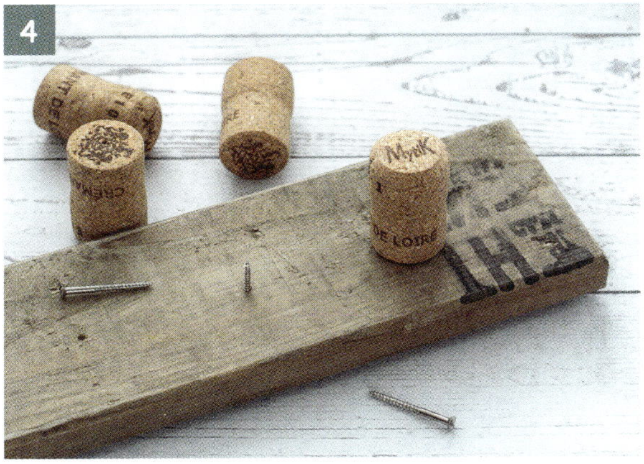

3. Bevor man die Korken aufschraubt, sollte man die Aufhängung für das Board an der Rückseite anbringen. Dazu zwei kleine Aufhänger rechts und links anschrauben.

4. Nun kann man die Schrauben von hinten durch das Brett stecken und die Korken auf der Vorderseite aufdrehen. Die Schrauben sollten so lang wie möglich sein, damit der Korken auch gut hält. Außerdem kann es hilfreich sein, den Korken mit einem dünneren Bohrer vorzubohren, damit er sich gerade aufdrehen lässt.

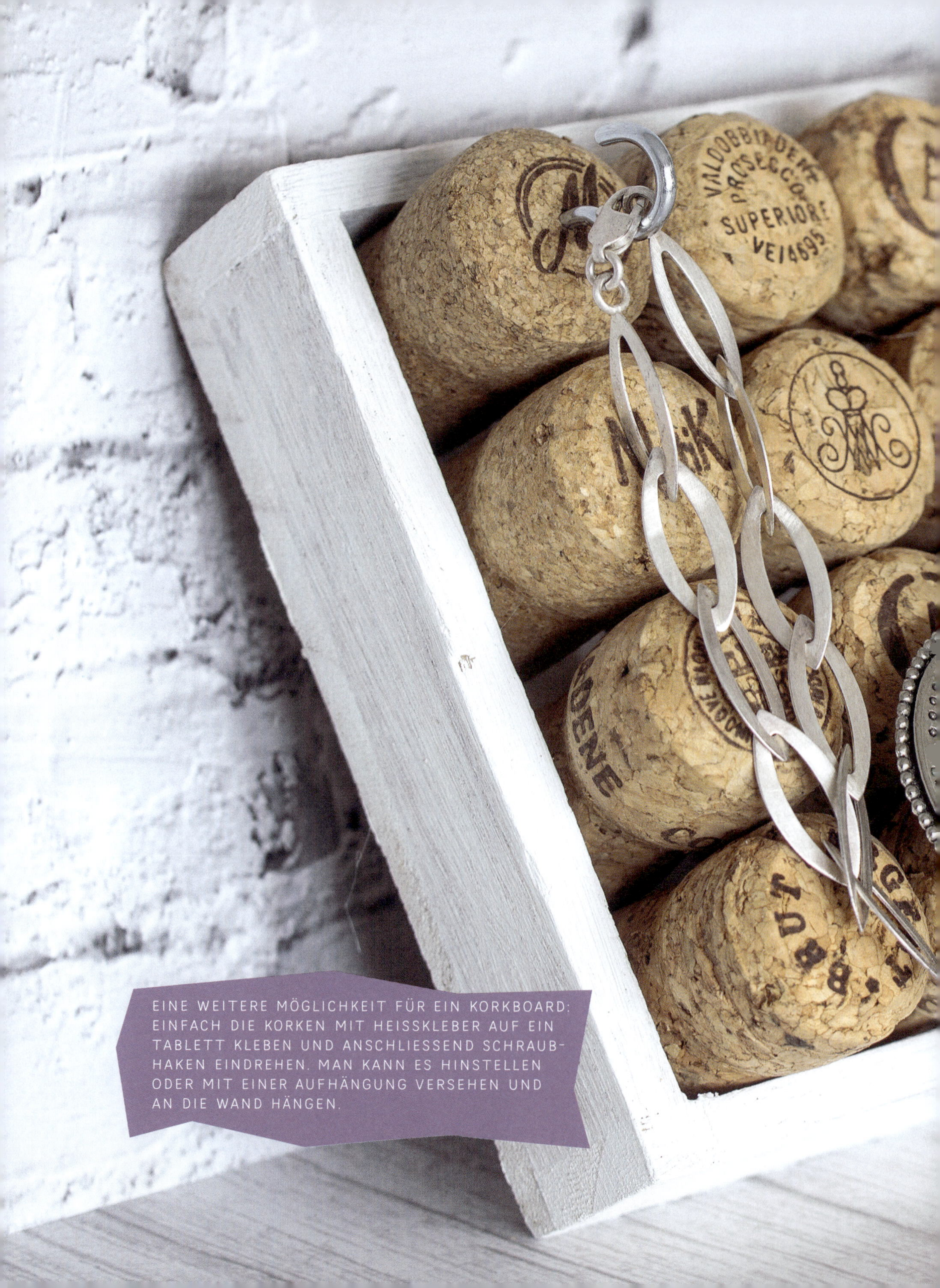

EINE WEITERE MÖGLICHKEIT FÜR EIN KORKBOARD: EINFACH DIE KORKEN MIT HEISSKLEBER AUF EIN TABLETT KLEBEN UND ANSCHLIESSEND SCHRAUBHAKEN EINDREHEN. MAN KANN ES HINSTELLEN ODER MIT EINER AUFHÄNGUNG VERSEHEN UND AN DIE WAND HÄNGEN.

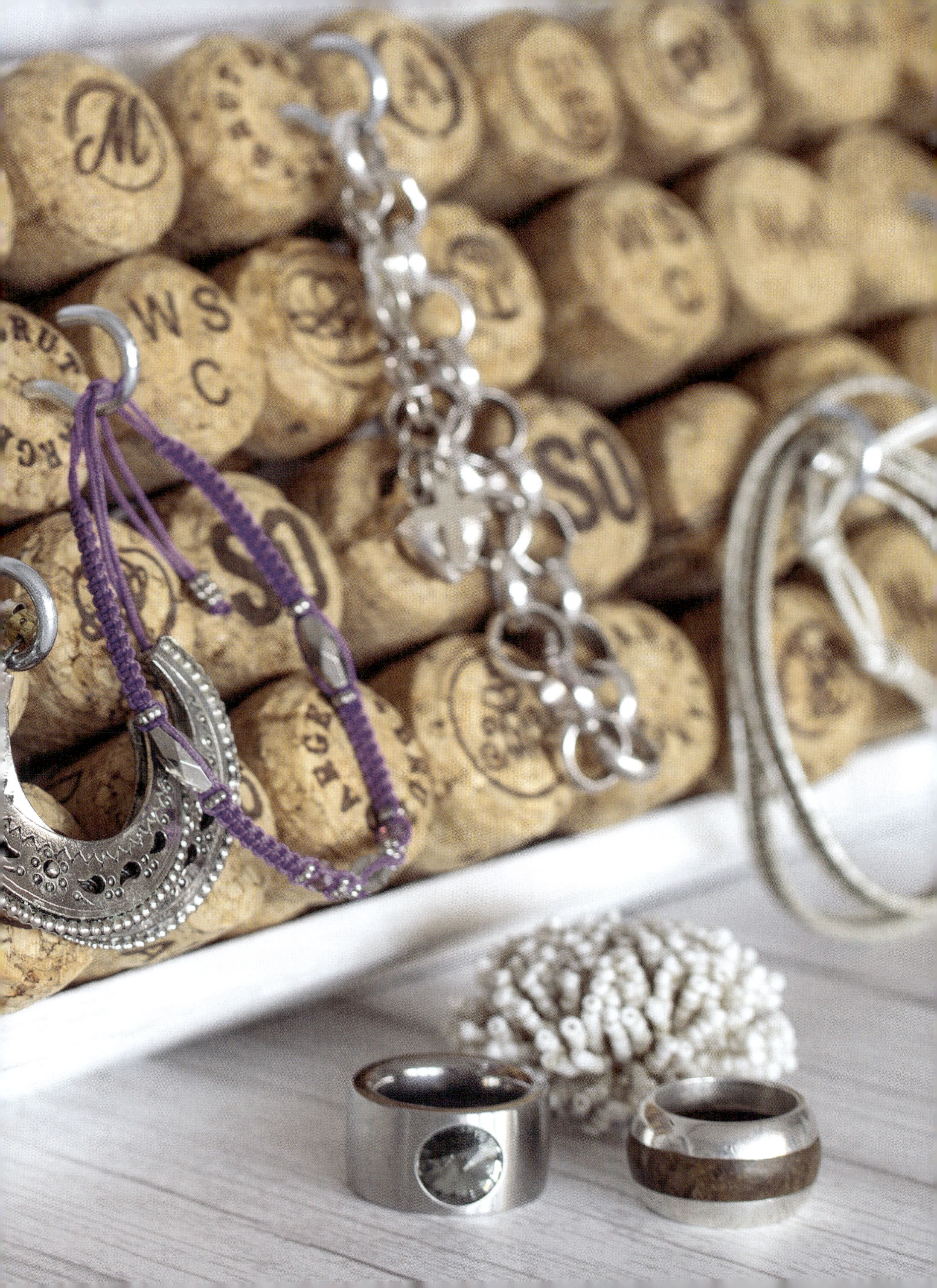

Küchenhelfer

MATERIAL:
HOLZRAHMEN, KORKEN, MESSER,
HEISSKLEBER

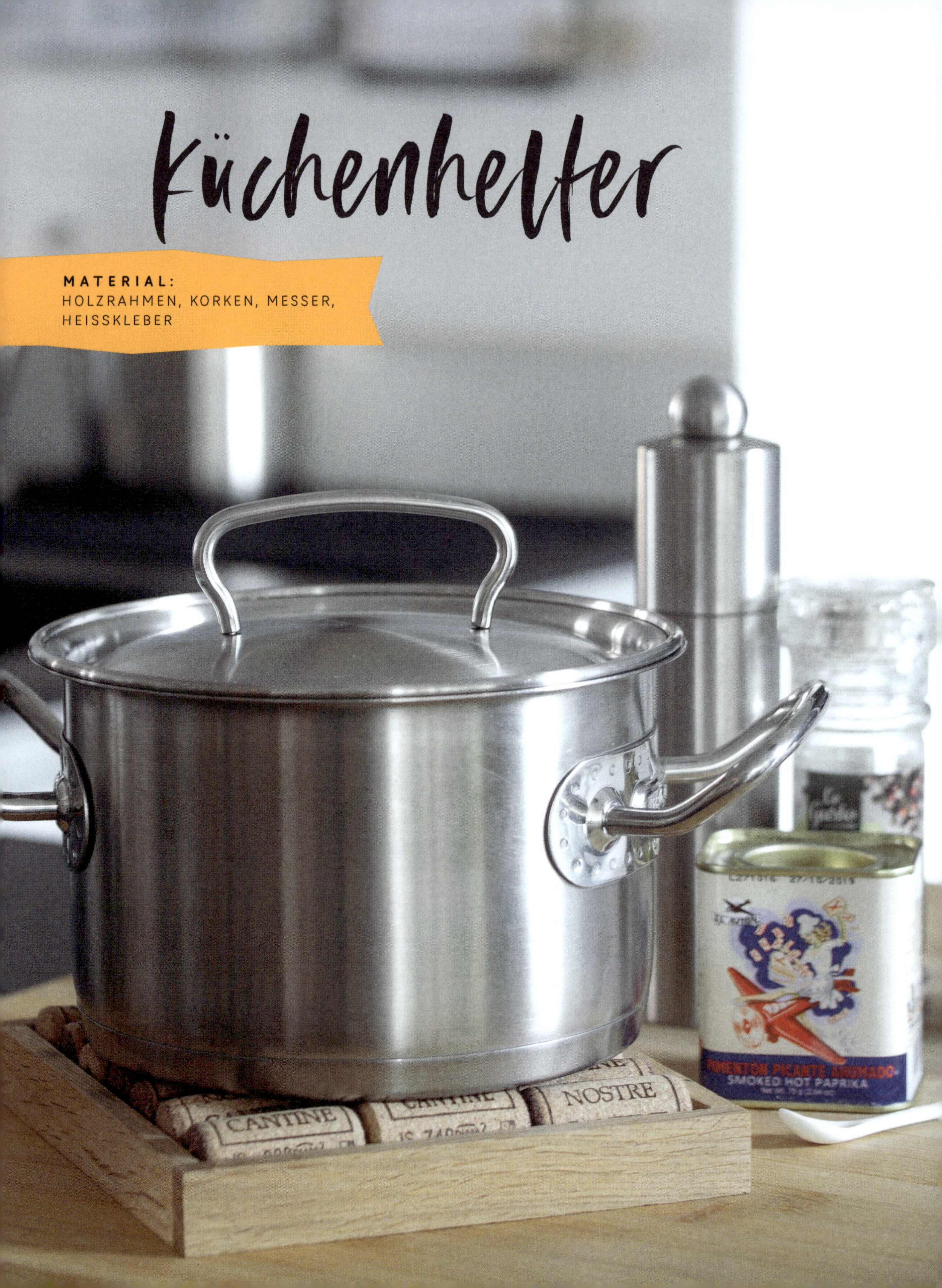

KORKUNTERSETZER EIGNEN SICH SUPER FÜR HEISSE GEFÄSSE. EGAL OB TOPF ODER PFANNE. DA DAS MATERIAL WEICH IST, BESTEHT NICHT DIE GEFAHR, EMPFINDLICHE TOPFUNTERSEITEN ZU ZERKRATZEN. AUCH DIE ARBEITSFLÄCHEN IN DER KÜCHE WERDEN GESCHONT.

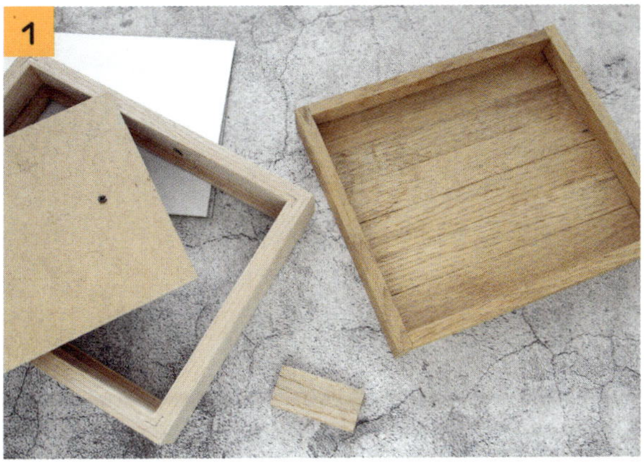
1

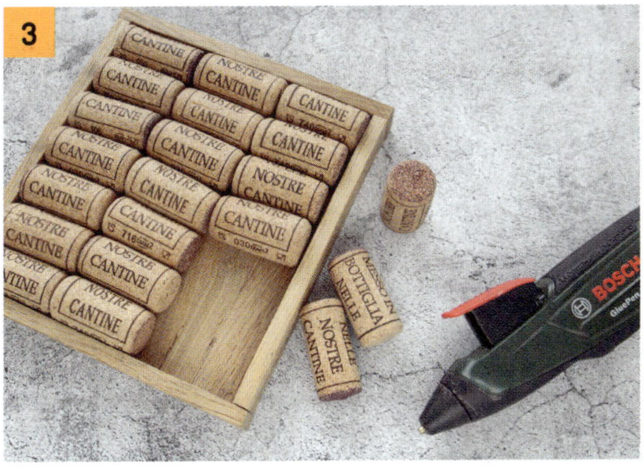
3

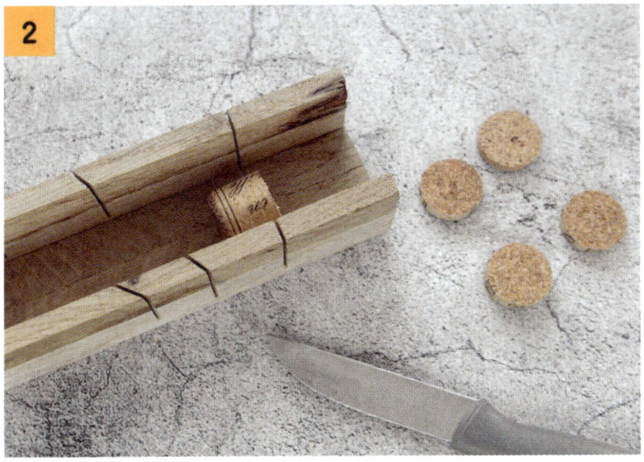
2

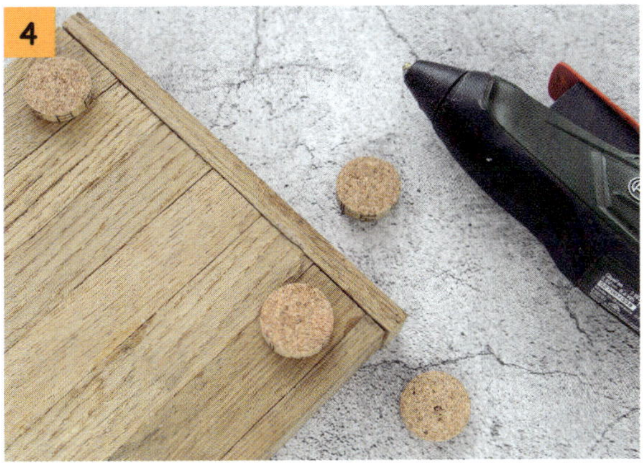
4

1. Zunächst benötigt man einen Holzrahmen mit Boden. Den kann man sich aus kleinen Leisten selbst bauen, oder man verwendet alternativ einen unlackierten Bilderrahmen. Hier entfernt man das Glas und ersetzt es zum Beispiel durch eine kleine Sperrholzplatte. Man kann aber auch die hintere Abdeckung einsetzen, nachdem man den Aufsteller entfernt hat.

2. Dann die vier kleinen Korkscheiben für die Unterseite vorbereiten; sie sorgen dafür, dass nichts verrutscht und Arbeitsflächen geschont werden. Die Scheiben am besten in der Gehrungslade mit einem Messer zuschneiden.

3. Dann klebt man die einzelnen Korken mit Heißkleber in den Rahmen. Sollten die Korken nicht genau passen, kann man die Randstücke zurechtschneiden.

4. Nun nur noch auf der Unterseite die vier kleinen Korkscheiben aufkleben und schon ist der Untersetzer einsatzbereit.

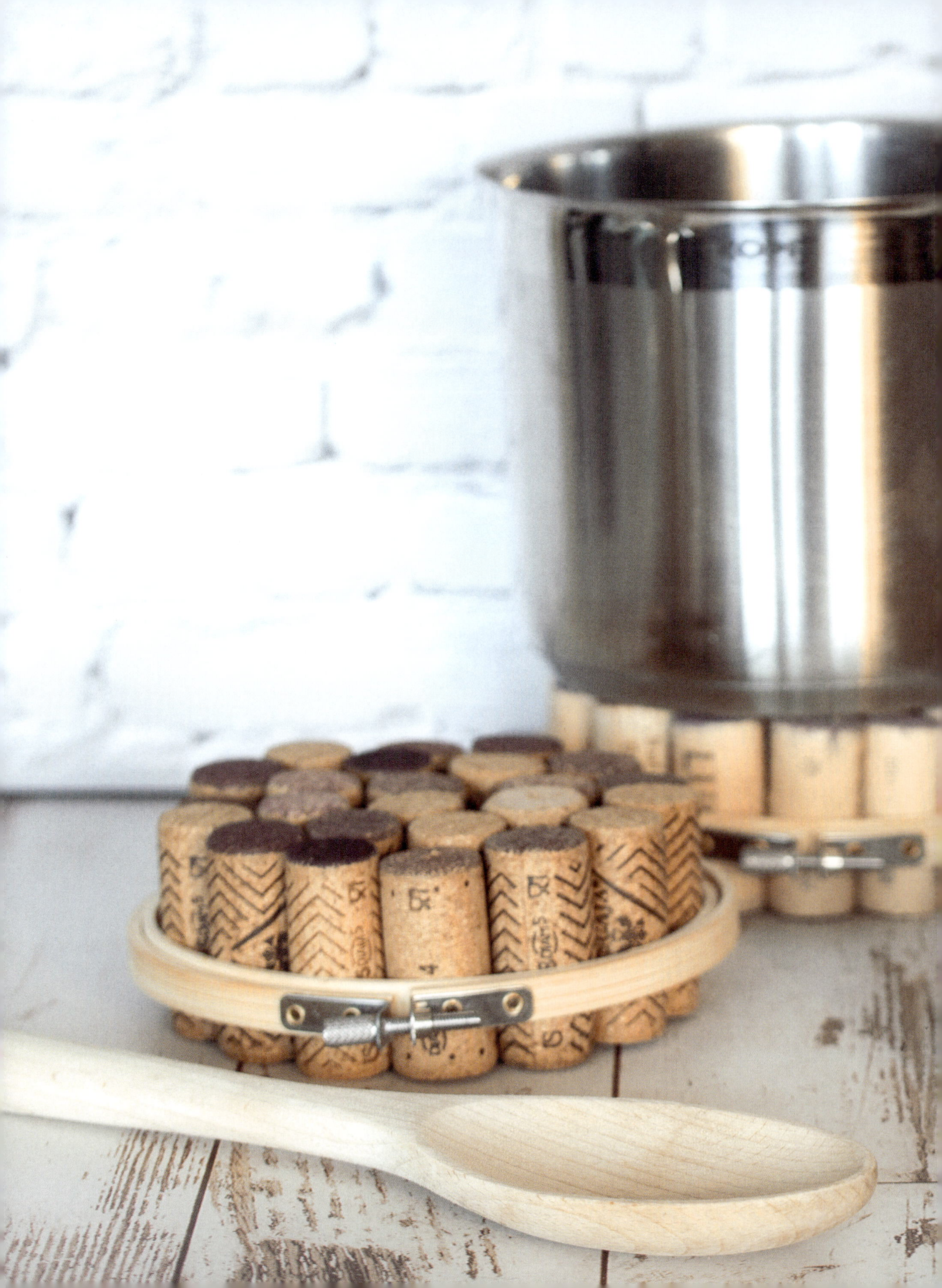

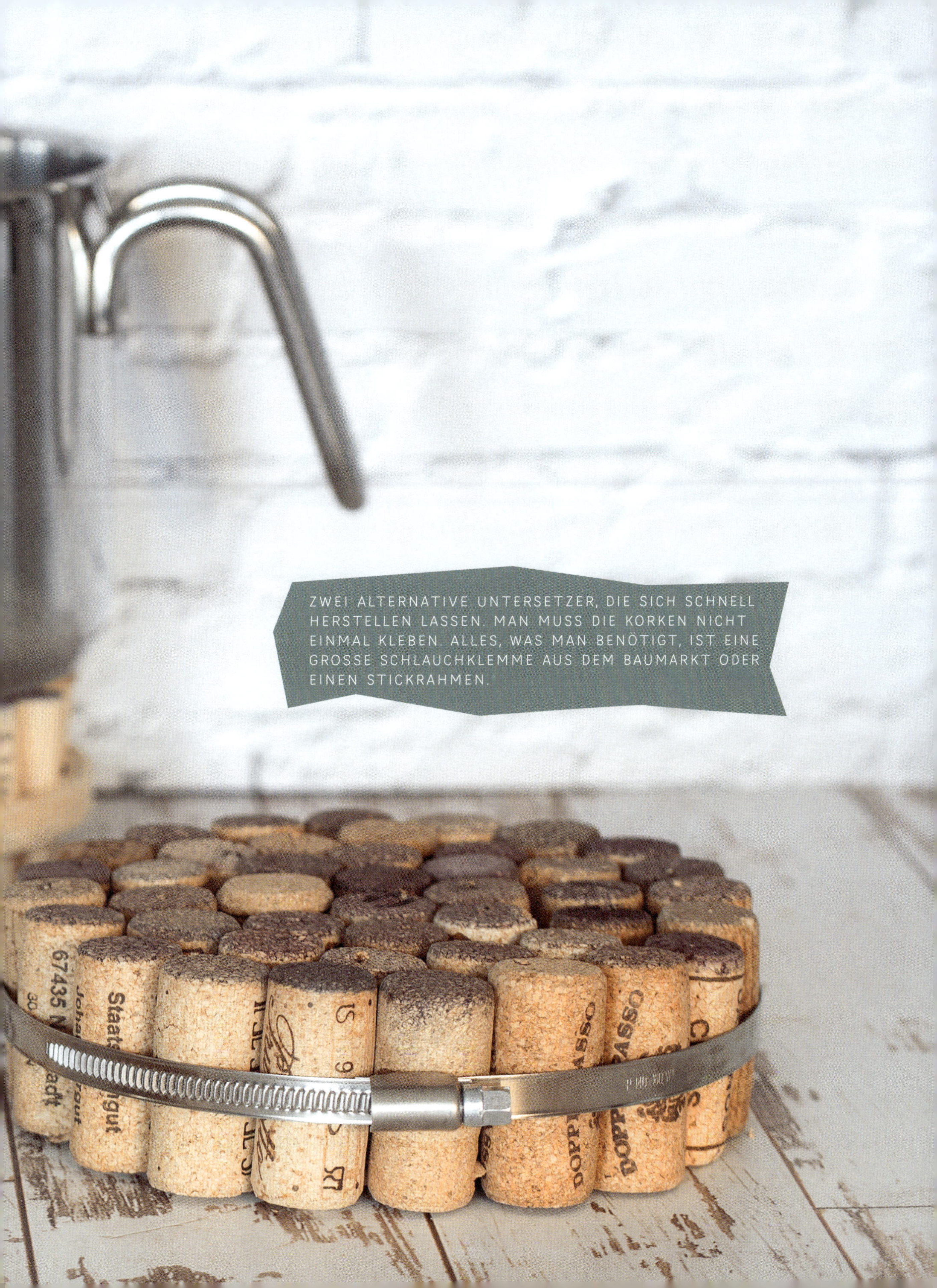

ZWEI ALTERNATIVE UNTERSETZER, DIE SICH SCHNELL HERSTELLEN LASSEN. MAN MUSS DIE KORKEN NICHT EINMAL KLEBEN. ALLES, WAS MAN BENÖTIGT, IST EINE GROSSE SCHLAUCHKLEMME AUS DEM BAUMARKT ODER EINEN STICKRAHMEN.

Shine a Light

MATERIAL:
24 SEKTKORKEN, SÄGE, LINEAL, STIFT, HEISSKLEBER, BAND

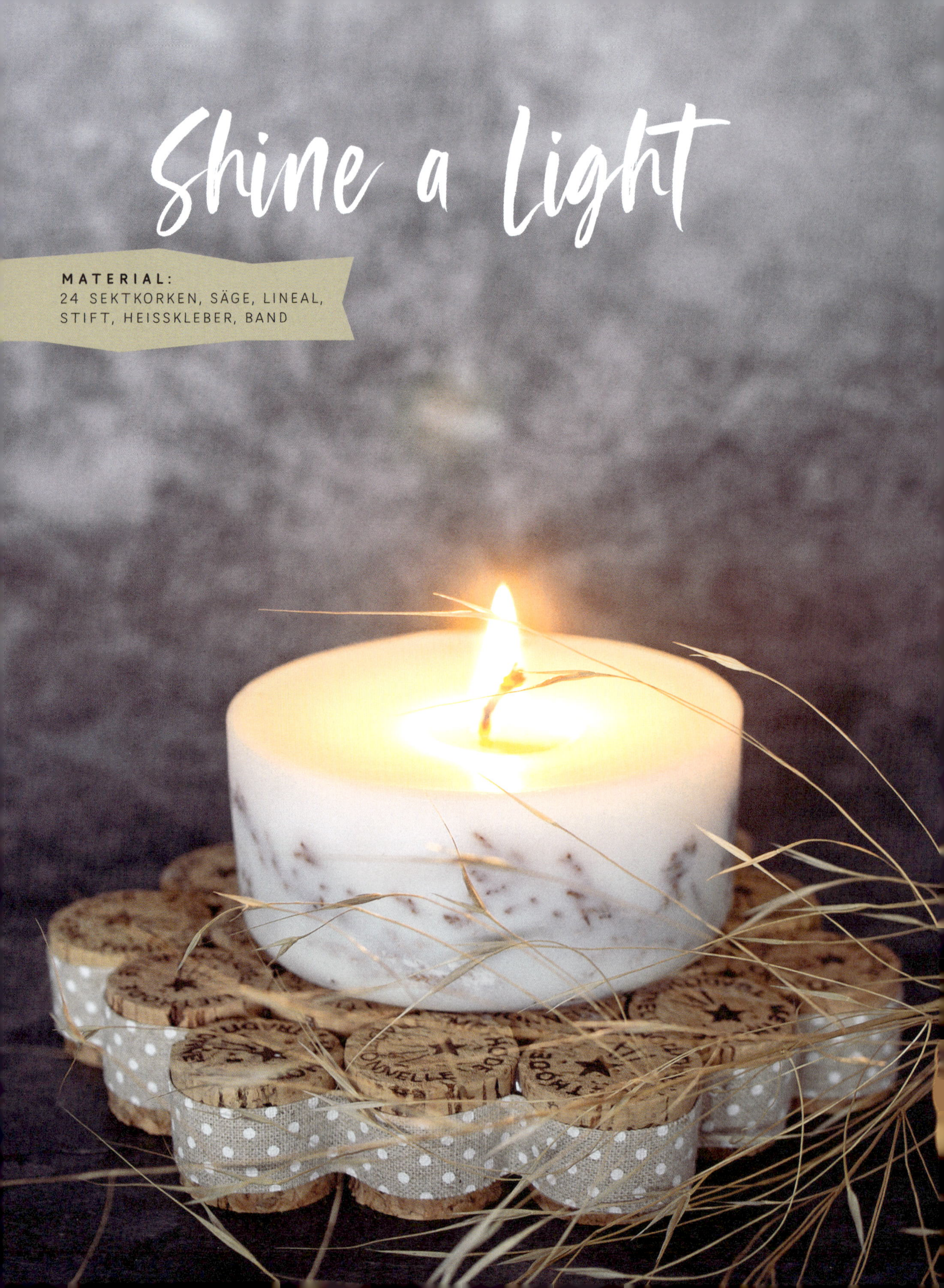

NICHT NUR TÖPFE STEHEN SUPER AUF EINEM KORKUNTERSETZER. AUCH FÜR DICKE KERZEN EIGNEN SICH DIE KORKEN GANZ WUNDERBAR. JE NACH GRÖSSE DER KERZEN KANN MAN EINFACH SO VIELE KORKEN ANEINANDERKLEBEN, WIE MAN BENÖTIGT.

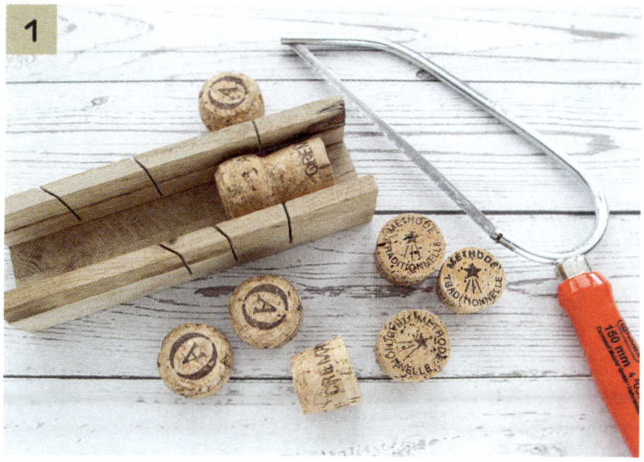

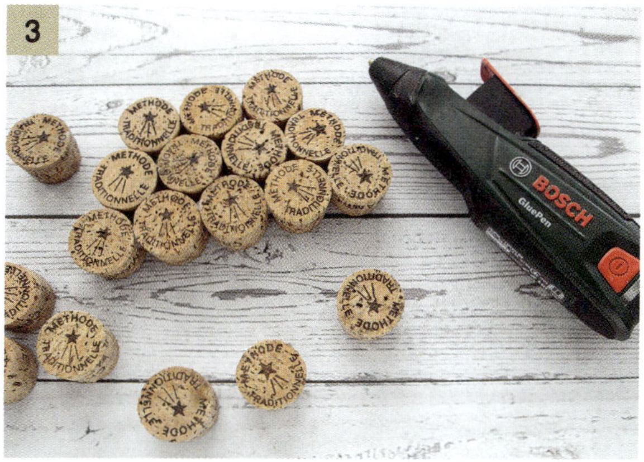

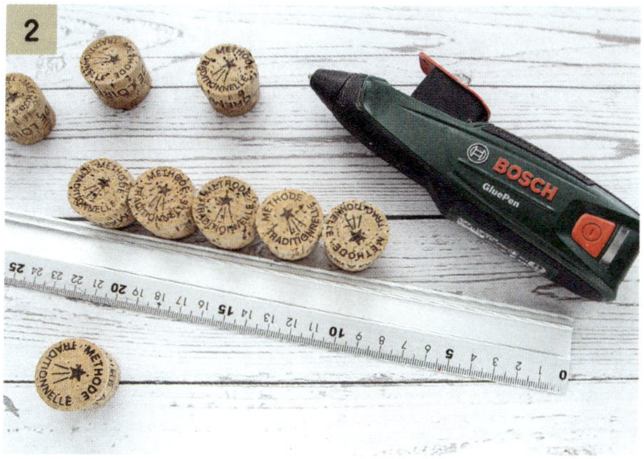

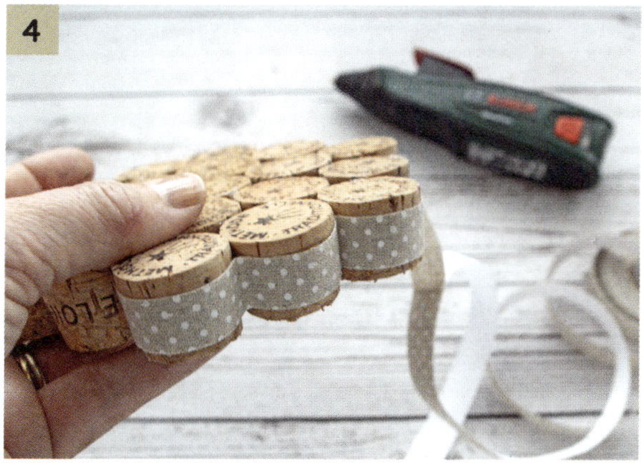

1. Von den Sektkorken wird zunächst der obere knubbelige Teil abgesägt. Dazu wieder eine Markierung in der Gehrungslade anzeichnen, damit alle Korken gleich hoch werden. (Natürlich funktioniert das auch mit Weinkorken.)

2. Dann klebt man mit dem Heißkleber eine Reihe von fünf Korken aneinander. Ein Lineal kann hilfreich sein, damit die Korken alle exakt nebeneinander stehen.

3. Dann die nächsten Reihen mit jeweils vier und drei Korken rechts und links der Fünfer-Reihe ankleben. Am Ende erhält man so ein Sechseck aus Korken.

4. Nun das Band aufkleben. Hier ist es ein selbtklebendes Leinenband. Man kann aber auch ein einfaches Band verwenden und mit Heißkleber anbringen. Das Band zwischen den Korken immer etwas hineindrücken, damit es sich schön um die Rundungen legt.

Im Korkmantel

MATERIAL:
WEINKORKEN, PAPPRESTE, DICKE SISALKORDEL, PAKETKLEBEBAND, SCHERE, MESSER, HEISSKLEBER

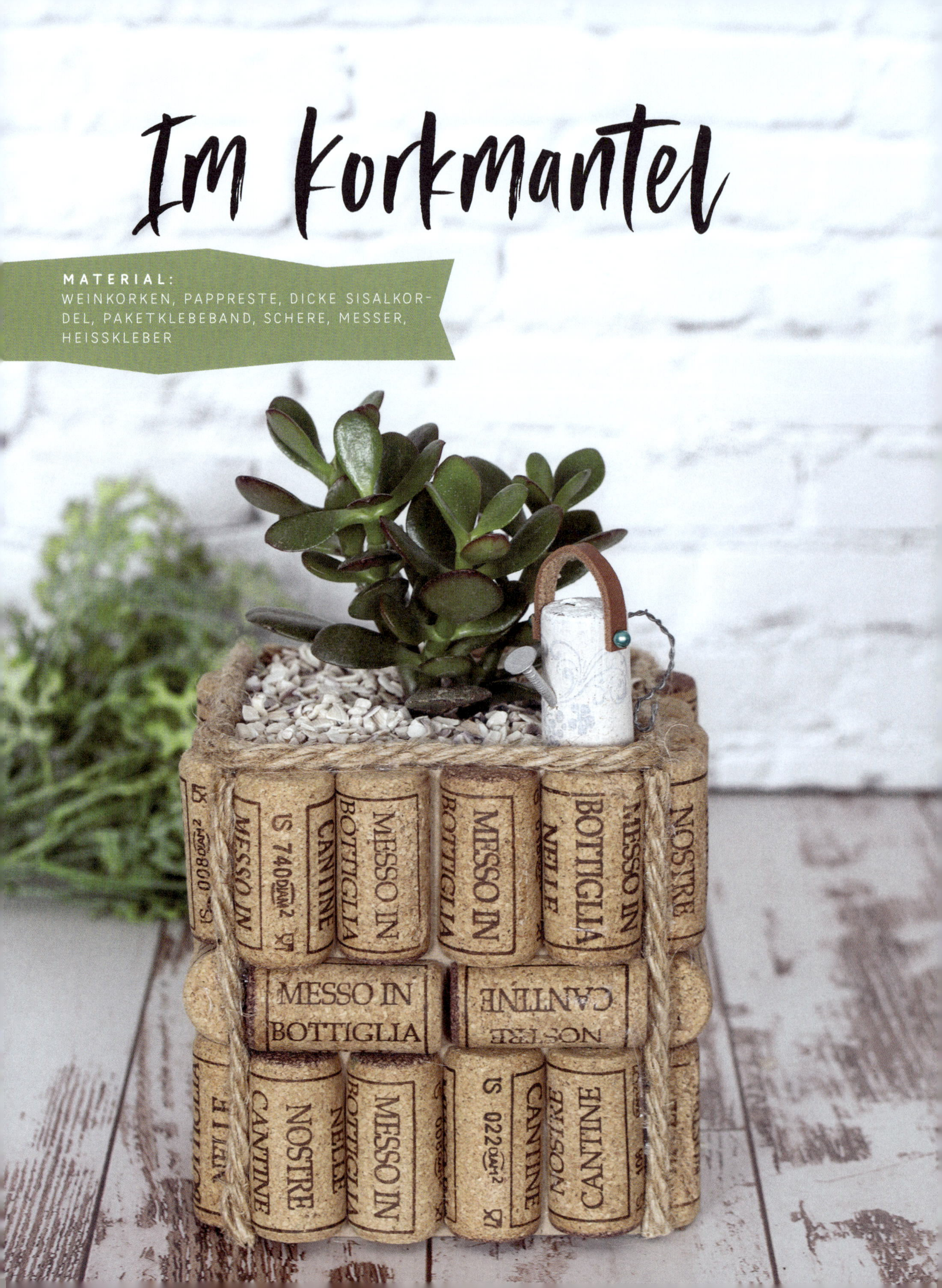

IN WIRKLICHKEIT HANDELT ES SICH HIER NICHT UM EINEN ÜBERTOPF, SONDERN UM EINE KORKHUSSE, DIE ÜBER DEN BLUMENTOPF GESTÜLPT WIRD. DEN KANN MAN AUF EINEN TELLER ALS UNTERSETZER STELLEN. GEHT NATÜRLICH AUCH MIT EINEM BODEN.

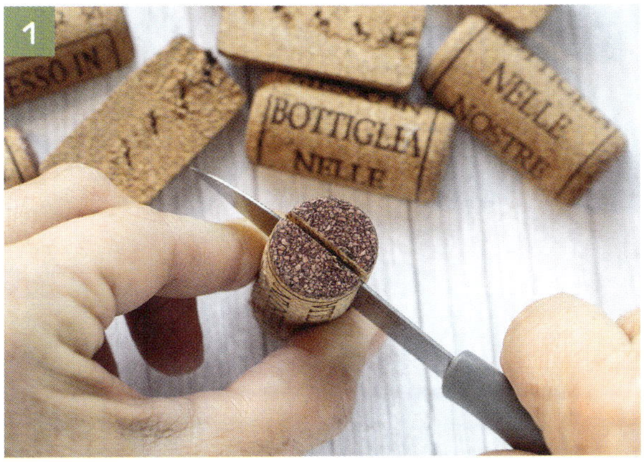

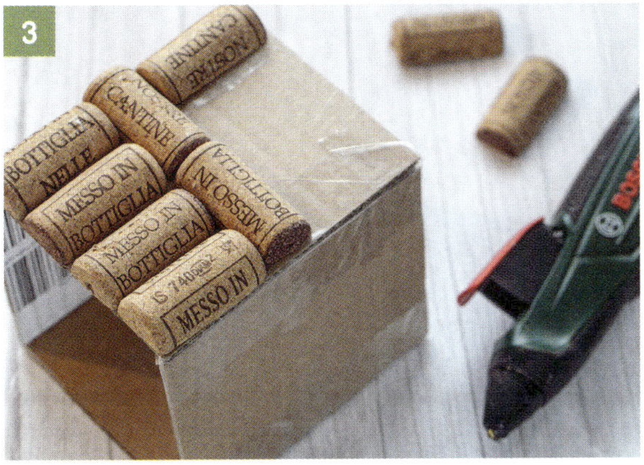

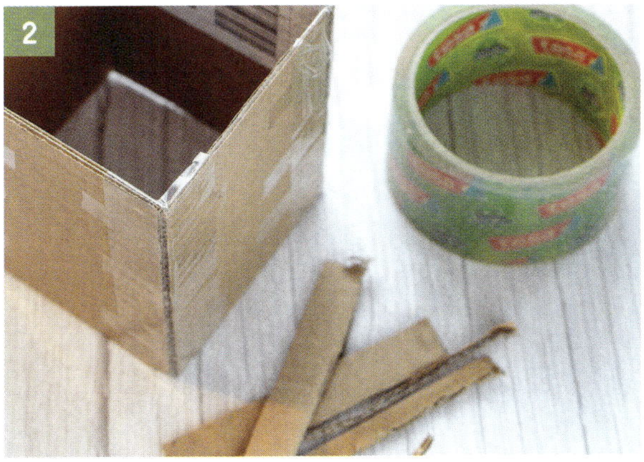

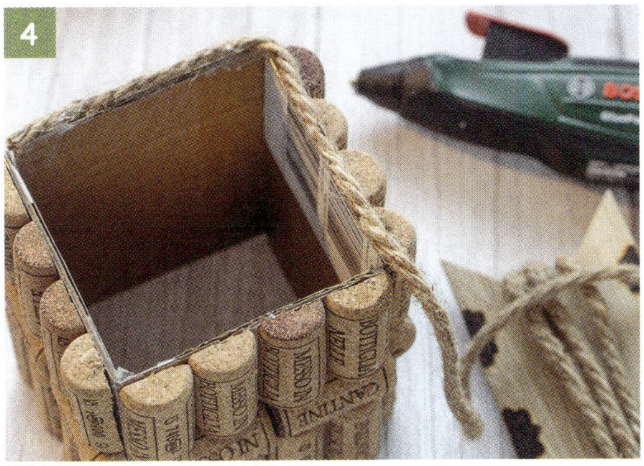

1. Für dieses Projekt werden die Korken der Länge nach halbiert. Da das etwas schwieriger ist, kann es von Vorteil sein, die Korken zuvor ein paar Minuten in heißem Wasser zu kochen. Dann mit einem scharfen Messer teilen. Wer ein bisschen Zeit mitbringt, sollte sie anschließend ein paar Tage trocknen lassen. Die Anzahl der Korken ergibt sich aus der geplanten Größe der Korkhusse. Dafür einfach die Korken in der gewünschten Art und Weise aneinanderlegen und die Endgröße abmessen.

2. Aus einem alten Karton kann man sich die Seitenteile zuschneiden und mit Paketklebeband zusammenkleben.

3. Dann mit Heißkleber die Korken nacheinander auf die Pappseiten kleben.

4. Um einen schöneren Abschluss zu erhalten, klebt man am oberen Rand noch eine dicke Sisalkordel auf. Auch die vier senkrechten Kanten kann man mit einem Stück Kordel verzieren.

Wo ist mein Glas?

MATERIAL:
WEINKORKEN, STIFT, MESSER, STEMPEL, STEMPELFARBE, WEINRINGE, KETTELSTIFTE, SEITENSCHNEIDER

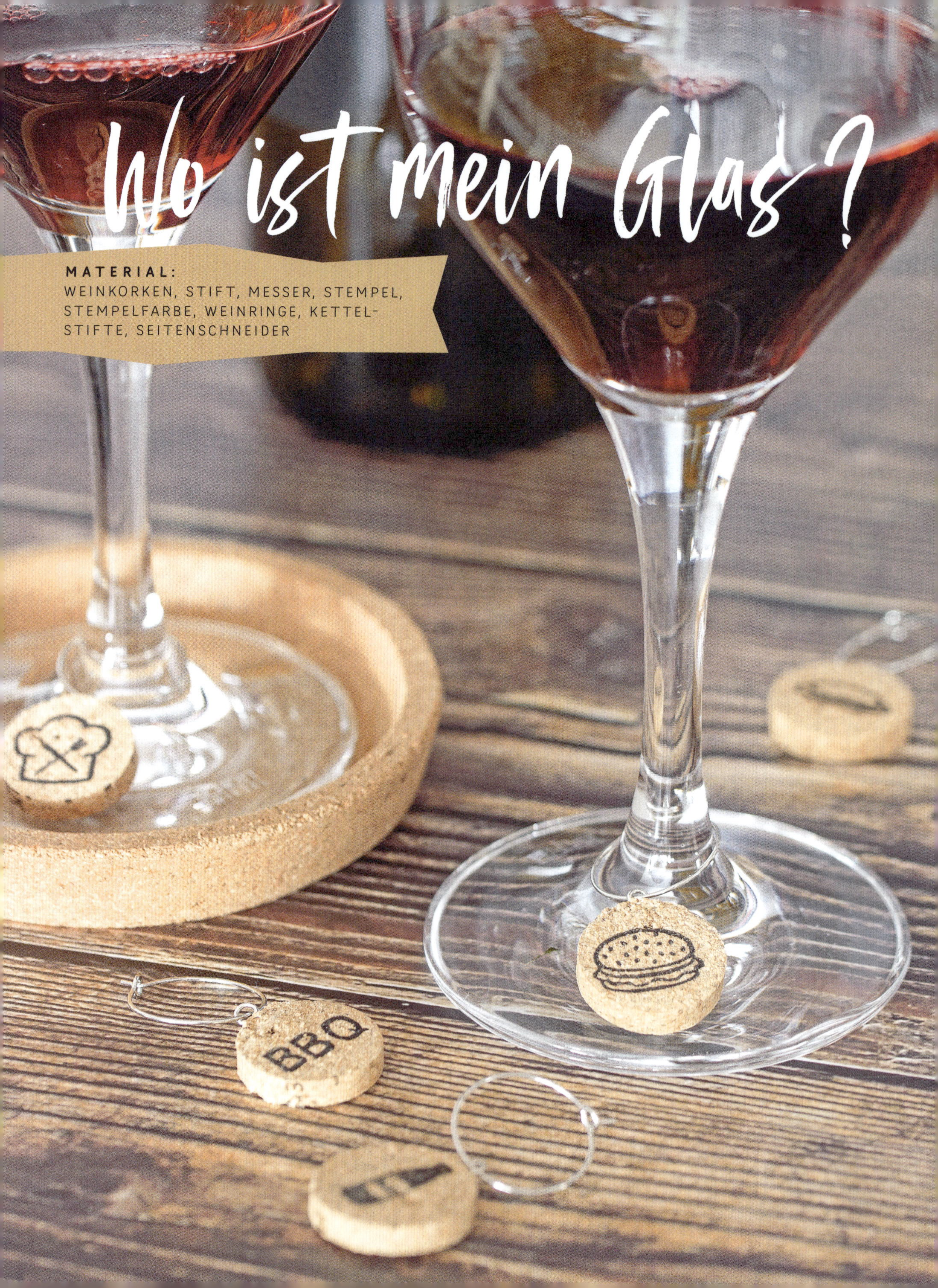

MEIN GLAS ODER DEIN GLAS? DAS IST OFT DIE FRAGE, WENN MAN AUF EINER FETE SEIN GLAS ABGESTELLT HAT UND ES NICHT MEHR VON DEN ANDEREN UNTERSCHEIDEN KANN. DIE LÖSUNG: KLEINE ETIKETTEN AM WEINGLAS. MAN MUSS SICH NUR NOCH MERKEN, OB MAN BURGER ODER GRILL IST!

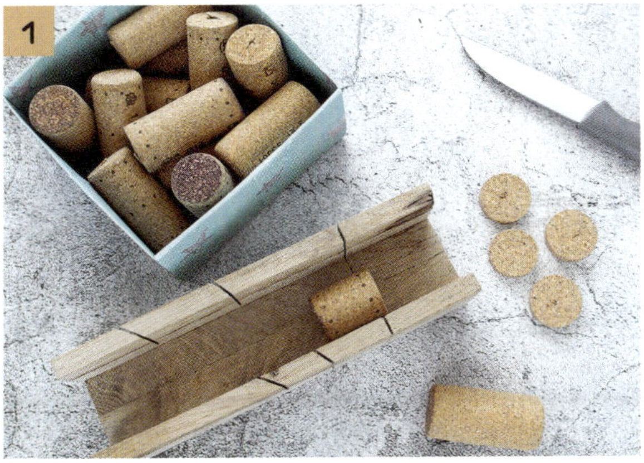

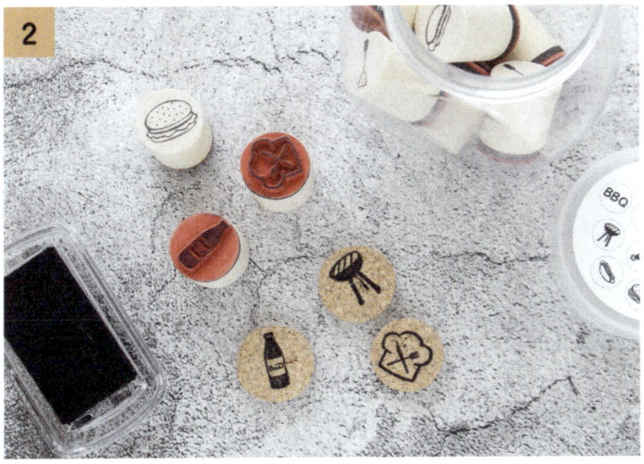

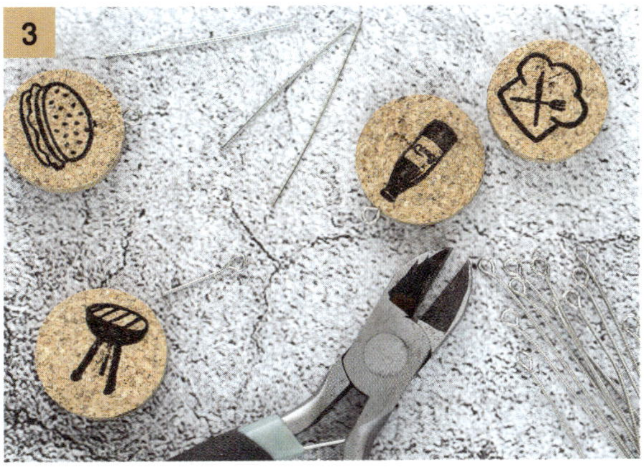

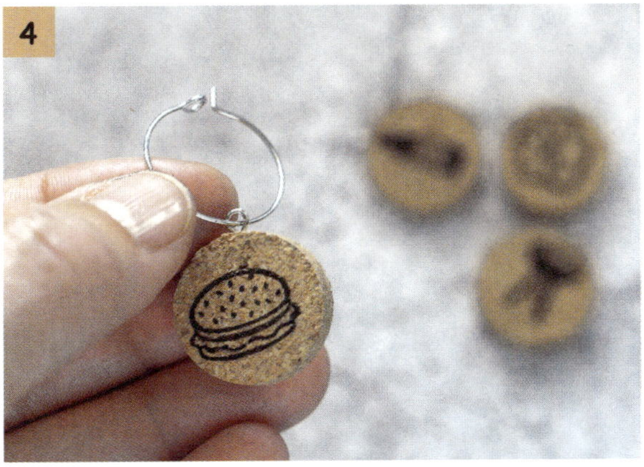

1. Die kleinen Korkscheiben kann man sehr gut in der selbstgebauten Gehrungslade zuschneiden (Anleitung siehe Seite 11). Damit alle Scheiben gleichmäßig werden, zeichnet man sich am besten mit einem Stift in der Gehrungslade eine kleine Markierung ein und schiebt den Korken jeweils bis zu dieser Stelle. Die Scheiben sollten ca. 4–5 mm dick sein.

2. Danach kann man sie bestempeln. Motive frei nach Wahl. Es können auch Buchstaben oder Zahlen sein.

3. Mit einem kleinen Seitenschneider kürzt man nun ein paar Kettelstifte auf 1 cm Länge und steckt sie in den Rand der Korkscheibe.

4. Dann einfach noch die kleinen Weinringe in die Öse schieben und fertig sind die kleinen Glasmarker.

Bon appetit!

MATERIAL:
WEINKORKEN, STREUDEKO, PERLEN, BLUMENDRAHT, SCHMIRGELPAPIER, MESSER, BOHRER, SEITENSCHNEIDER, HEISSKLEBER

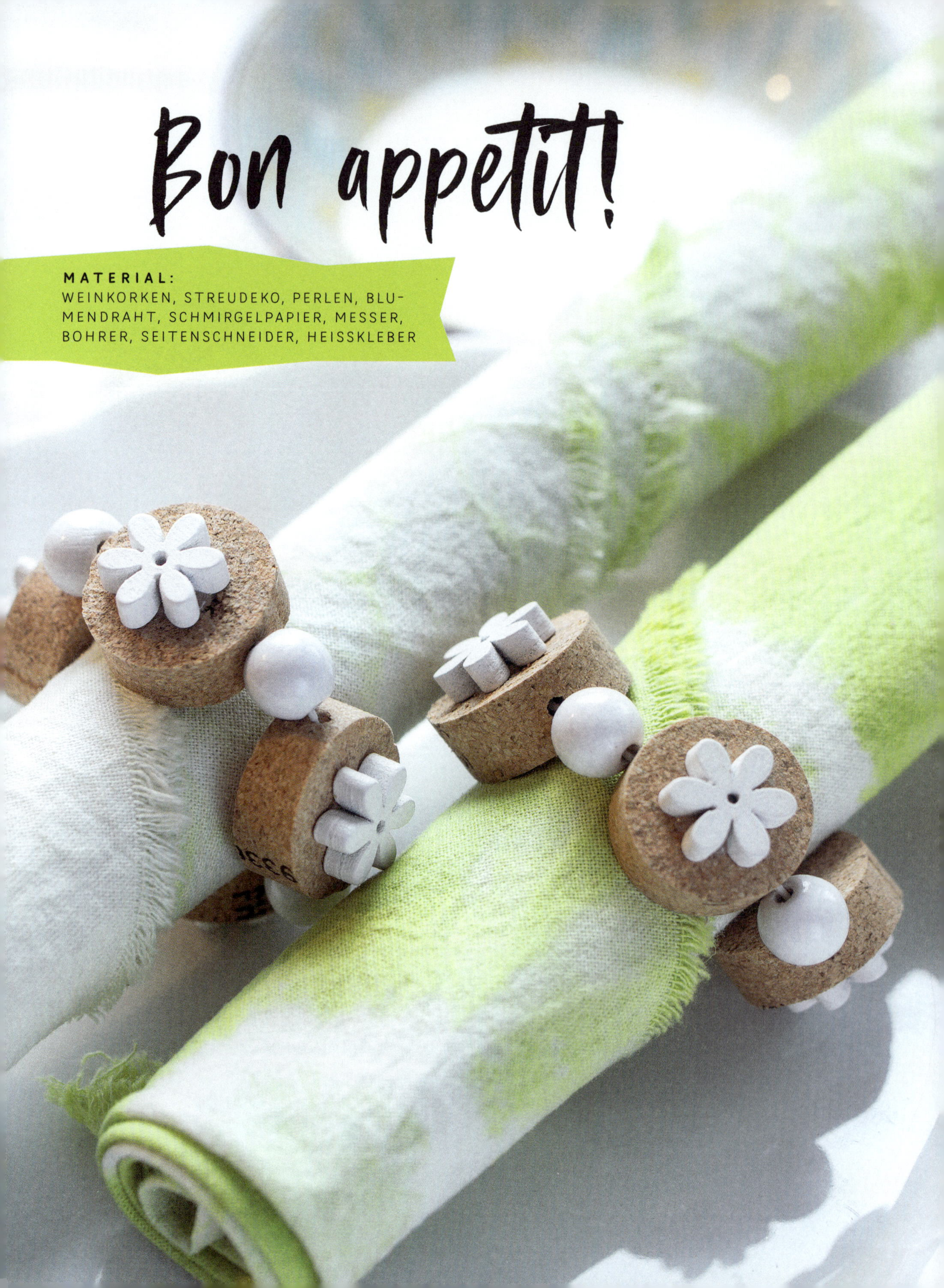

ES GEHT DOCH NICHTS ÜBER EINEN SCHÖN GEDECKTEN TISCH UND EINE HÜBSCHE STOFFSERVIETTE, DIE JEDEN PLATZ ABRUNDET. WENN DAZU NOCH EIN SERVIETTENRING DIE ROLLE ORDENTLICH ZUSAMMENHÄLT, STEHT EINEM LECKEREN ESSEN NICHTS MEHR IM WEG.

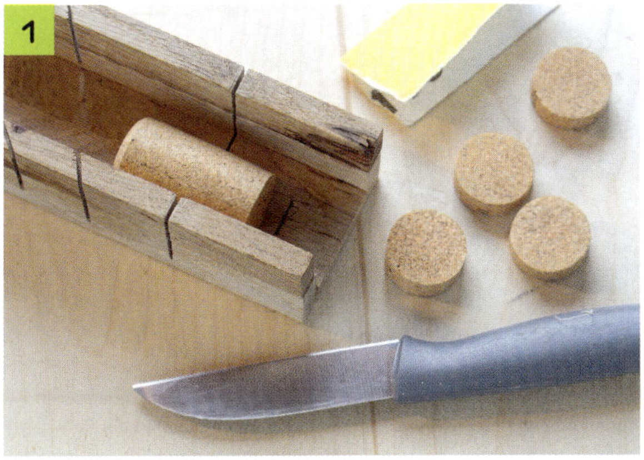

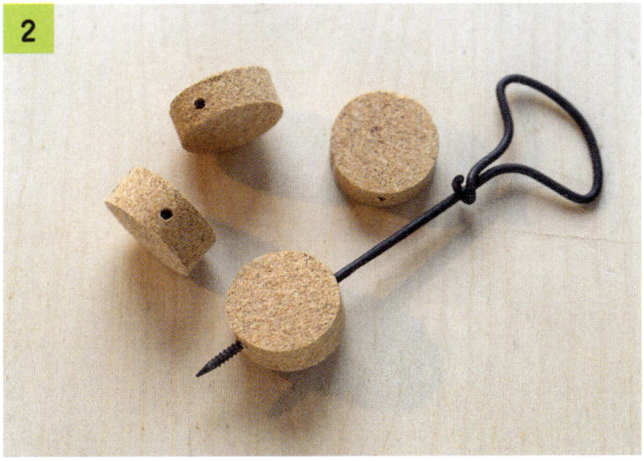

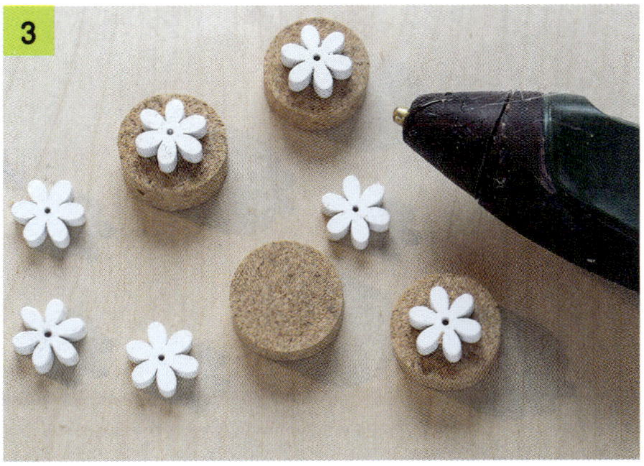

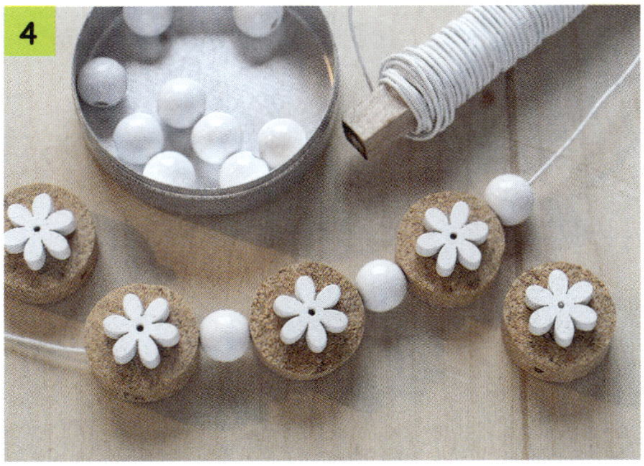

1. Für die Serviettenringe werden zunächst die Korkscheiben zugeschnitten. Sie sollten eine Stärke von mindestens 8–10 mm haben. Die Flächen etwas glatt schmirgeln.

2. Mit einem kleinen Handbohrer seitlich die Löcher für den Draht bohren. (Wer einen elektrischen Bohrer verwendet, sollte die Korkscheiben zur Sicherheit in einen Schraubstock einspannen.)

3. Mit dem Heißkleber nun die Streudeko aufkleben.

4. Dann die Scheiben im Wechsel mit kleinen Perlen auf den Draht fädeln. Ob man 4 oder 5 Scheiben verwendet, hängt von der Größe der Perlen ab und vom gewünschten Durchmesser des Serviettenrings. Im Beispiel sind es 4 Scheiben und 4 Perlen.

Am Ende den Draht verzwirbeln und mit dem Seitenschneider abknipsen. Das Drahtende dann ein wenig nach innen biegen.

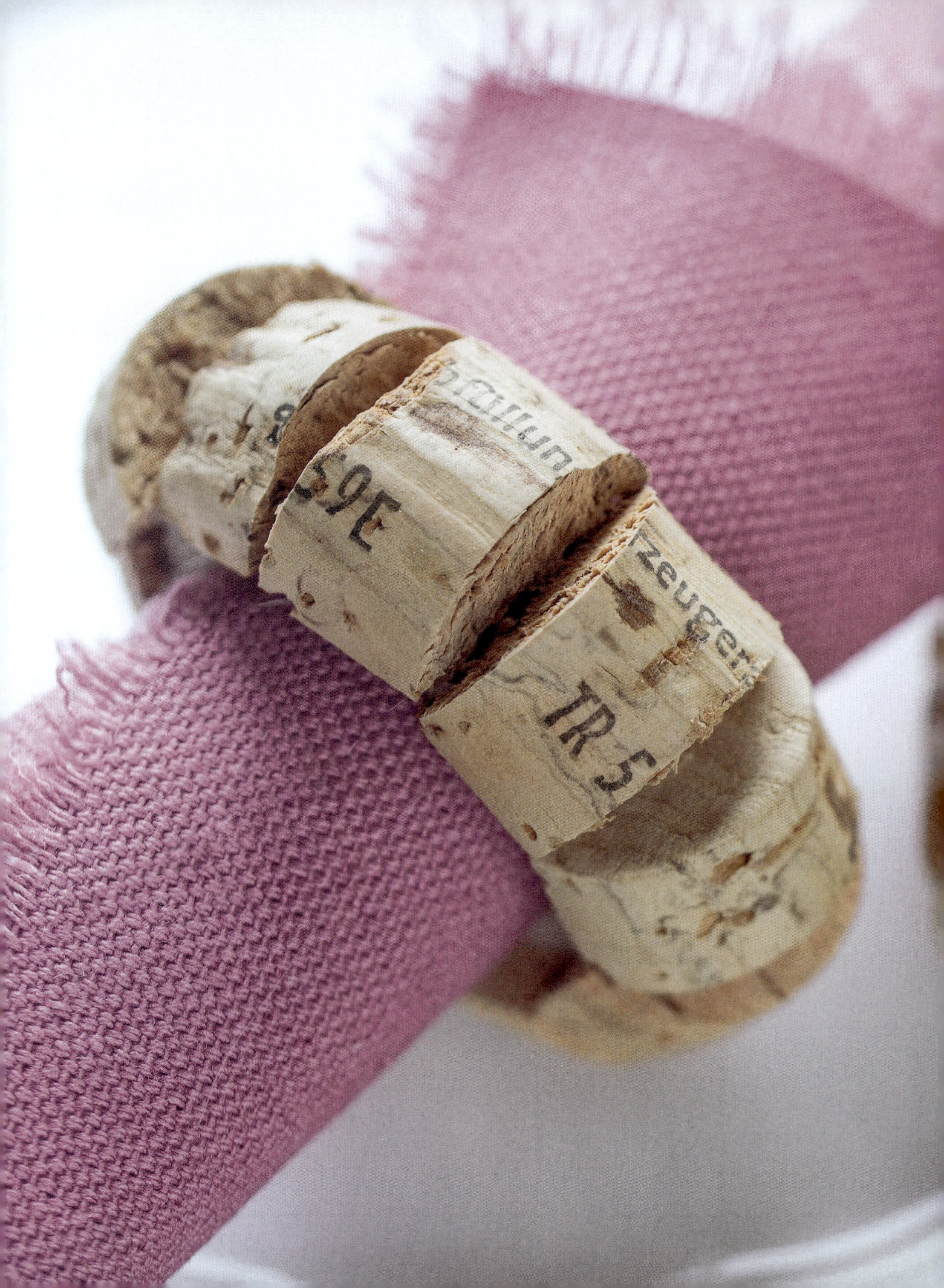
TR 5

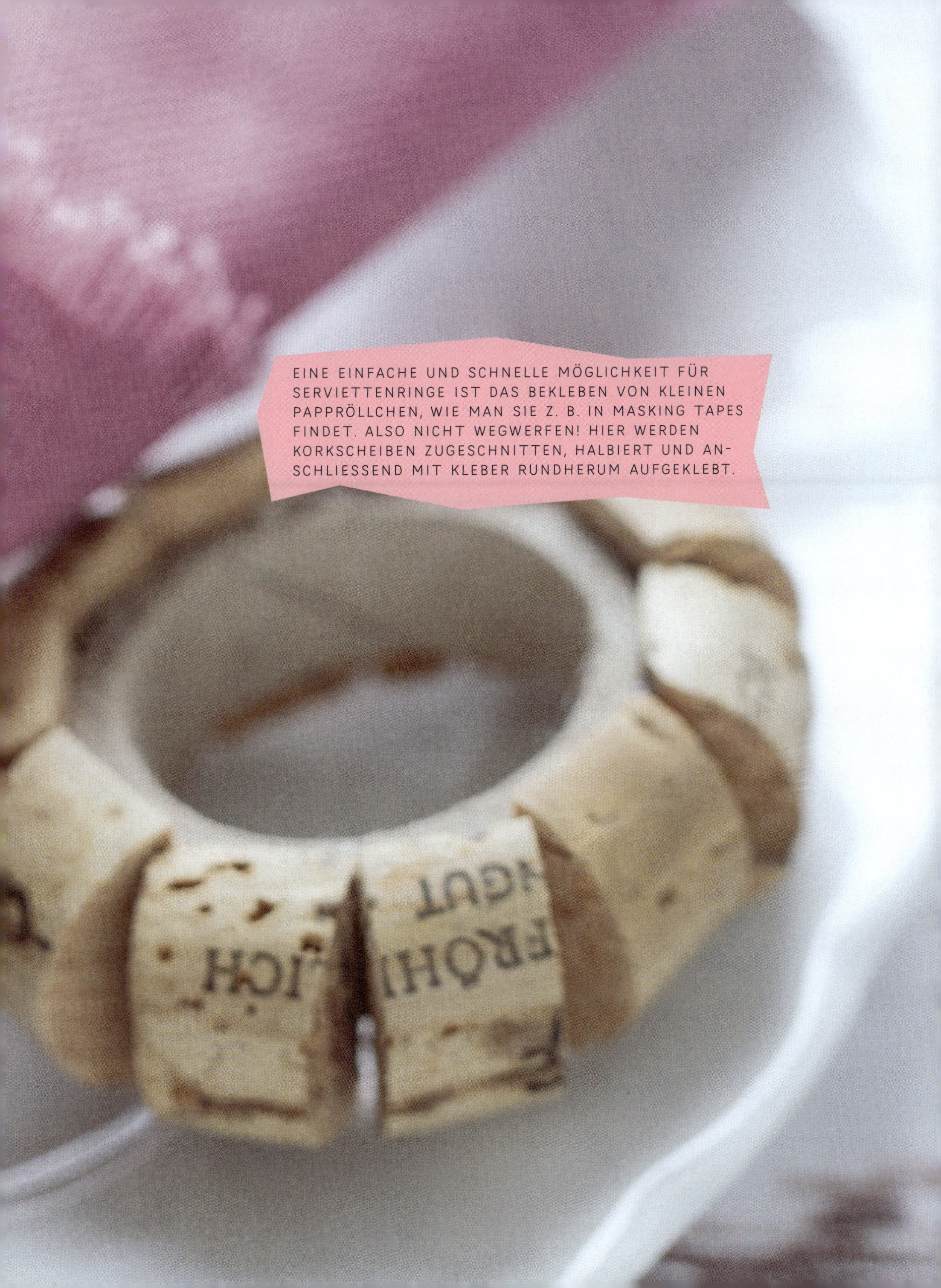

EINE EINFACHE UND SCHNELLE MÖGLICHKEIT FÜR SERVIETTENRINGE IST DAS BEKLEBEN VON KLEINEN PAPPRÖLLCHEN, WIE MAN SIE Z. B. IN MASKING TAPES FINDET. ALSO NICHT WEGWERFEN! HIER WERDEN KORKSCHEIBEN ZUGESCHNITTEN, HALBIERT UND ANSCHLIESSEND MIT KLEBER RUNDHERUM AUFGEKLEBT.

Betreten erlaubt!

MATERIAL:
HOLZPLATTE, KORKEN, LEISTEN, LACK, SCHMIRGELPAPIER, PINSEL, HOLZLEIM, HEISSKLEBER

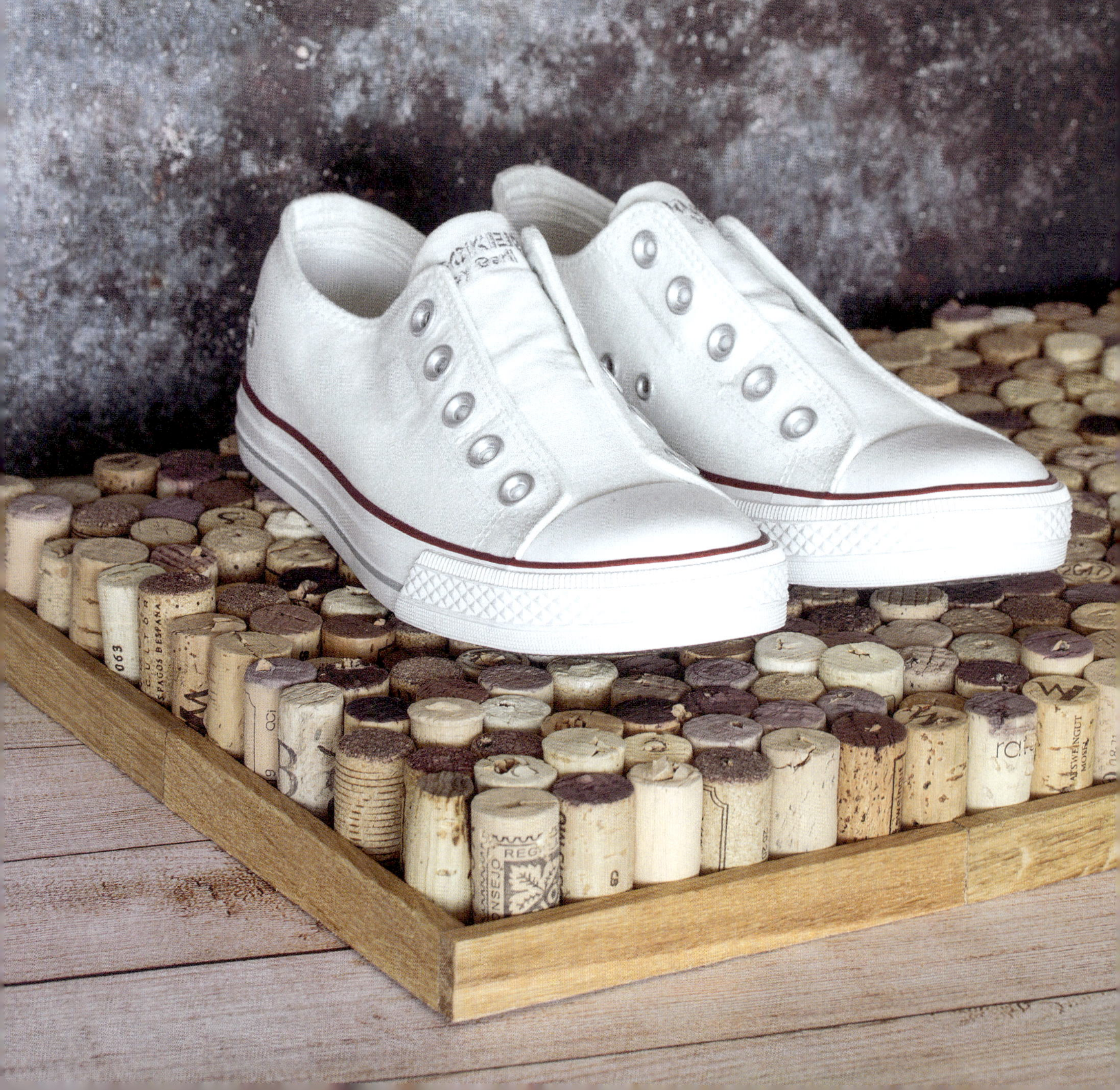

ZUGEGEBEN, FÜR DIESES PROJEKT MUSS MAN SCHON EINE GANZE MENGE KORKEN SAMMELN. ODER BESSER SAMMELN LASSEN: EINFACH FREUNDINNEN UND FREUNDE FRAGEN – KORKEN SAMMELN MEHR MENSCHEN, ALS MAN DENKT. IN DIESER FUSSMATTE IM FORMAT 48 X 36CM STECKEN CA. 320 KORKEN!

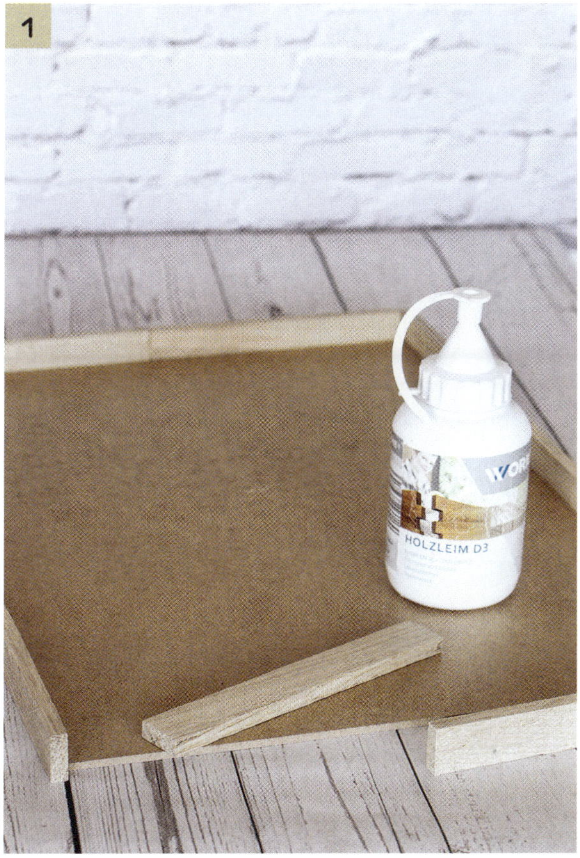

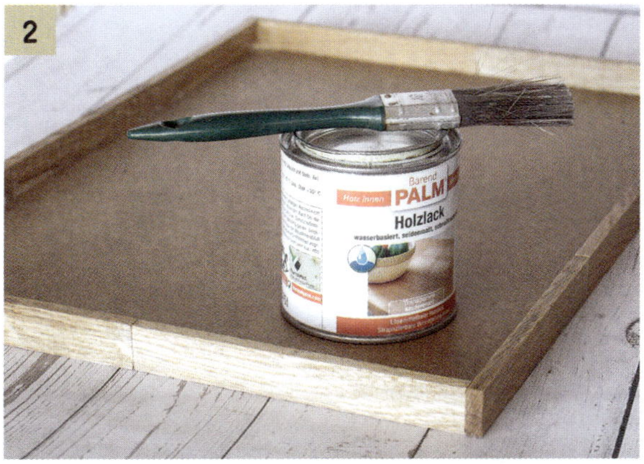

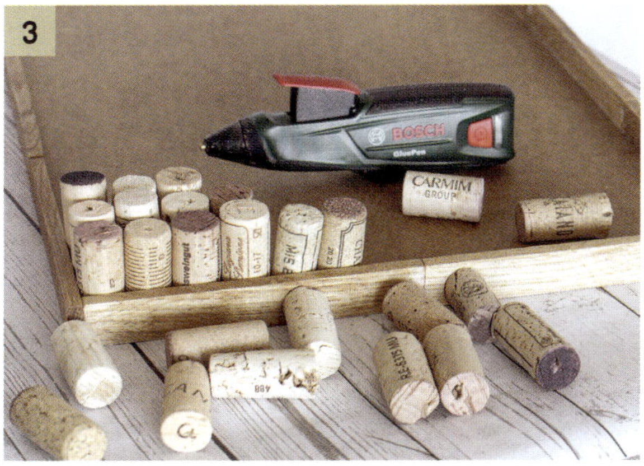

1. Die Grundfläche ist eine 5 mm starke Holzplatte, die man sich am besten im Baumarkt gleich zuschneiden lässt. Hier war sie auf die Größe zurechtgeschnitten, dass sie genau zu den kleinen Leisten passte, die noch vorrätig waren. Die Größe kann aber jeder selbst bestimmen. Auch die Leisten als Umrandung können natürlich individuell zugeschnitten werden und man klebt sie mit Holzleim an die Platte. Nachdem der Kleber ausgehärtet ist, sollte man die Kanten und Flächen noch ein wenig abschmirgeln.

2. Im zweiten Schritt muss man das Holz lackieren. Das empfielt sich, falls Schuhe auch mal regennass sind und das Holz aufweichen könnte.

3. Und dann geht es auch schon los. Die Korken nach und nach mit Heißkleber im Holzrahmen befestigen. Dabei ist es gleich, ob sie unterschiedliche Höhen oder Stärken haben oder ob die vielleicht von Rotwein gefärbte Seite nach oben oder unten zeigt.

Noch ein kleiner Tipp: Wer Sektkorken verwendet, kommt ein wenig schneller ans Ziel.

No More Bandsalat

MATERIAL:
1 WEINKORKEN, STIFT, LINEAL, OPTIONAL SCHRAUBSTOCK, BOHRER, SCHERE, DICKES GUMMIBAND

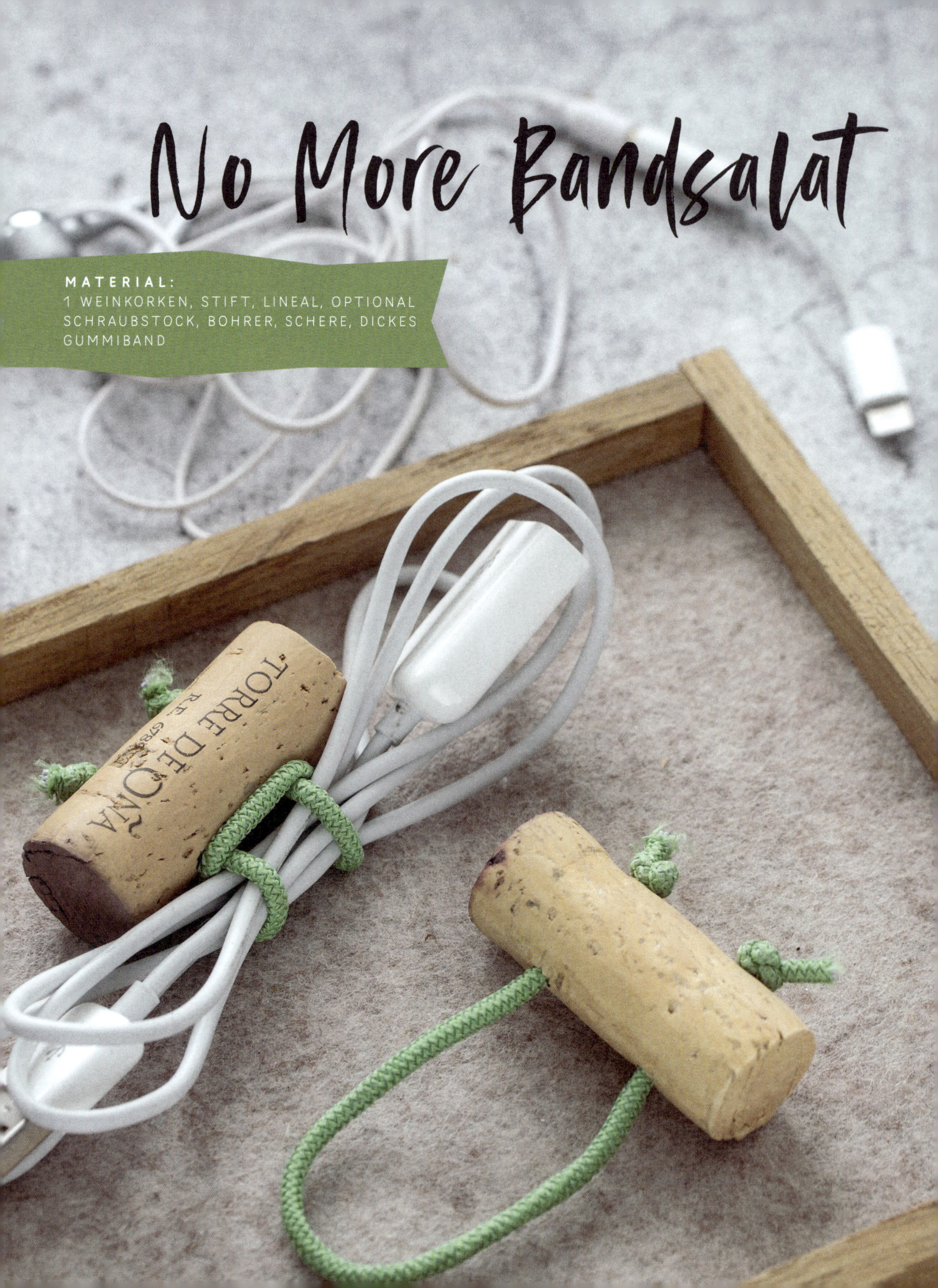

WER KENNT DAS NICHT: MAN MACHT DIE SCHUBLADE AUF UND SUCHT DEN KOPFHÖRER FÜRS HANDY ODER DAS LADEKABEL FÜR DIE KAMERA. UND ALLES IST MITEINANDER VERWURSTELT, AUCH WENN MAN ES BEIM LETZTEN MAL ORDENTLICH WEGGELEGT HAT. EIN KORKEN UND EIN STÜCK GUMMI SCHAFFEN ABHILFE.

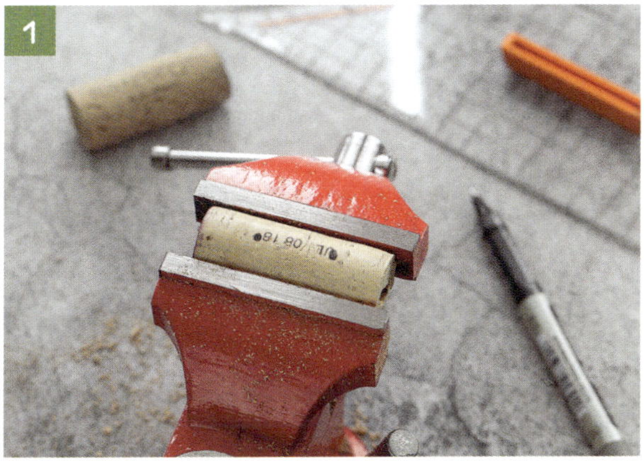

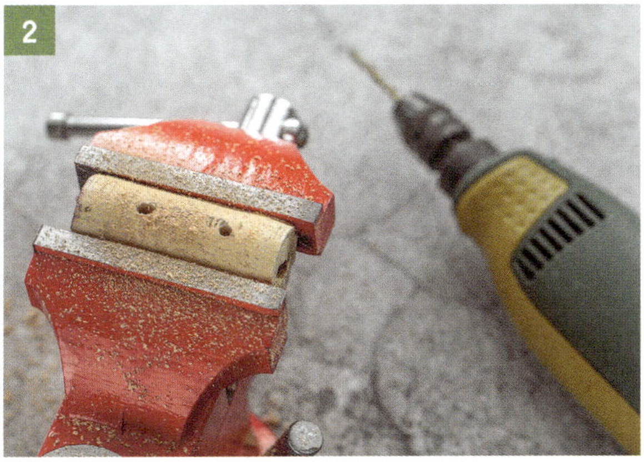

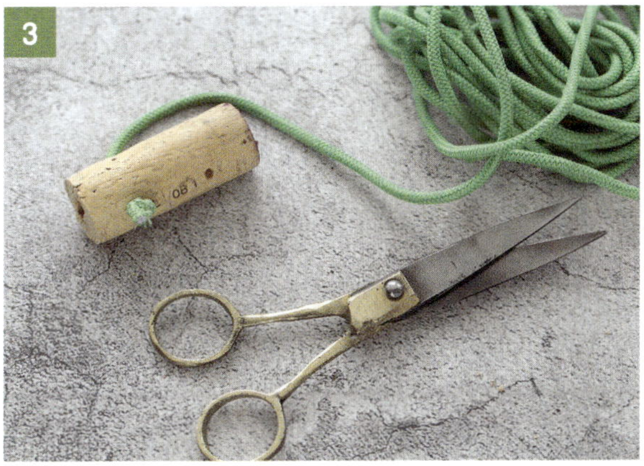

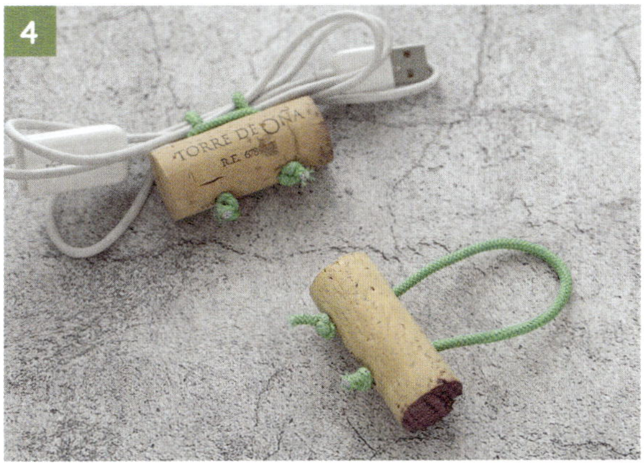

1. Am einfachsten ist es, den Korken in einem kleinen Schraubstock zu befestigen und die zu bohrenden Löcher mit einem Stift zu markieren.

2. Mit einem kleinen Bohrer nun den Korken an zwei Stellen durchbohren.

3. Das Gummiband hindurchstecken und zunächst an einem Ende verknoten.

4. Das Stück Gummi auf die gewünschte Länge abschneiden, durch das zweite Loch fädeln und das Ende verknoten.

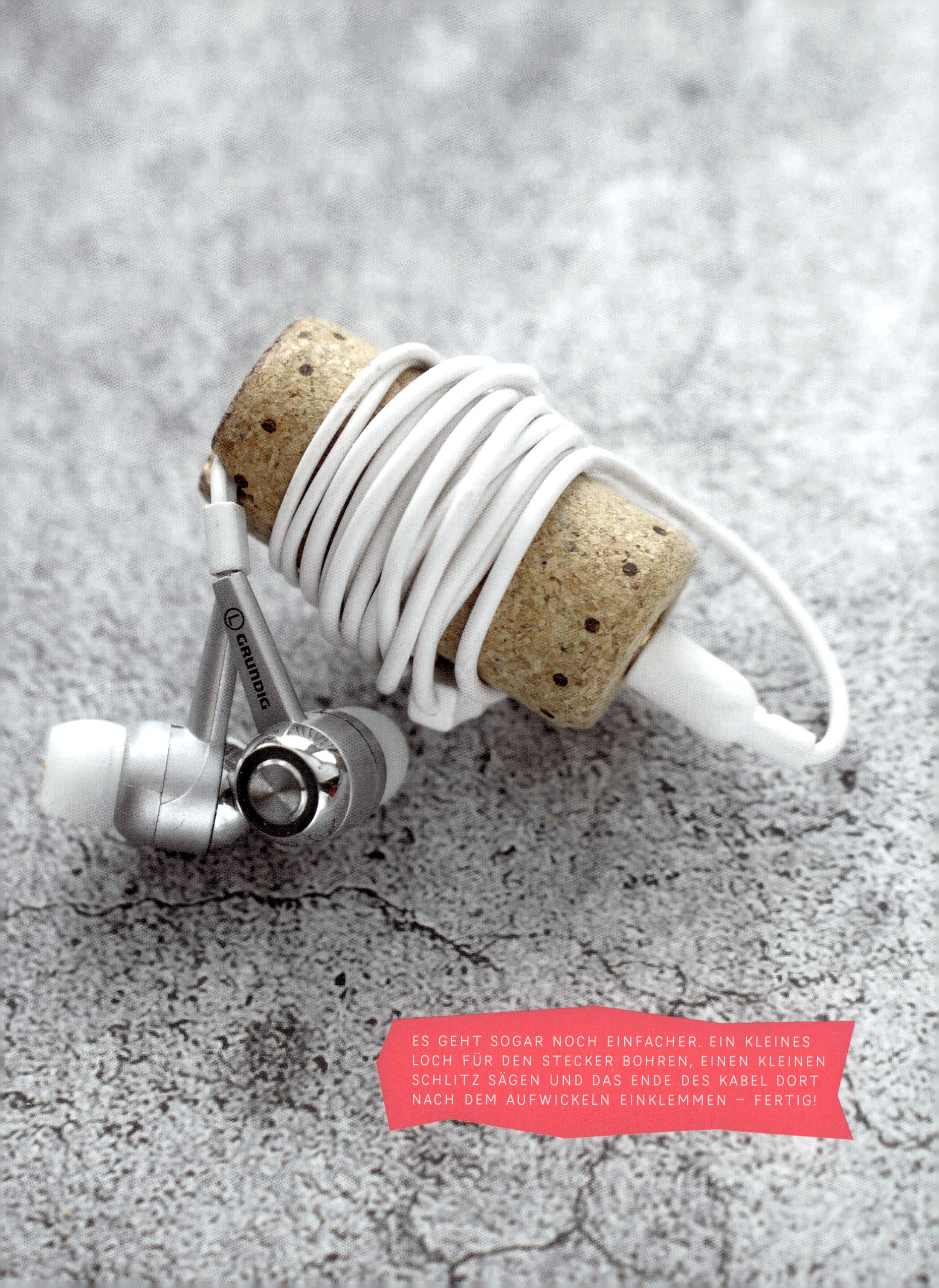

ES GEHT SOGAR NOCH EINFACHER. EIN KLEINES LOCH FÜR DEN STECKER BOHREN, EINEN KLEINEN SCHLITZ SÄGEN UND DAS ENDE DES KABEL DORT NACH DEM AUFWICKELN EINKLEMMEN – FERTIG!

WAS BEI KLEINEN KABELN FUNKTIONIERT, KLAPPT AUCH IN DER GESCHENKBANDSCHACHTEL. SELBST KLEINE RESTE VON BÄNDERN KANN MAN WEITER VERWENDEN, WENN MAN SIE ORDENTLICH AUFROLLT.

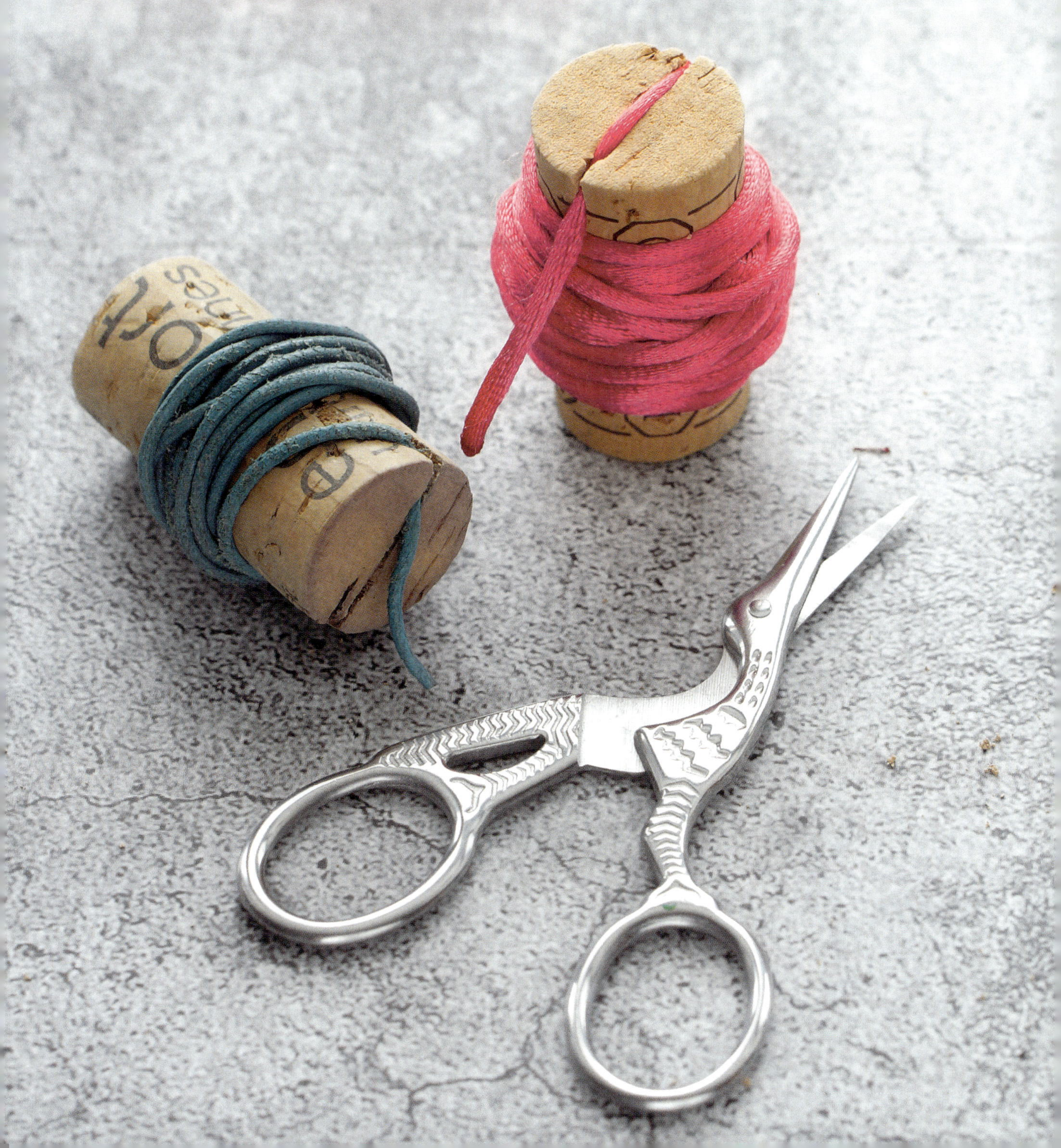

Handystation

MATERIAL:
12 WEINKORKEN, HEISSKLEBER

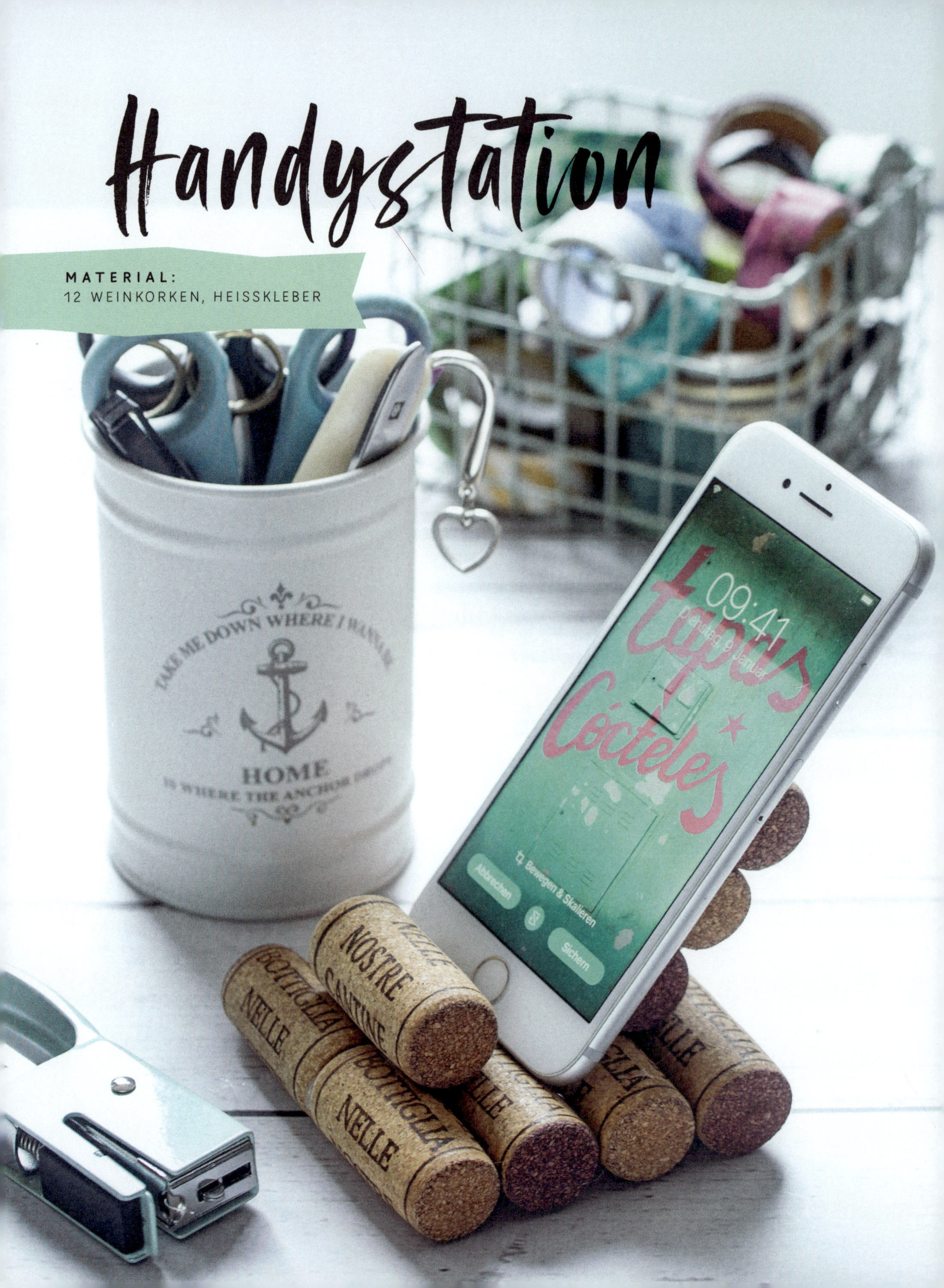

EASY PEASY HANDYSTATION. IRGENDWIE SUCHT MAN DOCH IMMER NACH SEINEM MOBILTELEFON. EIN FESTER PLATZ KANN HELFEN. IMMER SCHÖN IN DER HANDYSTATION PARKEN UND DAS SUCHEN HAT EIN ENDE.

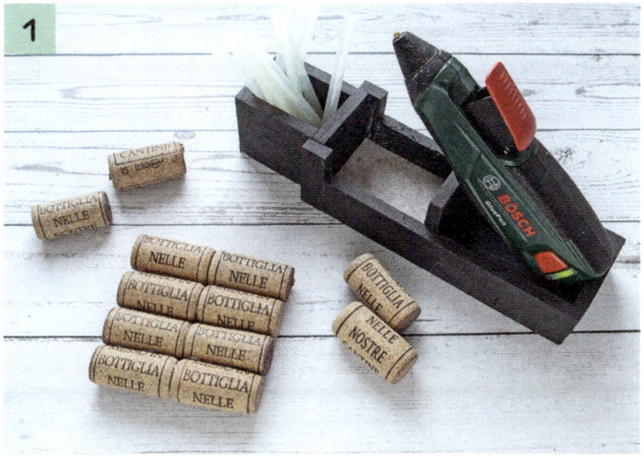

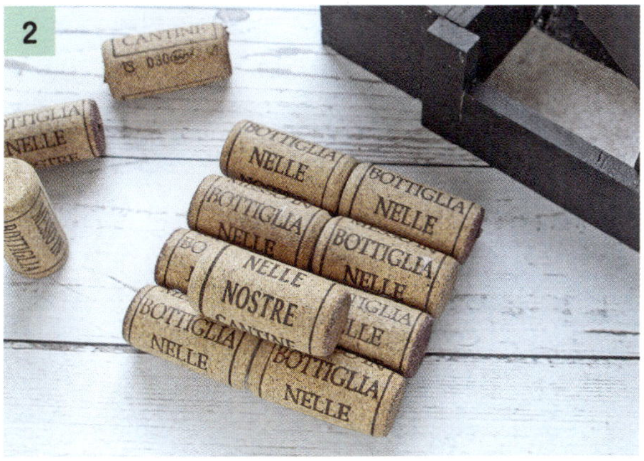

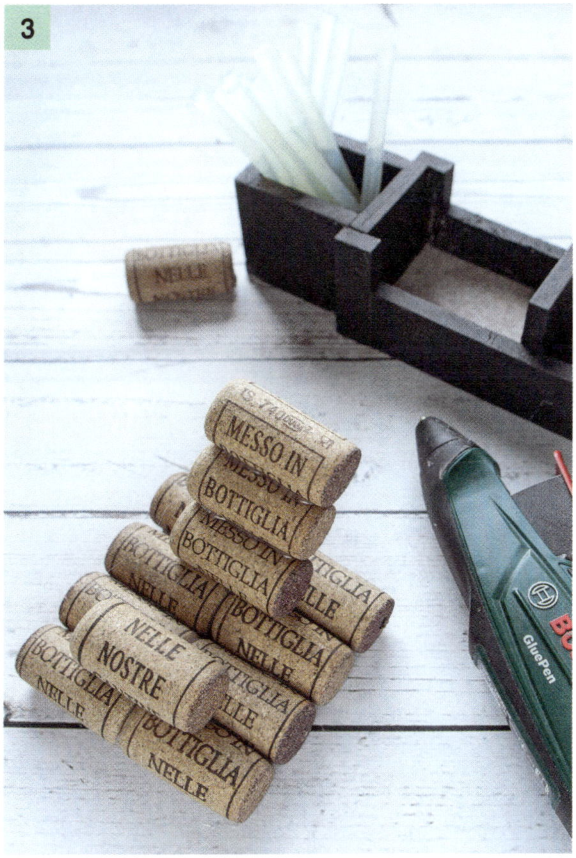

1. Im ersten Schritt klebt man 4x jeweils 2 Korken an den runden Seiten aneinander. Die entstandenen Doppelkorken klebt man anschließend hintereinander zu einem kleinen Block.

2. Einen weiteren Korken platziert man zwischen der ersten und zweiten Korkreihe. Das ist der Stopper.

3. Dann setzt man einen weiteren Korken zwischen der dritten und vierten Korkreihe mittig auf und klebt dann zwei weitere Korken mit dem Heißkleber leicht versetzt nach hinten auf. Das war's auch schon.

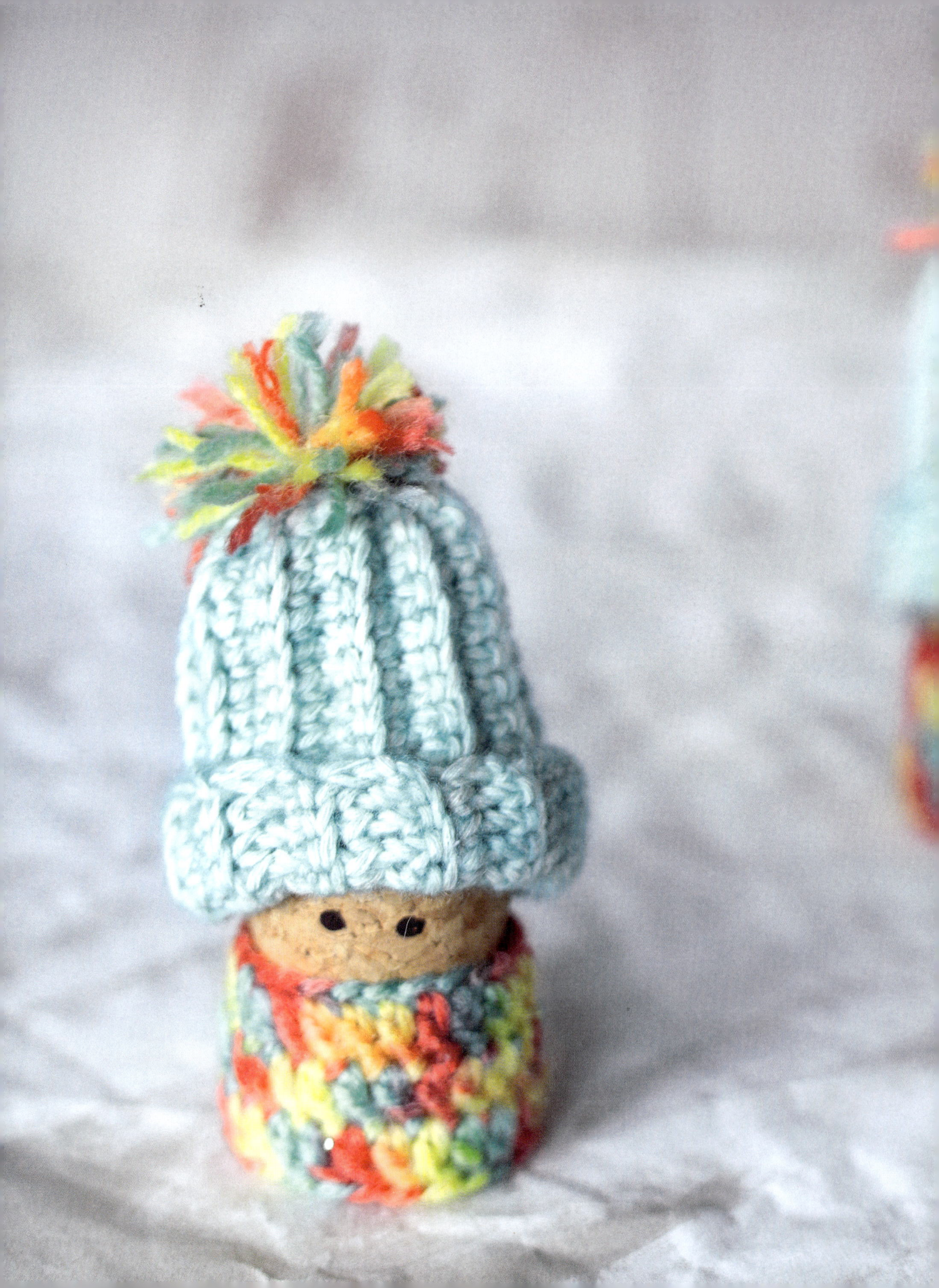

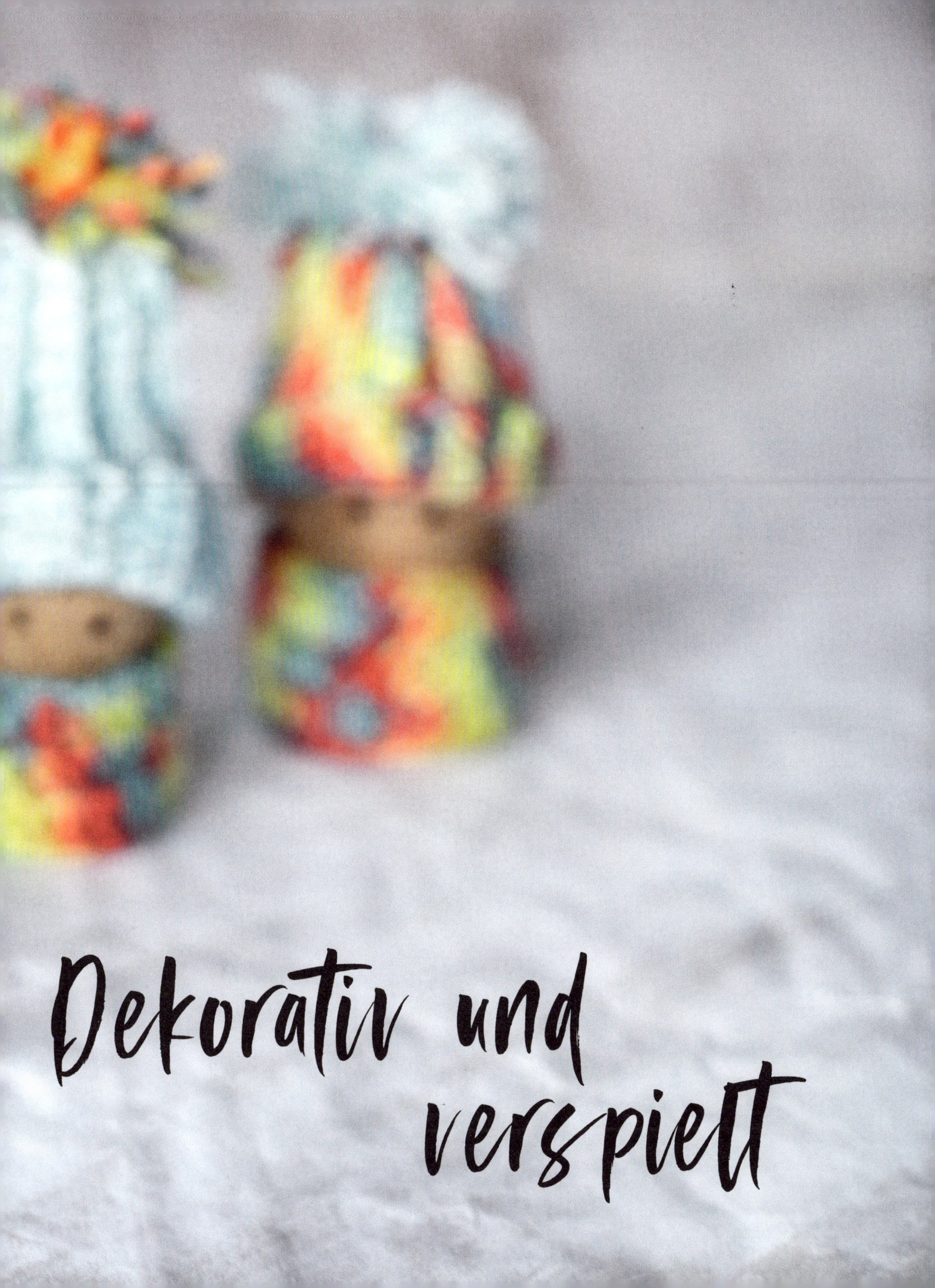

Dekorativ und verspielt

Gruß aus der Küche

MATERIAL:
KORKEN, BAND, STREUDEKO IN VERSCHIEDENEN GRÖSSEN, DRAHT (Ø 0,8 MM), SCHERE, SEITENSCHNEIDER, LINEAL, KLEBER, HEISSKLEBER, AHLE ODER NADEL, STIFT

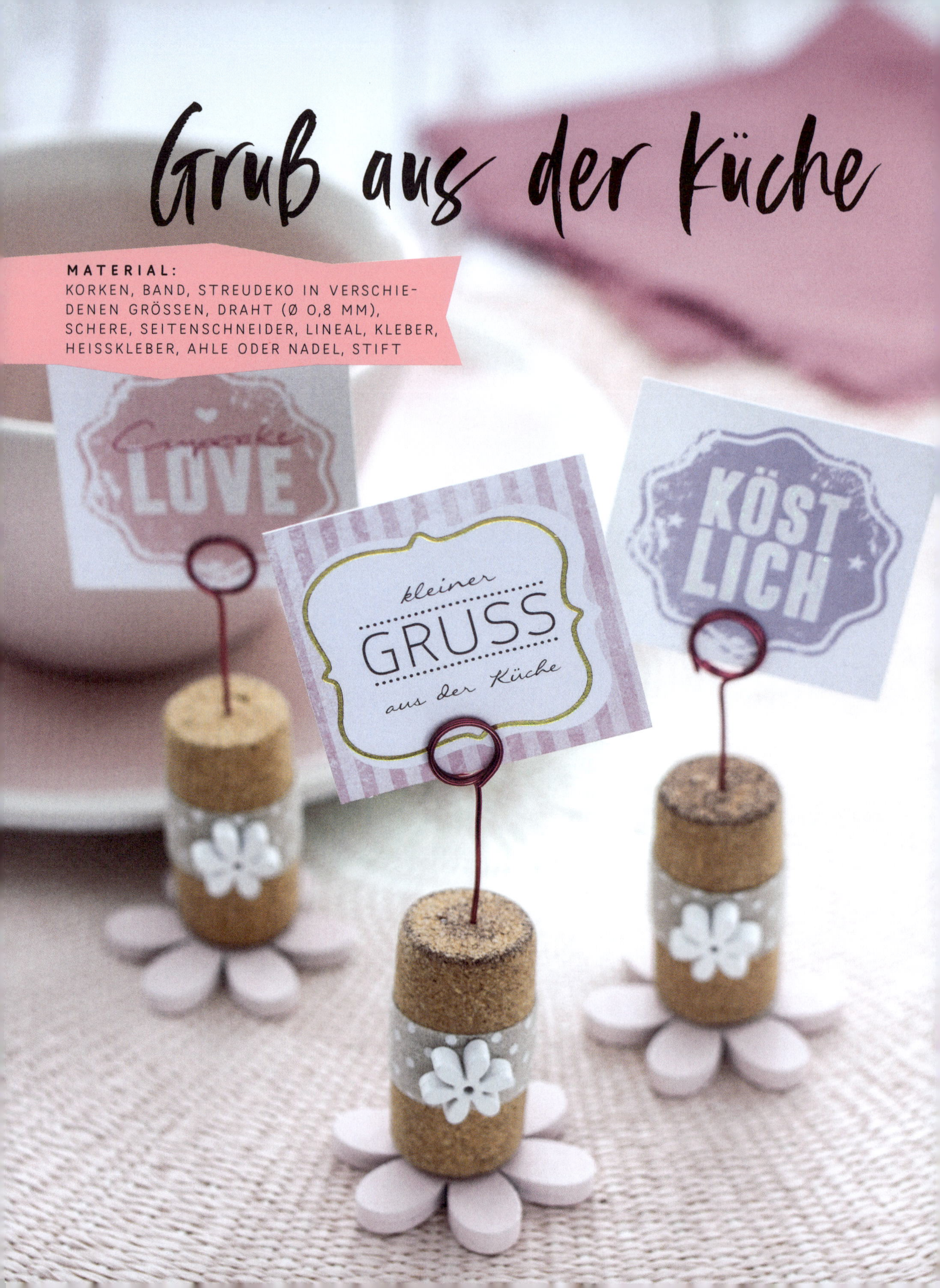

OB PLATZKÄRTCHEN, MENÜKARTEN ODER EINFACH NUR ZUR DEKO AUF EINEM HÜBSCH GEDECKTEN TISCH: EIN KLEINER GRUSS AUS DER KÜCHE IST SICHER IMMER WILLKOMMEN. AUCH GUT FÜR EIN BUFFET GEEIGNET, UM ZU KENNZEICHNEN, WELCHE GERICHTE VEGAN, GLUTEN- ODER LAKTOSEFREI SIND.

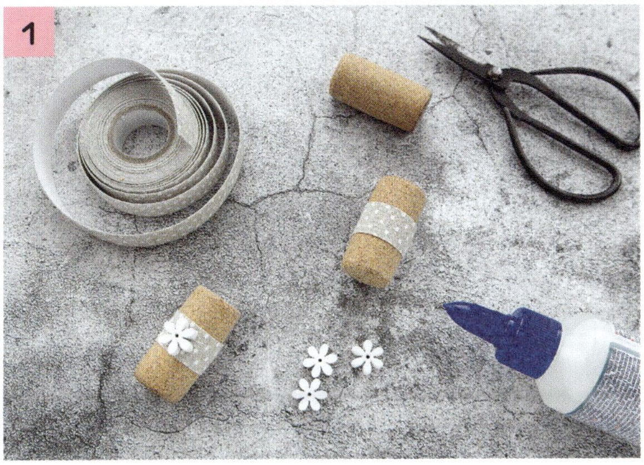

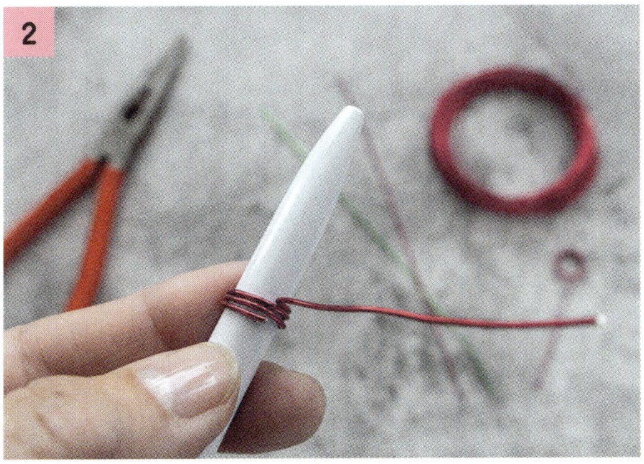

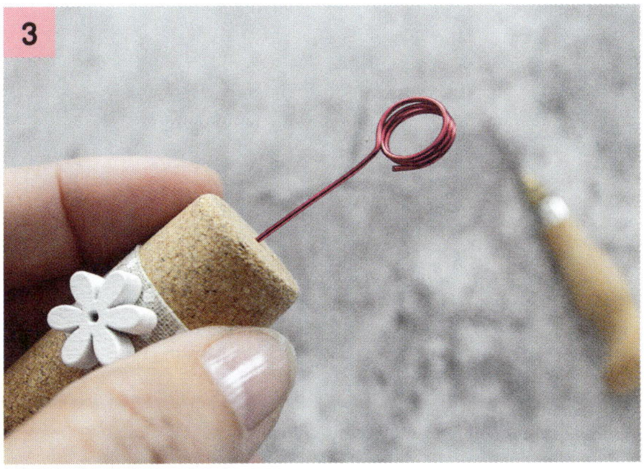

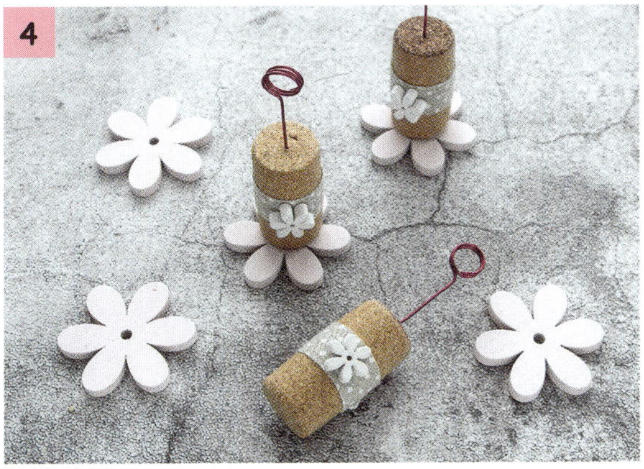

1. Die Korken als Erstes mit einem hübschen Schmuckband bekleben und anschließend die kleinen Blumen aufkleben.

2. Dann den Draht vorbereiten. Dazu ein ca. 15 cm langs Stück mit dem Seitenschneider abknipsen. Anschließend ein Ende 3 Mal um einen Stift wickeln. Das Drahtende dann im rechten Winkel wegbiegen. Evtl. kürzen.

3. Mit einer Ahle oder einer Nadel den Korken oben vorstechen und den Draht hineinstecken.

4. Da die Korken sehr kippelig sind, sollten sie noch auf eine Unterlage geklebt werden. In diesem Falle sind es die großen Blumen der Streudeko. Mit Heißkleber befestigen und aufstellen.

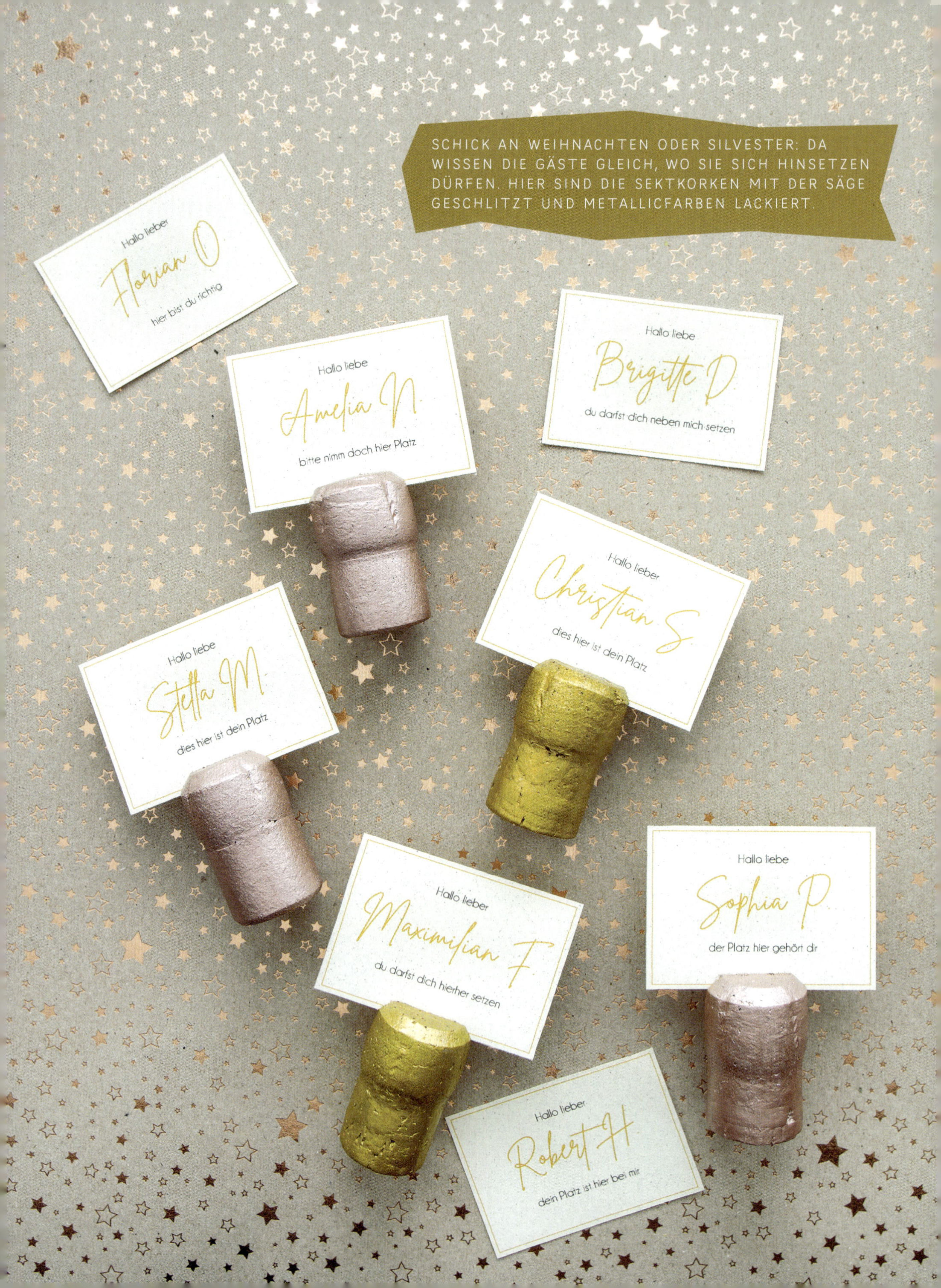

SCHICK AN WEIHNACHTEN ODER SILVESTER: DA WISSEN DIE GÄSTE GLEICH, WO SIE SICH HINSETZEN DÜRFEN. HIER SIND DIE SEKTKORKEN MIT DER SÄGE GESCHLITZT UND METALLICFARBEN LACKIERT.

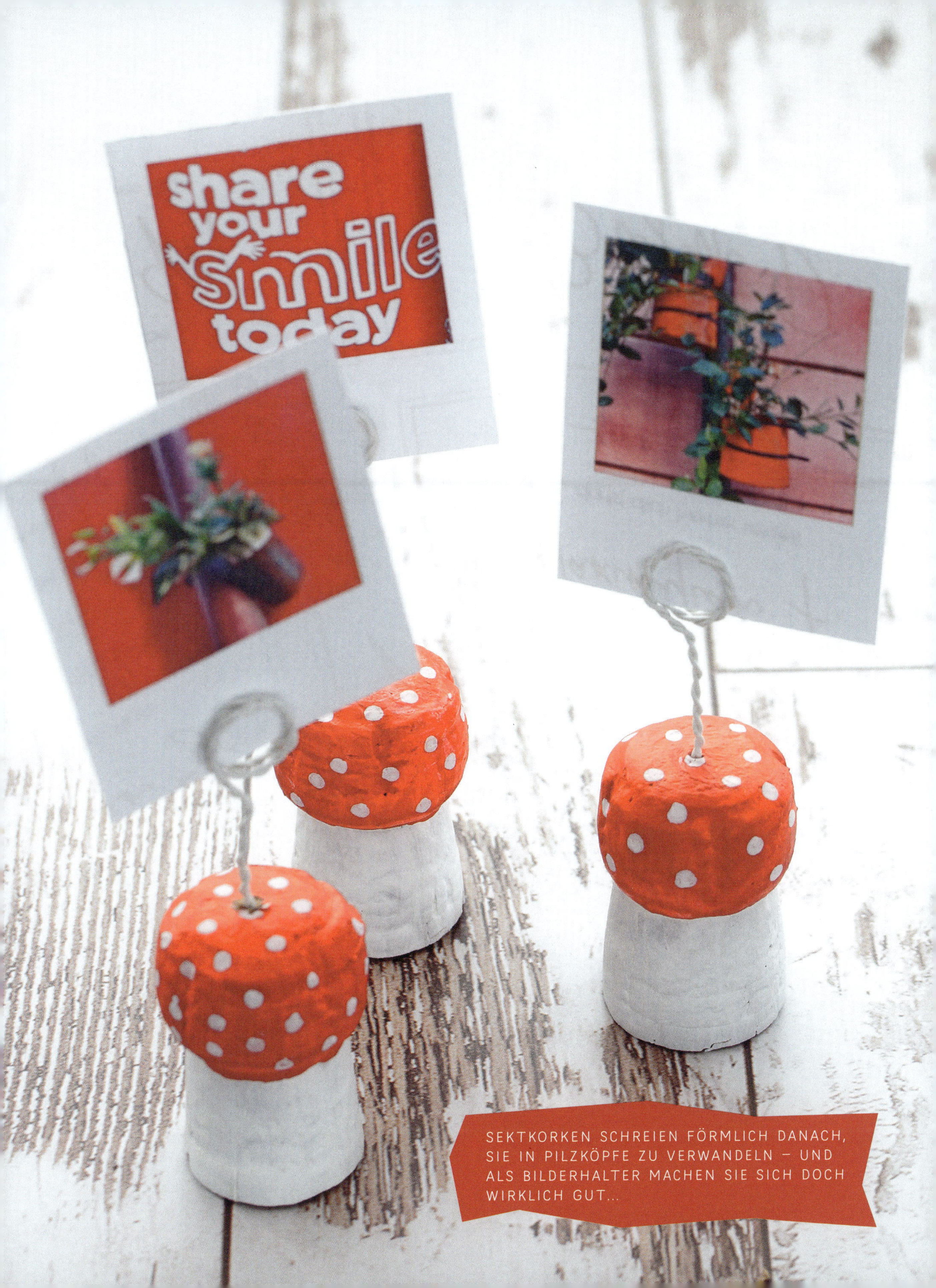

SEKTKORKEN SCHREIEN FÖRMLICH DANACH, SIE IN PILZKÖPFE ZU VERWANDELN – UND ALS BILDERHALTER MACHEN SIE SICH DOCH WIRKLICH GUT...

Sooo anhänglich!

MATERIAL:
WEINKORKEN, SCHRAUBRINGE, UNTERLEGSCHEIBEN, KETTELSTIFTE, SPALTRINGE, DIVERSES SCHMUCKZUBEHÖR, SCHLÜSSELRINGE, SEITENSCHNEIDER, ZANGE

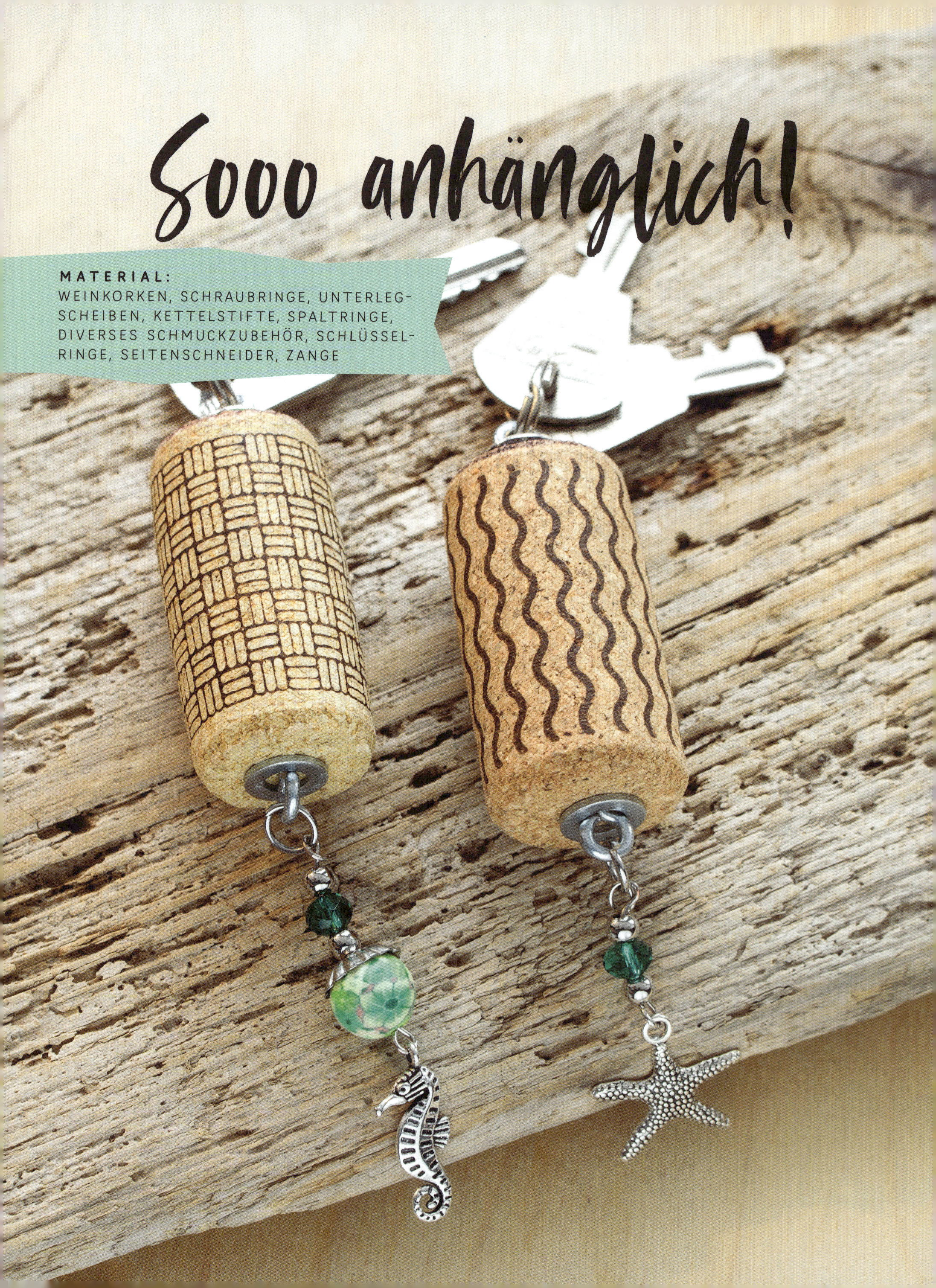

WEIL KORKEN SO LEICHT SIND, EIGNEN SIE SICH SUPER ALS SCHLÜSSELANHÄNGER. INDIVIDUELL VERZIERT SIND SIE EIN RICHTIG KLEINES SCHMUCKSTÜCK AM SONST SO TRISTEN SCHLÜSSELBUND.

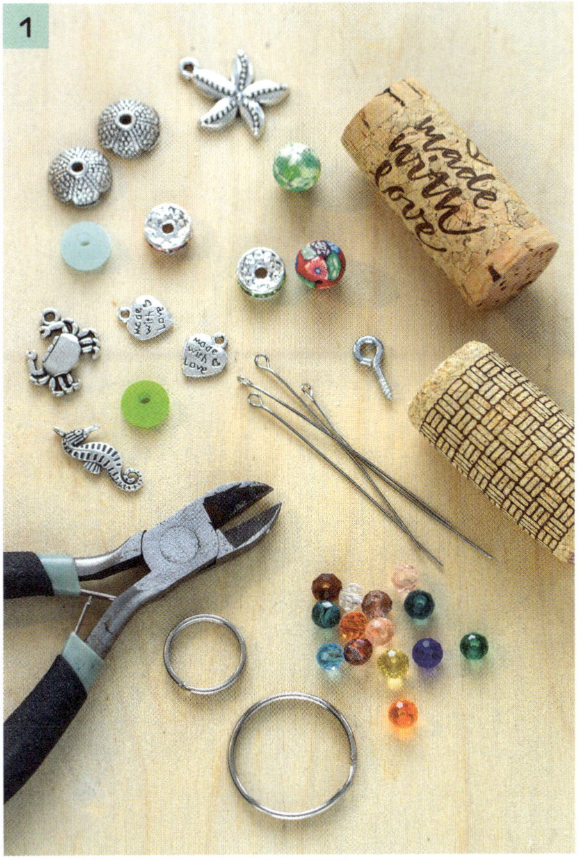

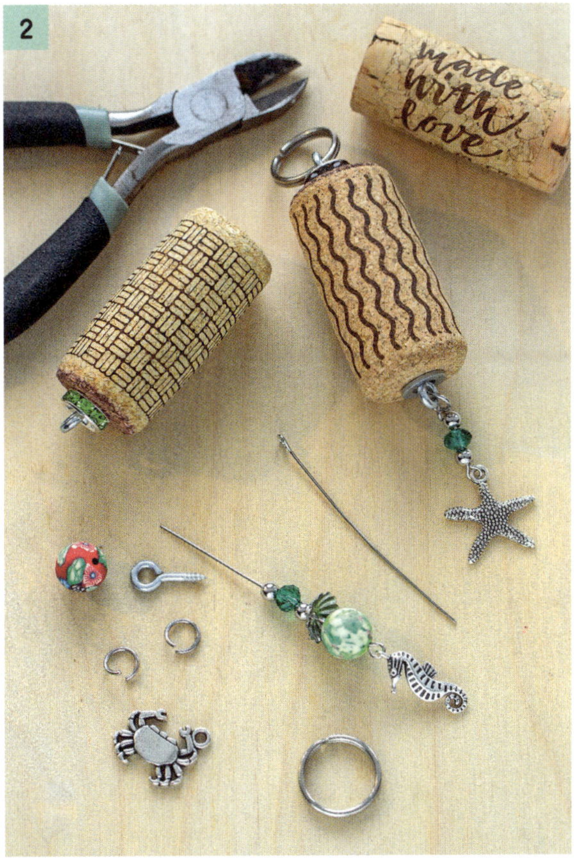

1. Alles, was man für die Schlüsselanhänger benötigt, zurechtlegen. Das können kleine Anhänger sein, große und kleine Perlen, flach oder rund, Perlenkappen, strassverzierte Ringe, Kettelstifte und Spaltringe.
Dazu noch kleine Unterlegscheiben und Schraubringe aus dem Baumarkt sowie natürlich Schlüsselringe.

Zum Bearbeiten noch einen Seitenschneider und eine kleine Zange zurechtlegen.

2. Ans obere Ende des Korkens kommt als Erstes ein Schraubhaken für den Schlüsselring. Vielleicht noch verziert mit einem kleinen Strassring? Für den Anhänger am unteren Ende den Kettelstift etwas aufbiegen und den Anhänger befestigen. Anschließend die Öse wieder zudrücken. Dann kann man ein paar Perlen auffädeln. Oberhalb der letzten Perle dann eine kleine Öse biegen, mit dem Seitenschneider kürzen und daran einen Spaltring befestigen. Gleichzeitig auch den Schraubring einhaken und den Spaltring mit der Zange zudrücken. Nun kann man den Haken mit einer kleinen Unterlegscheibe am unteren Ende des Korkens eindrehen.

Unter Verschluss

MATERIAL:
GLASHÜLSEN MIT GERADEM BODEN, KORKEN, FÜLLMATERIAL, HOLZSTAB, SEITENSCHNEIDER, UNTERLEGSCHEIBEN, RINGSCHRAUBEN, SCHLÜSSELRING, KETTELSTIFTE, ANHÄNGER, PERLEN

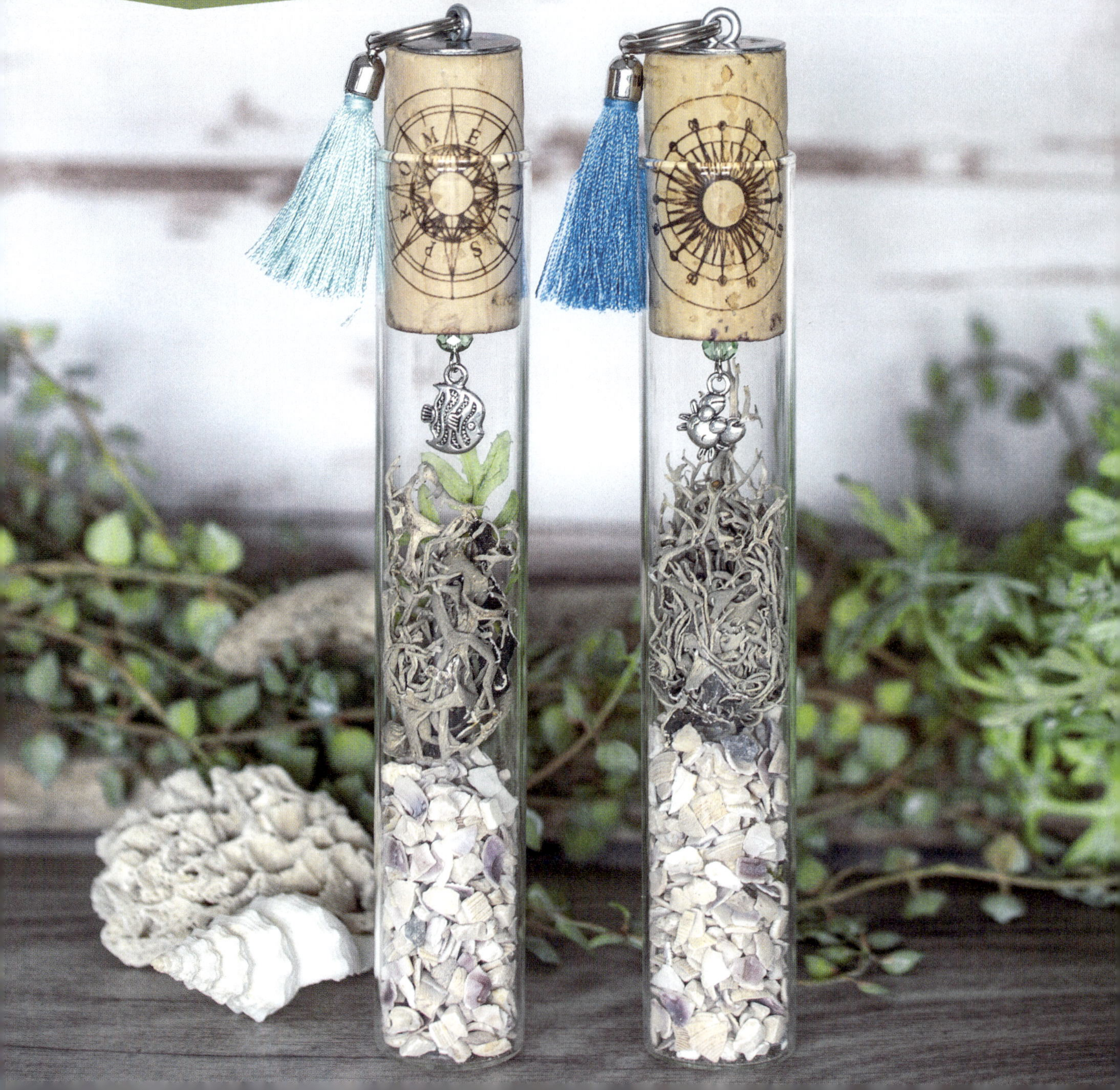

EIN MINI-HERBARIUM IST EIN DEKORATIVES ZUHAUSE FÜR ALLES, WAS MAN AM WEGESRAND ODER BEI EINEM STRANDSPAZIERGANG FINDET UND UNBEDINGT AUFHEBEN MÖCHTE. KLEINE PASSENDE ANHÄNGER RUNDEN DIE DEKO AB UND EIN SCHÖNER KORKEN SORGT DAFÜR, DASS ALLES SICHER VERSCHLOSSEN IST.

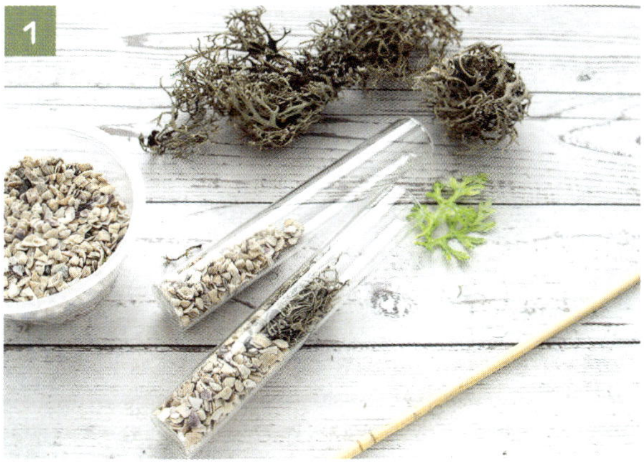

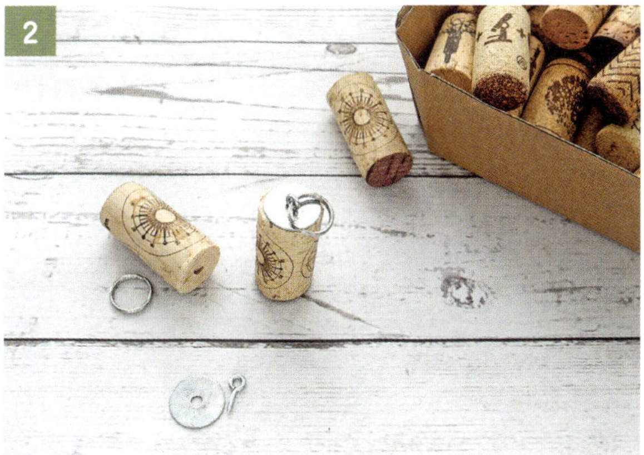

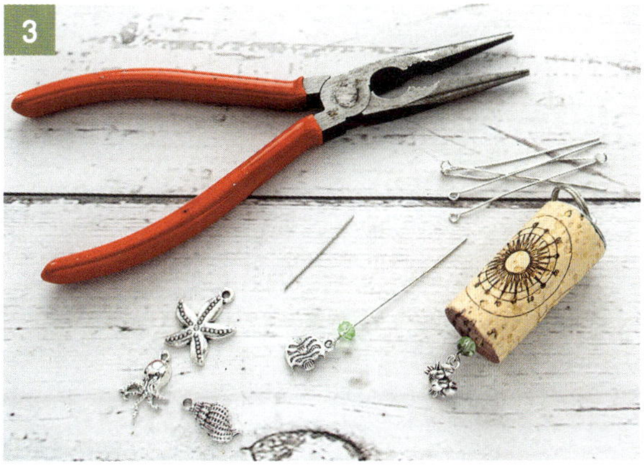

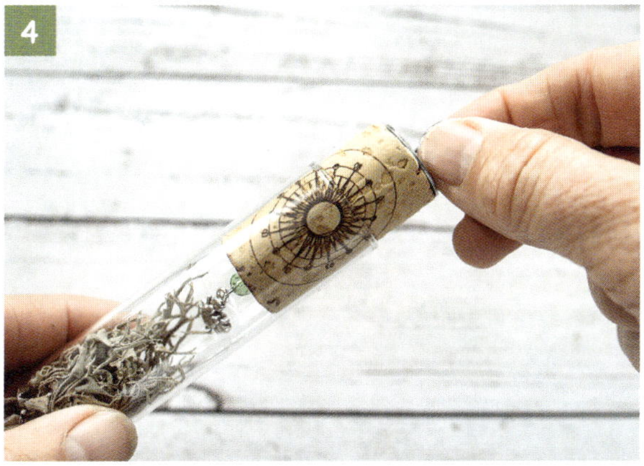

1. Die kleinen Glashülsen kann man nach Lust und Laune füllen. Entweder man sammelt im Wald und auf Wiesen Pflanzen und lässt sie trocknen, oder man verwendet Dekogräser aus dem Bastelbedarf. Kleine Kiesel oder Muschelgranulat machen sich auch ganz gut. Die Gräser kann man mit einem kleinen Holzstab vorsichtig hineindrücken.

2. Dann wählt man einen hübschen Korken aus. Er sollte sich möglichst weit in das Glasröhrchen stecken lassen, um es zu verschließen. Am oberen Ende des Korkens legt man die kleine Unterlegscheibe auf und dreht die Ringschraube mit dem Schlüsselring in den Korken.

3. Für die Deko an der Unterseite hängt man einen kleinen Anhänger an einen Kettelstift, fädelt noch eine Perle auf, kürzt den Kettelstift mit einem Seitenschneider und steckt ihn in das untere Ende des Korkens.

4. Jetzt kann man das kleine Herbarium mit dem Korken verschließen.

Kleine Superhelden

MATERIAL:
SEKTKORKEN, HOLZSPIESSE, ACRYLFARBEN, PINSEL, BLEISTIFT, LACKMARKER, TRIPLE GLOSS, FARBIGES PAPIER, KLEBER

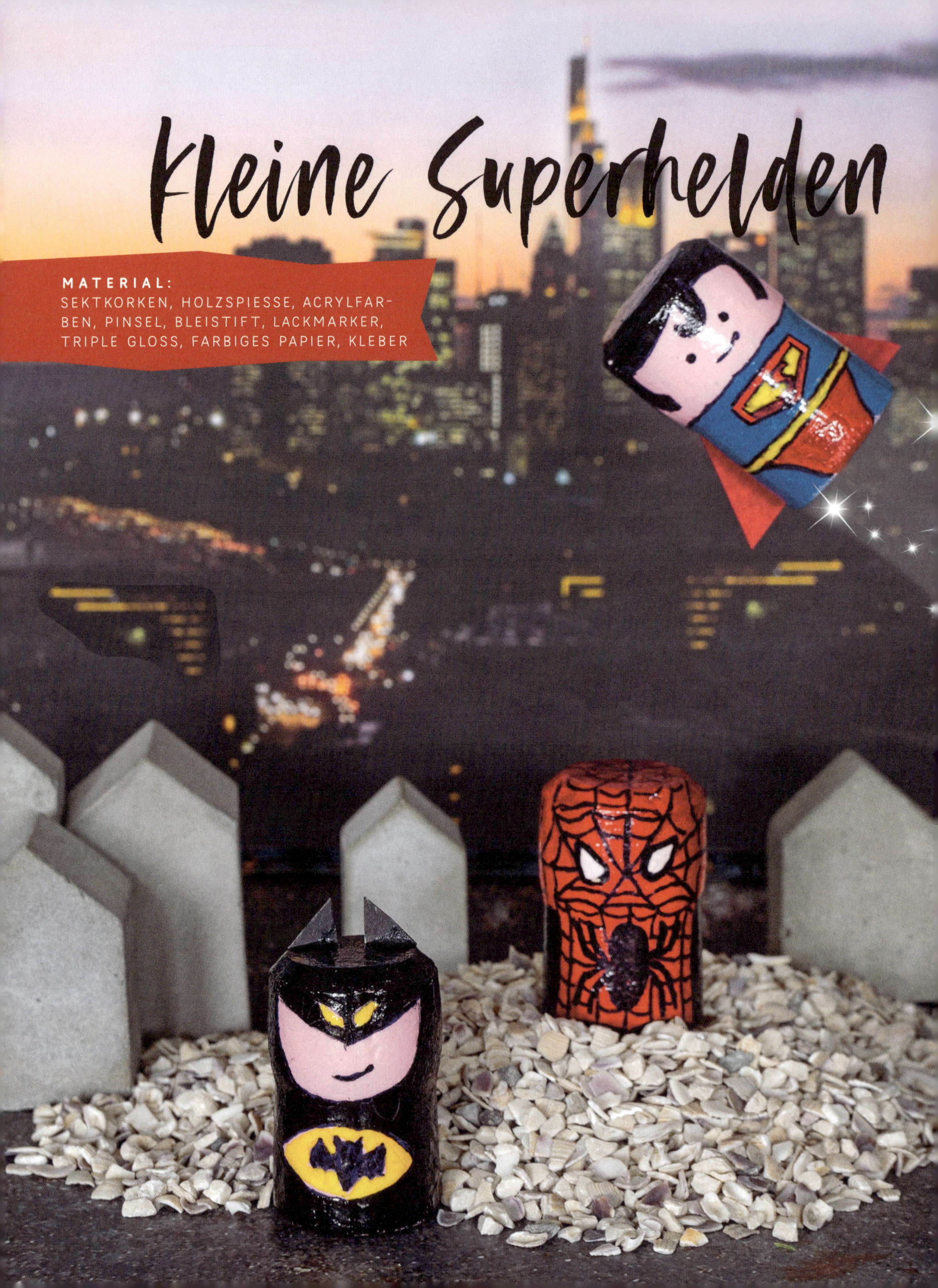

ACH, HÄTTEN WIR NICHT ALLE GERNE SUPERKRÄFTE? ODER ZUMINDEST EINE FREUNDIN ODER EINEN FREUND, DIE ODER DER WELCHE HAT? DAS WIRD WOHL LEIDER EIN TRAUM BLEIBEN. ABER SO EIN KLEINES SUPERMÄNNCHEN ALS GLÜCKSBRINGER KANN MAN SCHON BESITZEN – HILFT VIELLEICHT AUCH, WENN MAN FEST DRAN GLAUBT.

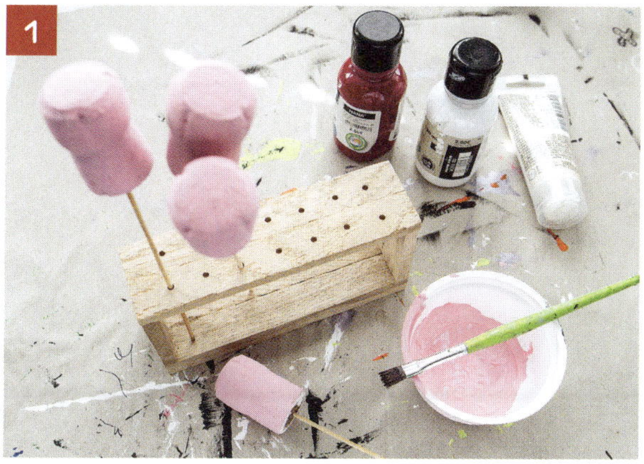

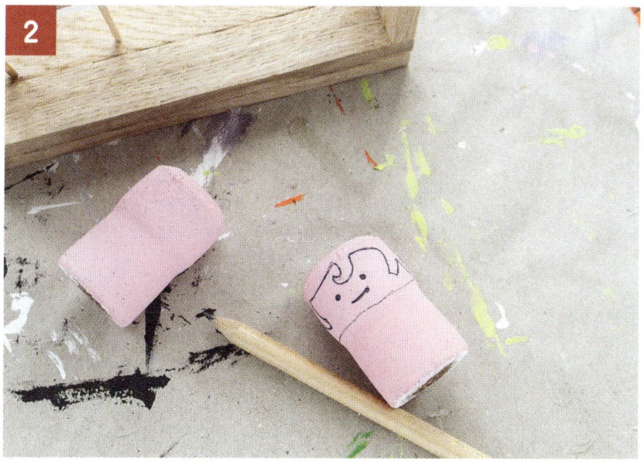

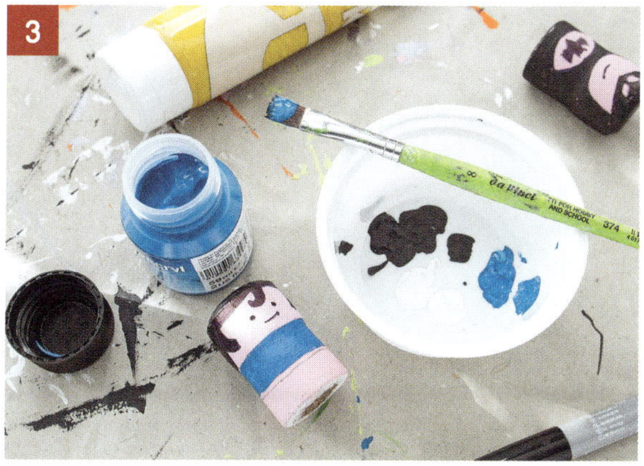

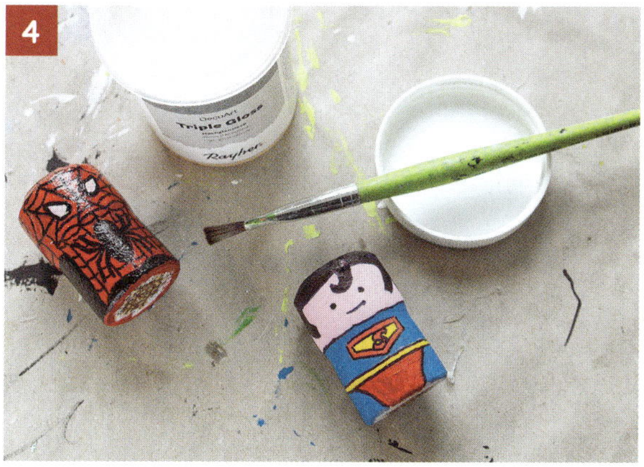

1. Zunächst legt man die Grundfarbe bzw. die Hautfarbe fest und grundiert den ganzen Korken damit. Zum Anmalen kann man den Korken auf einen kleinen Holzspieß stecken, so lässt er sich besser anpinseln. Zum Trocknen dann in ein Gefäß stellen.
Ein kleiner selbstgebastelter Holzrahmen mit gebohrten Löchern kann eine gute Hilfe sein, wenn man Superhelden am laufenden Band produzieren möchte.

2. Wenn die Farbe getrocknet ist, zeichnet man mit einem Bleistift die Konturen der einzelnen Superhelden auf. Vorlagen befinden sich auf Seite 126.

3. Anschließend beginnt man mit dem Ausmalen. Wer das Malen mit dem Pinsel zu kompliziert findet, kann auch Lackstifte verwenden. Die sind leichter zu handhaben.

4. Sind auch hier wieder alle Farben gut getrocknet, versieht man die kleinen Superhelden mit einer Schicht Triple Gloss. Dieser Hochglanzlack gibt den Figuren den letzten Schliff. Dann fehlen nur noch die Batman-Ohren und der Superman-Mantel. Die sind aus farbigem Papier hergestellt und mit Kleber aufgeklebt.

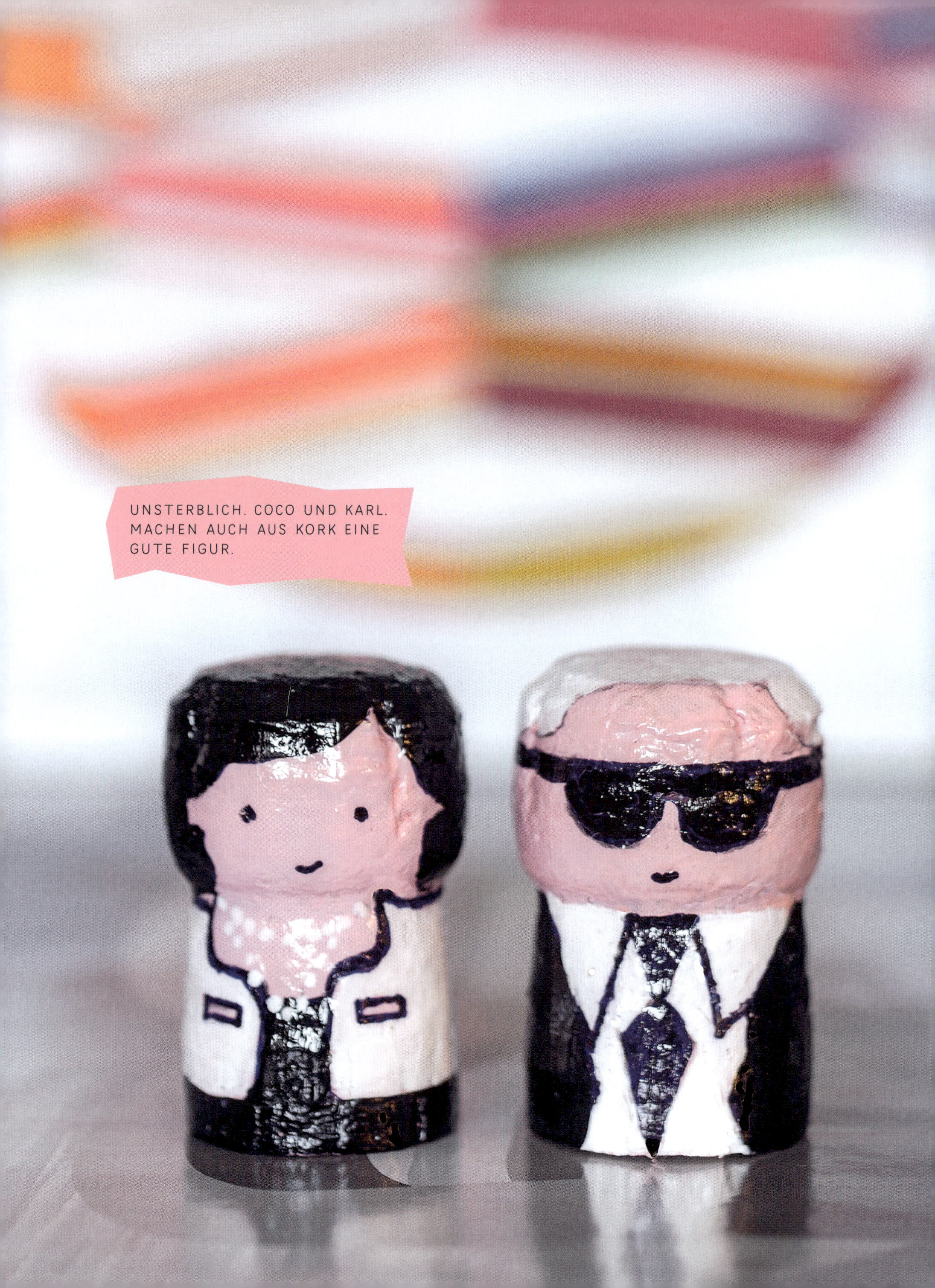

UNSTERBLICH. COCO UND KARL. MACHEN AUCH AUS KORK EINE GUTE FIGUR.

ROBBY ROST UND RUDI ROSTIG – ZWEI KLEINE ROBOTER, DIE SCHON EINIGES ERLEBT HABEN. WER EIN PAAR SCHRAUBEN LOCKER HAT, KANN SICH HIER SUPER AUSTOBEN.

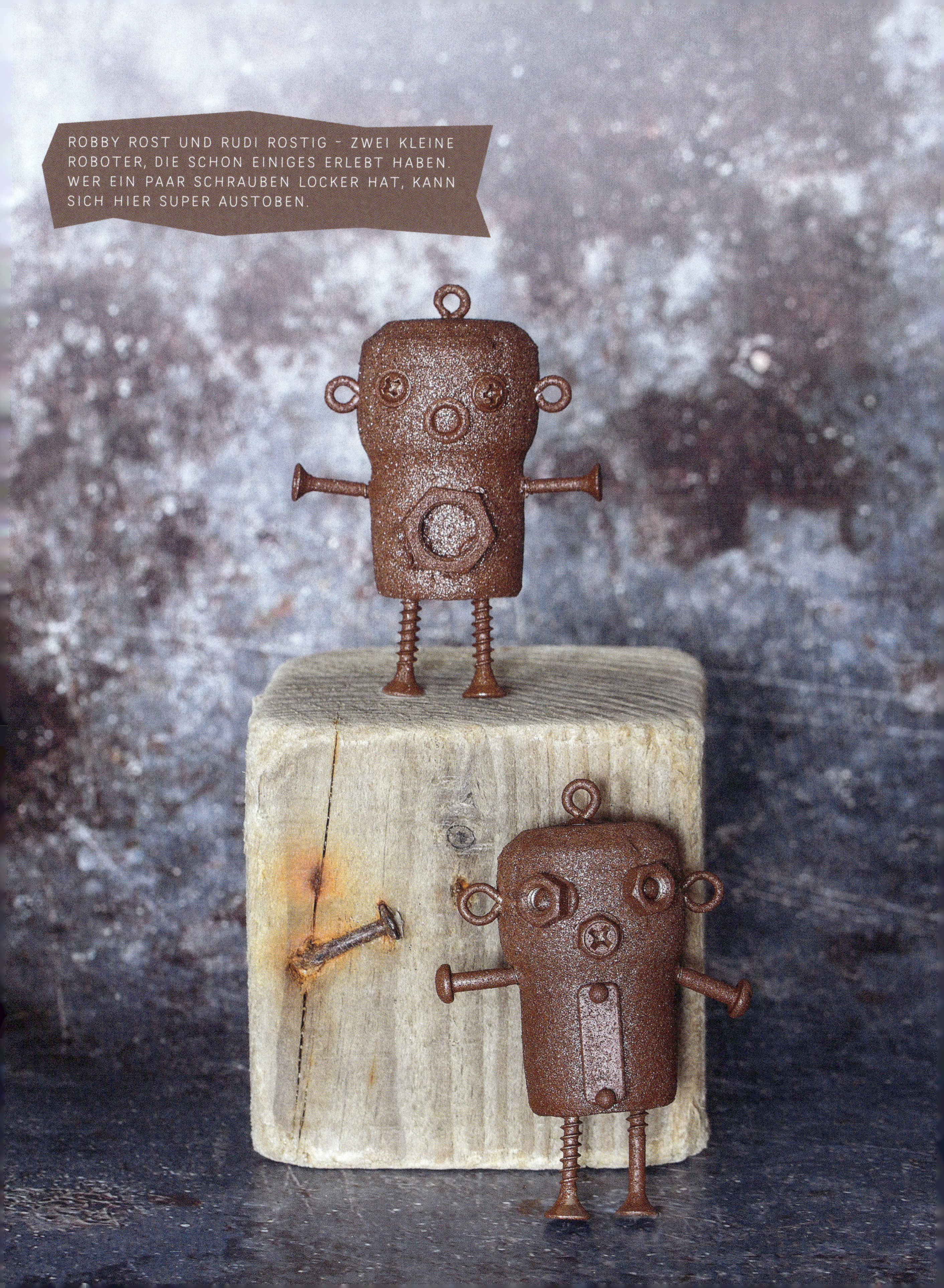

Regenbogen-Wichtel

MATERIAL:
SEKTKORKEN, WOLLRESTE, HÄKELNADEL, NÄHNADEL, SCHERE, STIFT

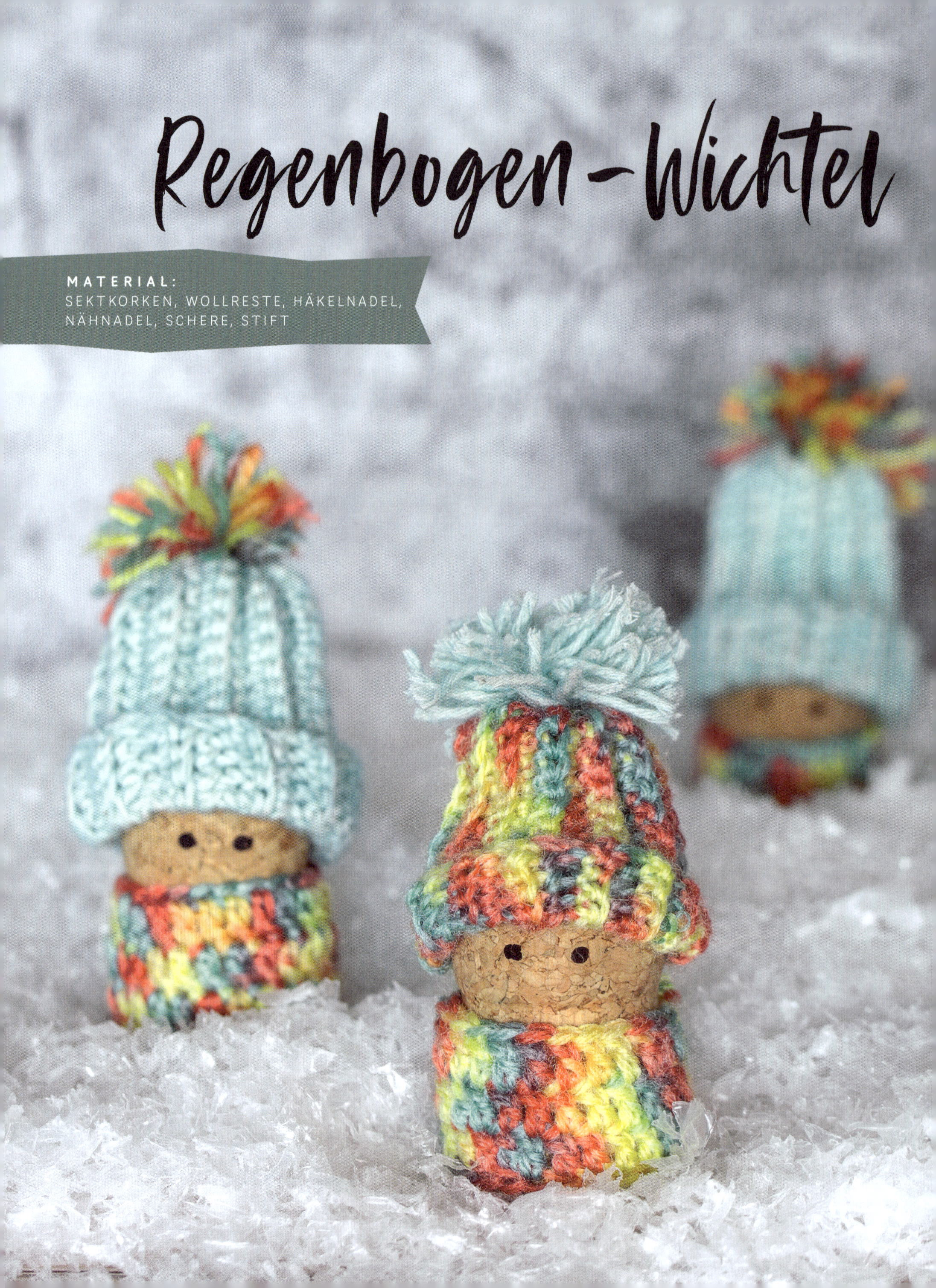

MAN SAGT, WENN DER WICHTEL SEINE ARBEIT GETAN HAT, PACKT ER SEINE SACHEN UND ZIEHT WIEDER AUS. DAS IST ABER SCHADE! VIELLEICHT BLEIBT DER KLEINE REGENBOGENWICHTEL JA EIN BISSCHEN LÄNGER UND VERZAUBERT UNS NOCH EIN WEILCHEN.

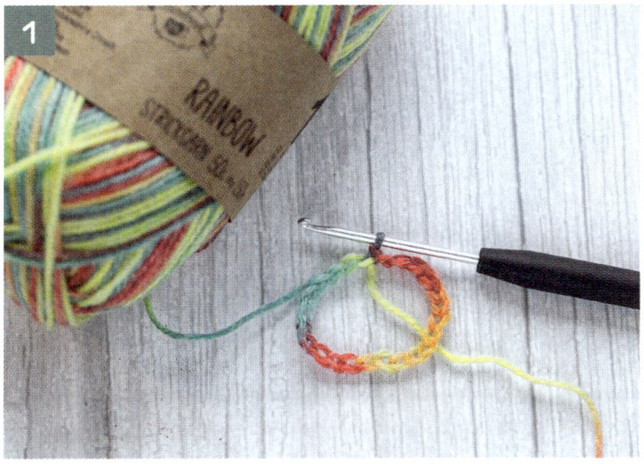

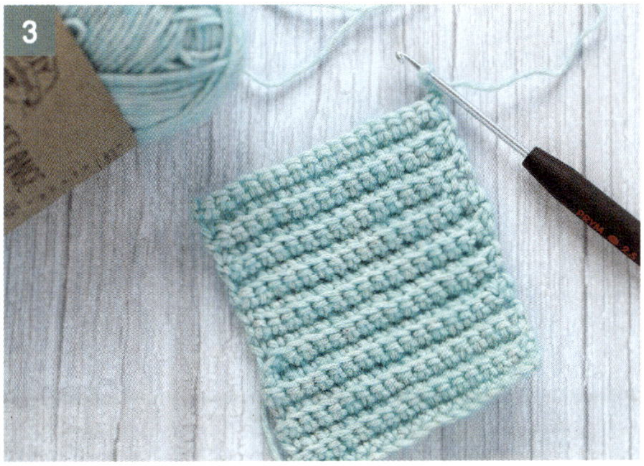

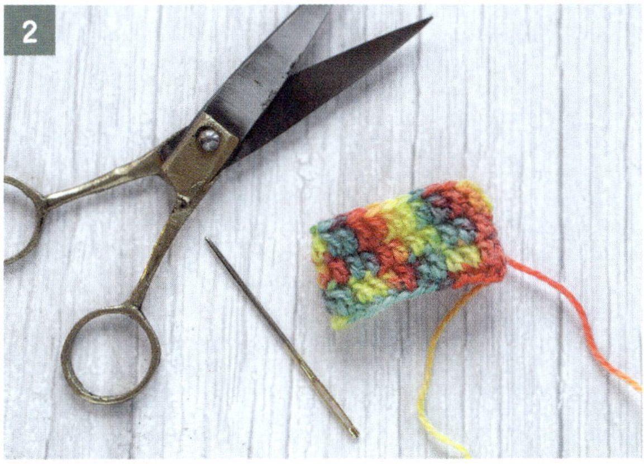

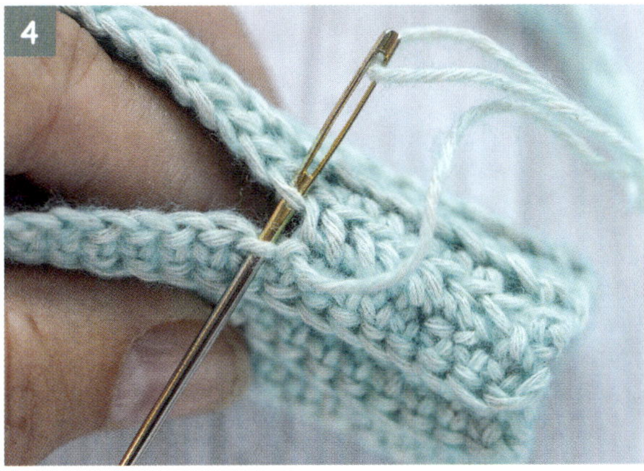

1. Für den Körper des Wichtels schlägt man je nach Garnstärke so viele Maschen an, dass der Luftmaschenring einmal um den Sektkorken passt, und schließt die Runde mit einer Kettmasche.

2. Dann häkelt man Stäbchen. Die Anzahl der Runden ist auch hier abhängig von der Garnstärke. Die Fäden abschneiden und vernähen.

3. Für die Mütze schlägt man nun so viele Maschen an, wie die Mütze später hoch ist, bei diesem Garn waren es 18 Maschen. Die erste Reihe feste Maschen häkeln. In allen weiteren Reihen wird jeweils in das hintere Maschenglied der Vorreihe gestochen und der Faden durchgeholt. So ergibt sich das Strukturmuster. So viele Reihen häkeln, wie die Mütze hoch sein soll. Dann den Faden lang abschneiden.

4. Das fertige Stück mit dem abgeschnittenen Faden zusammennähen. Den Faden noch nicht abschneiden.

Fortsetzung auf der nächsten Seite

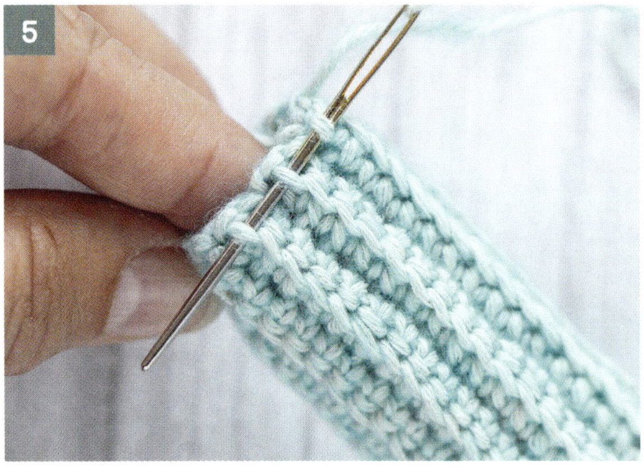

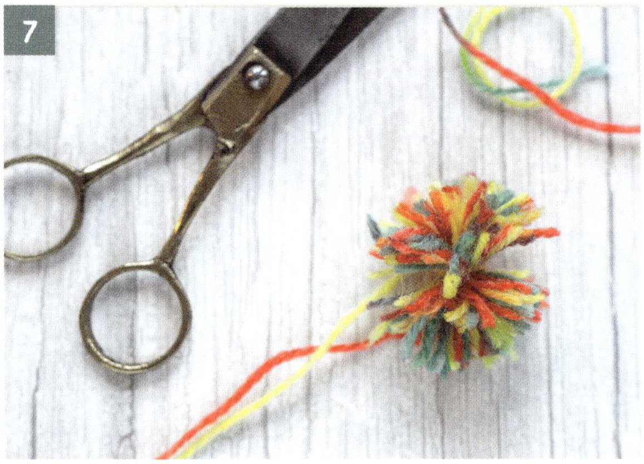

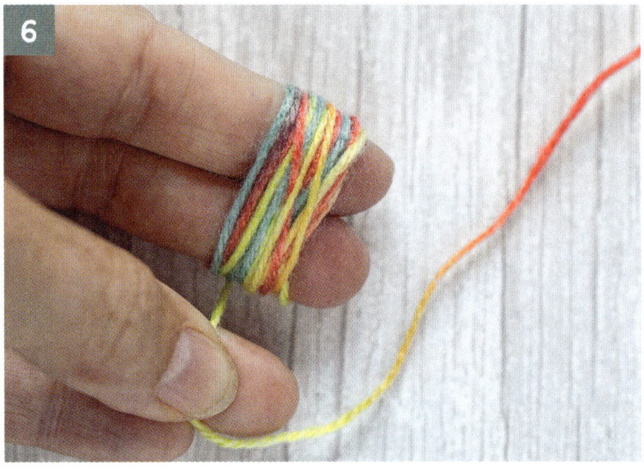

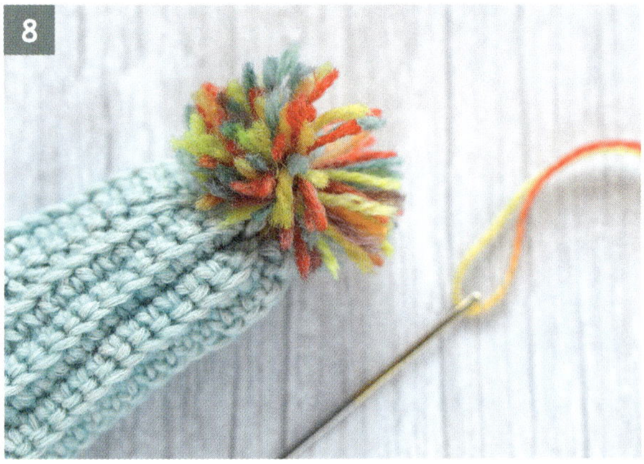

5. Mit dem gleichen Faden nun die Mütze oben schließen. Dazu rundherum die Maschen aufnehmen und den Faden anziehen. Dann vernähen und abschneiden. Nun die Mütze wenden.

6. Für die kleine Bommel wickelt man das Garn um zwei Finger. Das kann je nach Garnstärke 25 – 30 mal sein. Den Faden abschneiden und die Schlaufen von den Fingern ziehen. Mit einem langen Stück Garn die Schlaufen in der Mittte zusammenbinden. Den Faden nicht abschneiden.

7. Anschließend mit der Schere die Schlaufen aufschneiden. Die Fäden ein wenig zusammendrücken und mit der Schere die Bommel auf die gewünschte Größe zuschneiden.

8. Mit dem Faden an der Bommel diese an die Mütze nähen. Dann den Rand der Mütze umschlagen. Jetzt kann der kleine Wichetel angekleidet werden. Zuletzt mit einem Stift die Augen aufmalen.

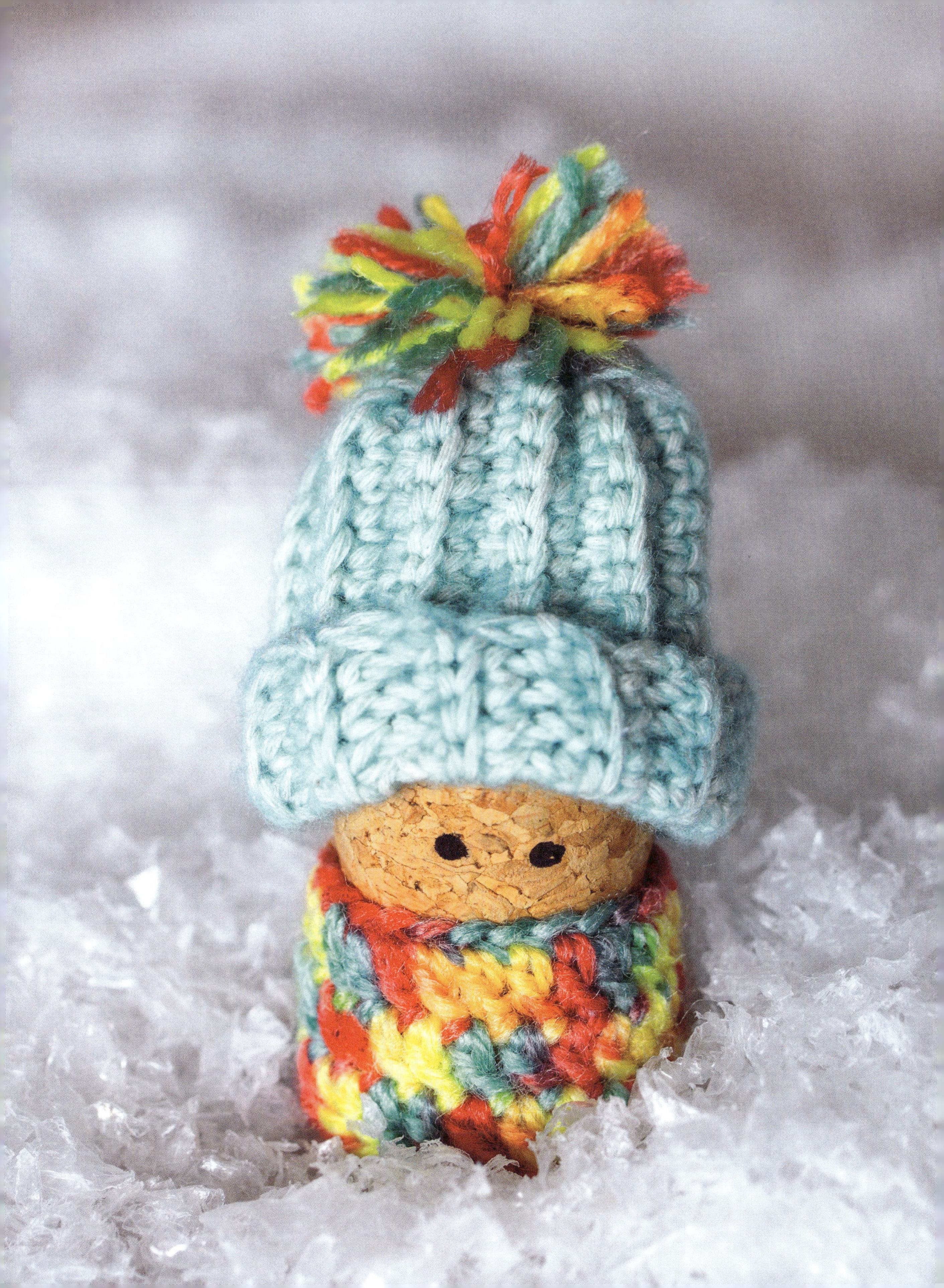

Rahmenhandlung

MATERIAL:
WEINKORKEN, BILDERRAHMEN, HEISSKLEBER

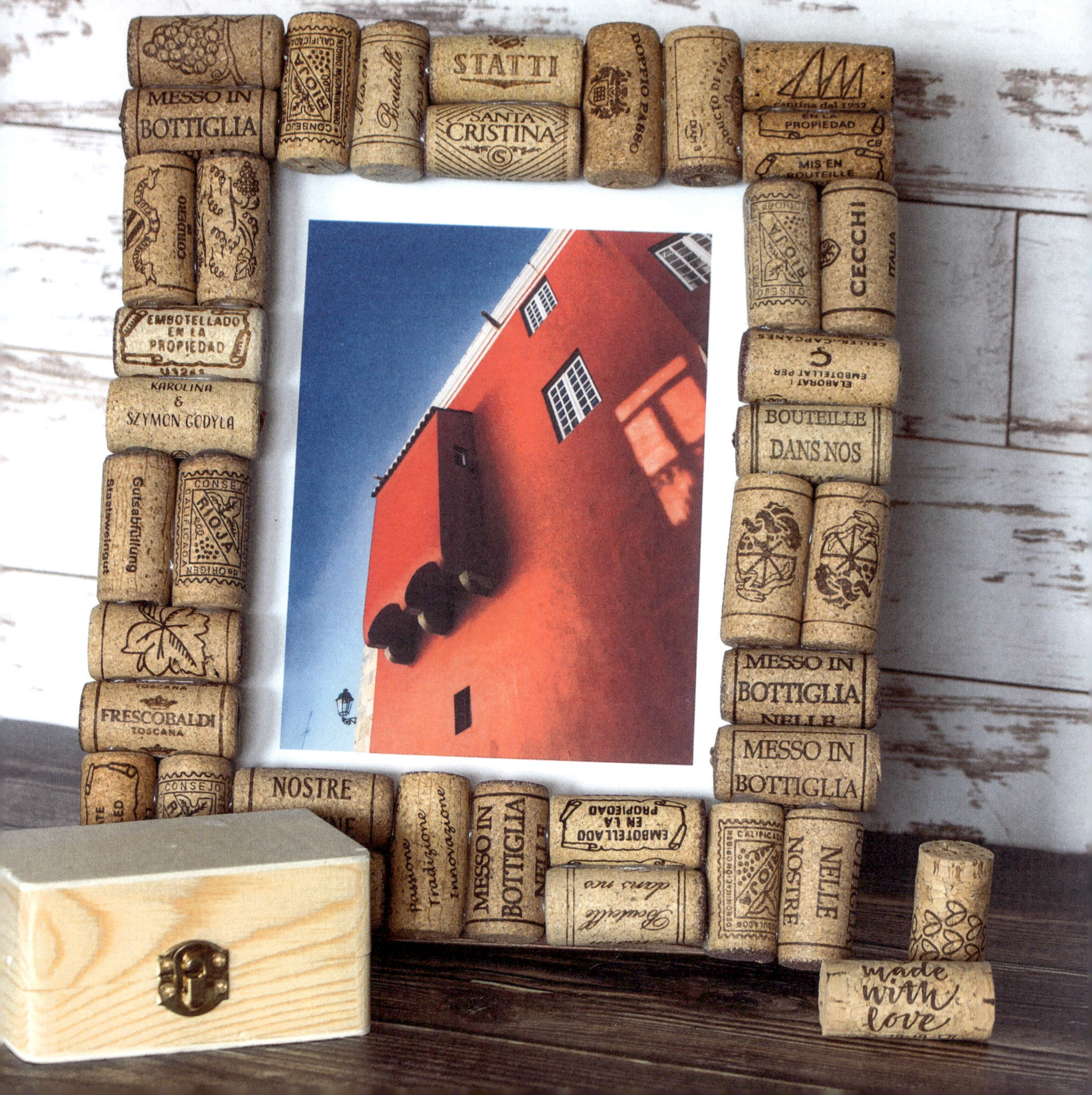

EIN ALTER, UNGELIEBTER BILDERRAHMEN? DAFÜR GIBT ES EINE LÖSUNG: EINFACH EIN PAAR KORKEN ZUSAMMENKLEBEN, UND SCHON HAT DER ALTE RAHMEN EINEN NEUEN RAHMEN.

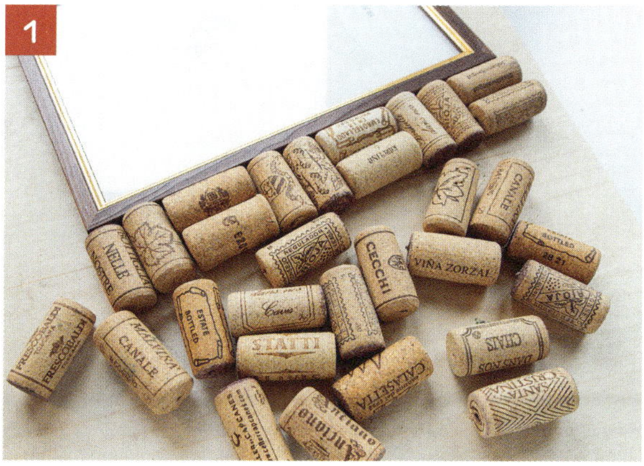

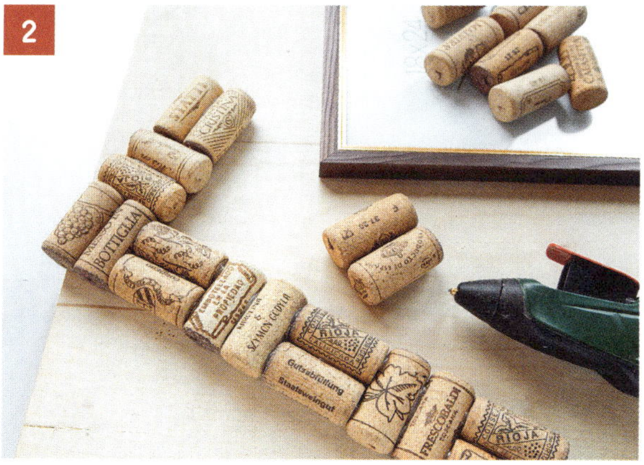

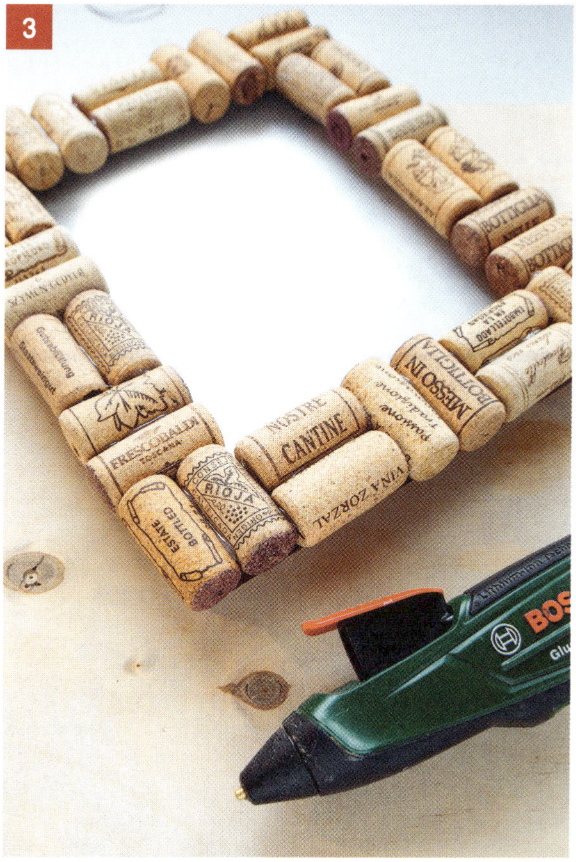

1. Als Erstes die Korken zusammenstellen. Sie sollten in Umfang und Länge in etwa gleich sein. In Paaren zusammenlegen, um die nötige Menge für den Rahmen zu ermitteln.

2. Dann immer zwei Korken mit Heißkleber zusammenkleben. Anschließend mit wechselnder Ausrichtung aneinanderkleben und so den Korkrahmen erstellen.

3. Zum Schluss wird der Korkrahmen auf den alten Holzrahmen mit Heißkleber aufgeklebt.

Tipp: *Soll der Rahmen weniger voluminös werden, kann man die einzelnen Korken auch zuvor der Länge nach halbieren. Dadurch benötigt man am Ende auch nicht ganz so viele Korken.*

Mini-Garten

MATERIAL:
WEINKORKEN, MESSER, EVTL. DREMEL, SEKUNDENKLEBER, MAGNETE, ACRYLFARBE PINSEL, KLEBEBAND, HOLZSPIESS, KLEINE PFLANZEN

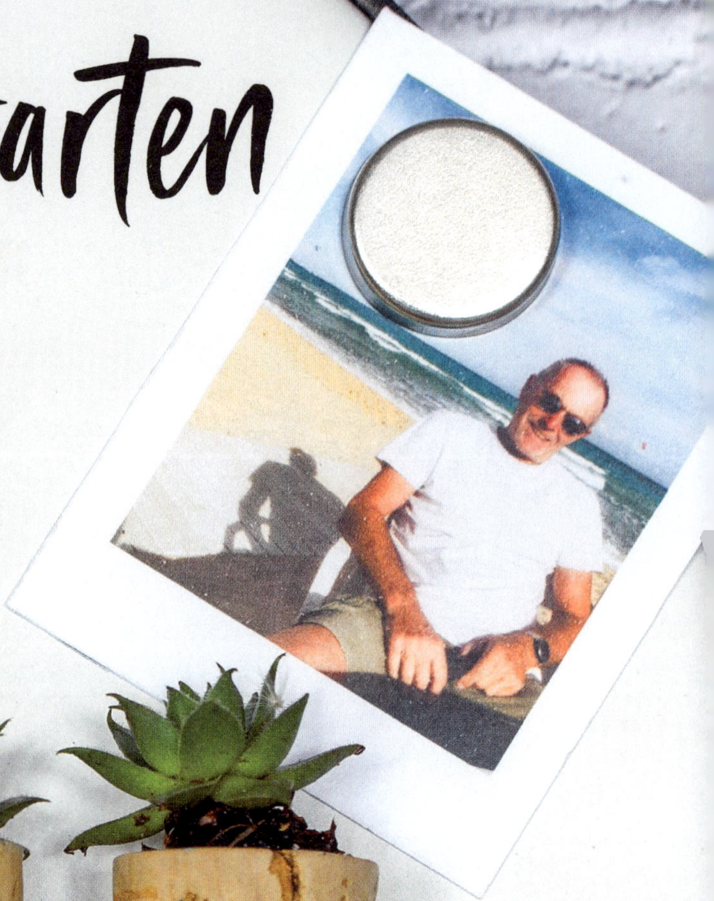

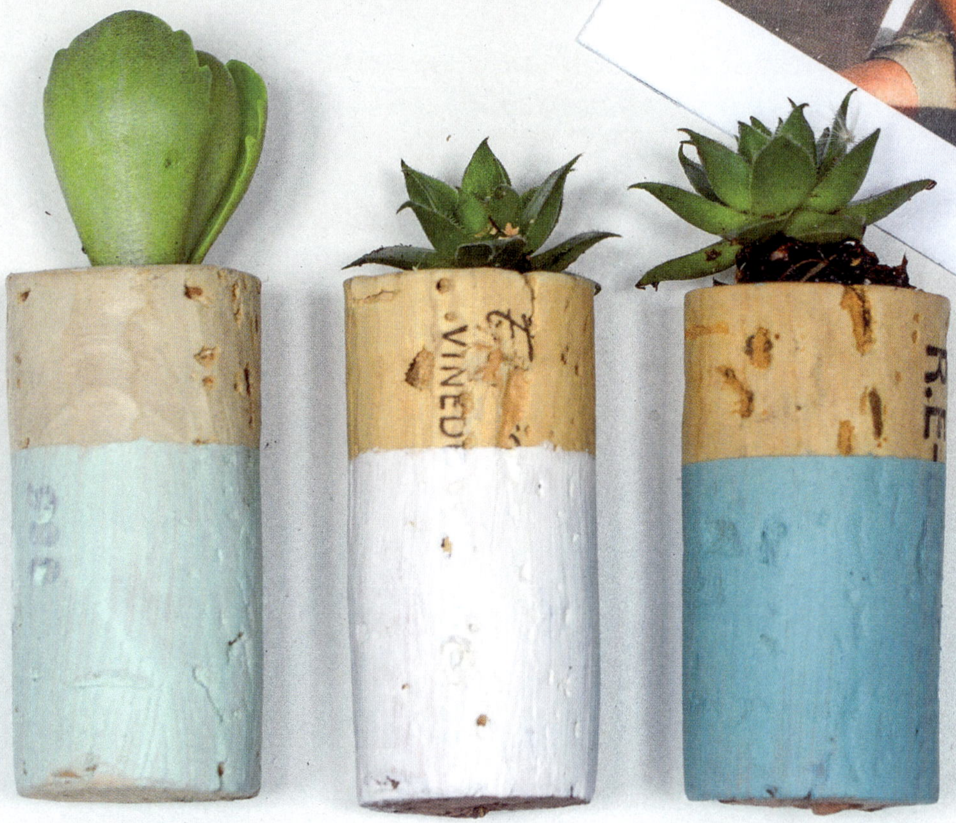

KEIN GRÜNER DAUMEN? KEIN PLATZ FÜR ÜPPIGE PFLANZEN? WIE WÄRE ES MIT EINEM MINI-GARTEN? KLEIN, FEIN, PFLEGELEICHT UND DAS BESTE, ER IST AUCH NOCH PRAKTISCH: DENN ES VERSTECKEN SICH KLEINE MAGNETE, DIE AUF DER PINNWAND ALLES WICHTIGE IM BLICKFELD HALTEN.

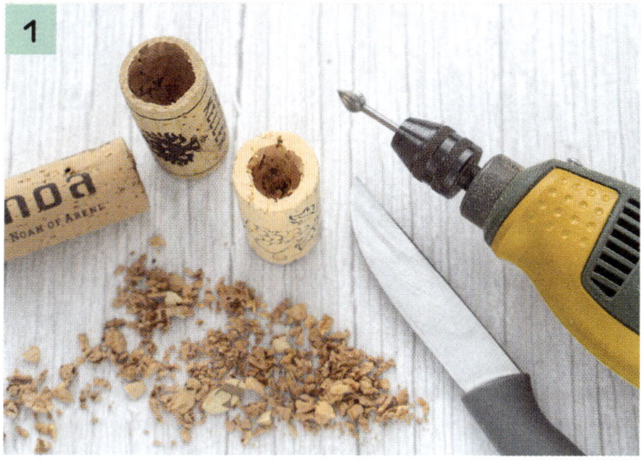

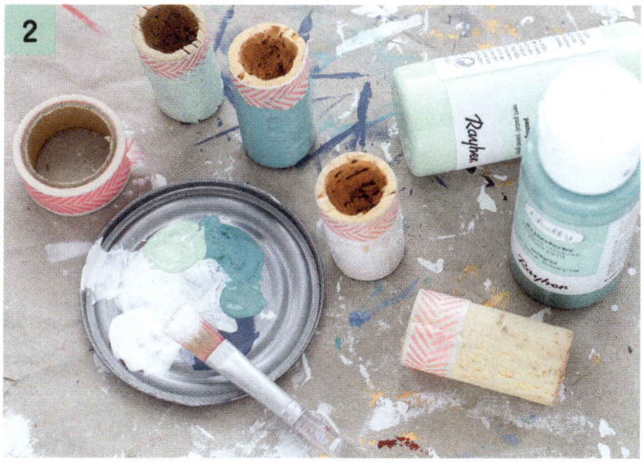

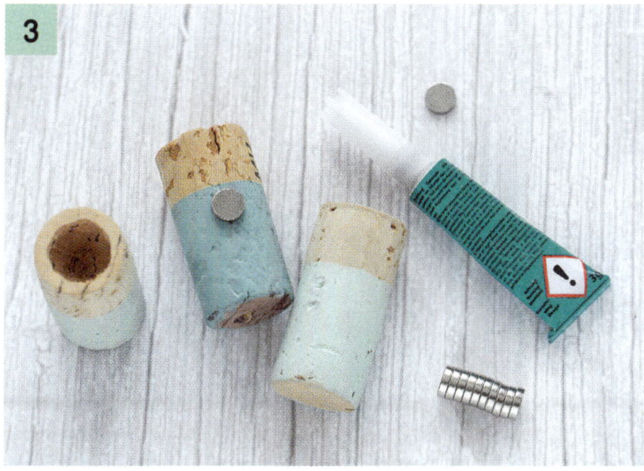

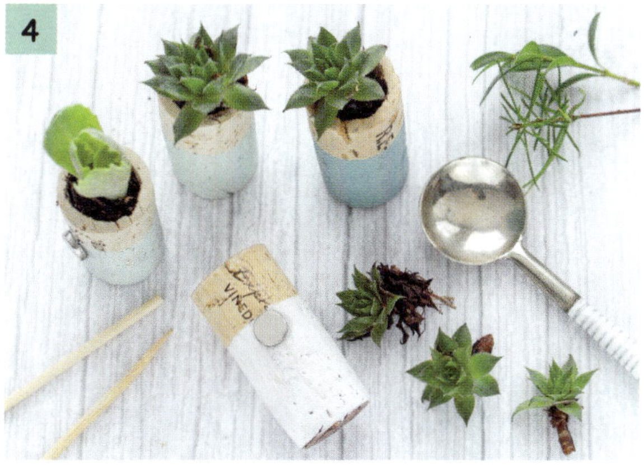

1. Zunächst muss man die Korken an einer Seite etwas aushöhlen. Das kann man auf verschiedene Arten machen. In diesem Beispiel habe ich sie mit einem Messer ausgehöhlt und die Ränder und Innenseiten dann noch mal mit einem Dremel und einem Fräsaufsatz bearbeitet.

2. Mit einem Stück Klebeband umwickelt man das eine Ende der Korken (für eine saubere Kante), bevor man sie in der gewünschten Farbe anpinselt. Anschließend gut trocknen lassen.

3. Mit einem Tropfen Sekundenkleber befestigt man auf der Rückseite einen kleinen Magneten. Es handelt sich hier um Neodym-Magnete. Die sind extrem stark – daher müssen sie auch nicht besonders groß sein.

4. Zum Schluss noch die kleinen Pflänzchen (hier handelt es sich um Hauswurz) eintopfen. Ein bisschen Blumenerde und das Pflänzchen hinein und alles mit einem kleinen Holzspieß vorsichtig andrücken.

Ab und zu ein Tröpfchen Wasser kann nicht schaden!

Schach-Arena

MATERIAL:
4 SEKTKORKEN, 2 SEKTKORKENHALTER AUS DRAHT, 20 WEINKORKEN, MESSER, CUTTER, LINEAL, ACRYLFARBEN, PINSEL, SEITENSCHNEIDER, KLEBER, SCHWARZER KARTON, SELBSTKLEBENDE GOLDFOLIE

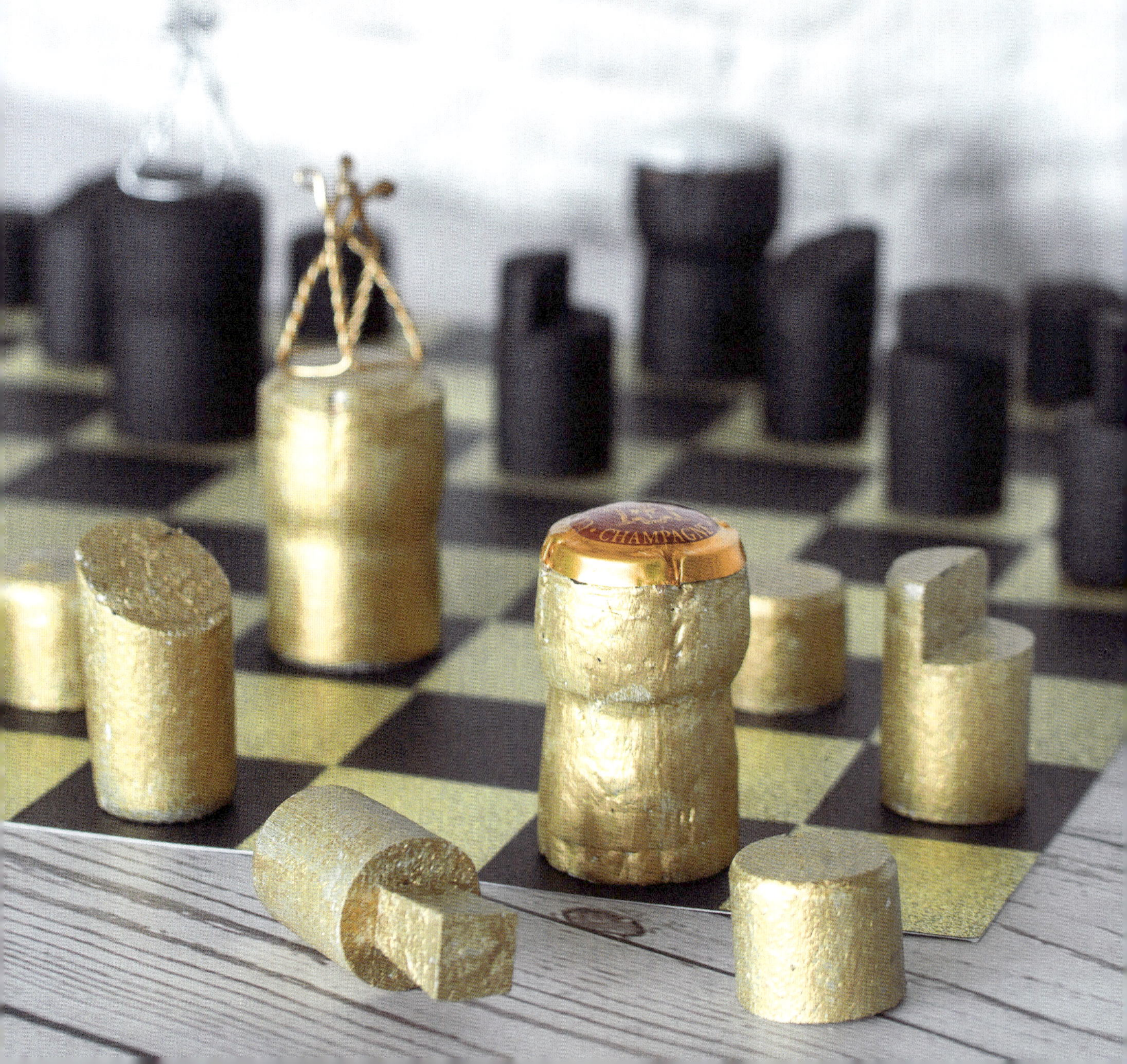

REGELN, GRUNDLAGEN, STRATEGIEN, ERÖFFNUNGEN ... PUH! SCHACH SPIELEN IST GEWISS NICHT JEDERMANNS SACHE. ABER MAN KANN SICH JA AUCH EINFACH ERST EINMAL MIT DER GESTALTUNG EINES EIGENEN SCHACHSPIELS BESCHÄFTIGEN. DANN KOMMT VIELLEICHT AUCH DIE LUST, ES EINMAL AUSZUPROBIEREN.

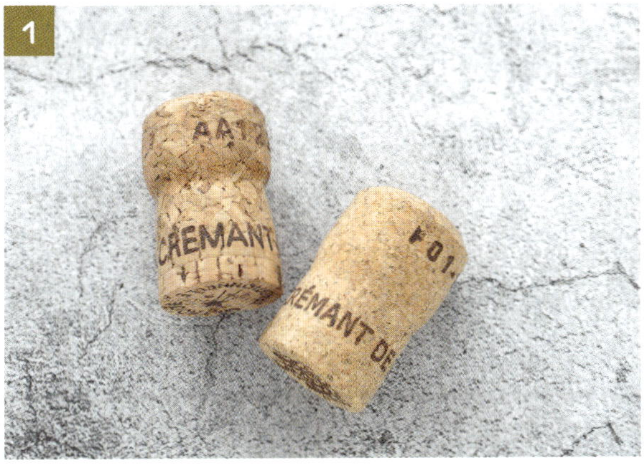

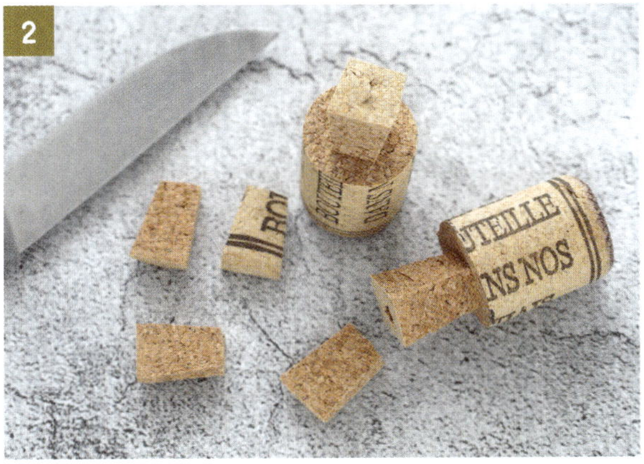

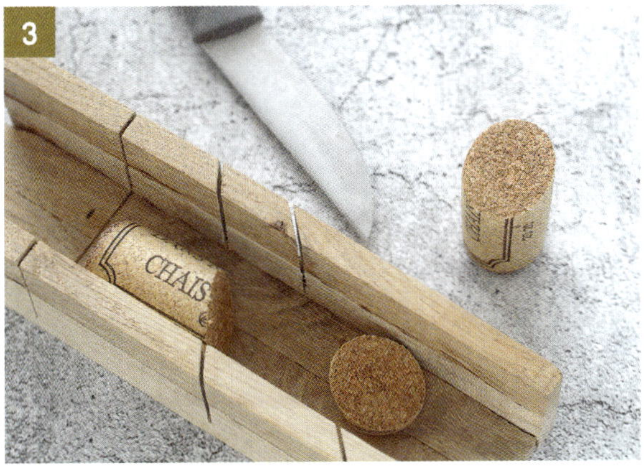

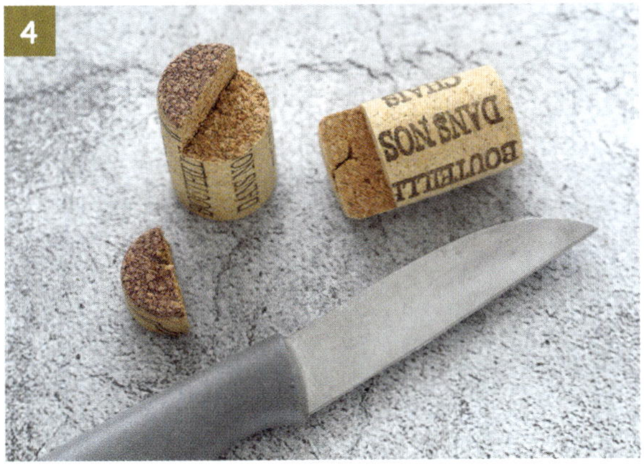

1. Zunächst werden alle Figuren zusammengestellt. Man benötigt pro Farbe einen König und eine Dame. Dafür eignen sich am besten Sektkorken.

2. Dann gibt es pro Spielfarbe jeweils 2 Türme. Die könnten zum Beispiel so aussehen, dass man an vier Seiten ein Stück abschneidet, sodass ein kleines Türmchen in der Mitte bleibt.

3. Dann folgen jeweils 2 Springer. In diesem Fall sind die Korken in einem Winkel von 60° in der Gehrungslade abgeschnitten.

4. Nun folgen die Läufer. Auch hier jeweils 2 pro Farbe. Hier wurde einfach am oberen Ende eine kleine Hälfte herausgeschnitten.

Fortsetzung auf der nächsten Seite

5

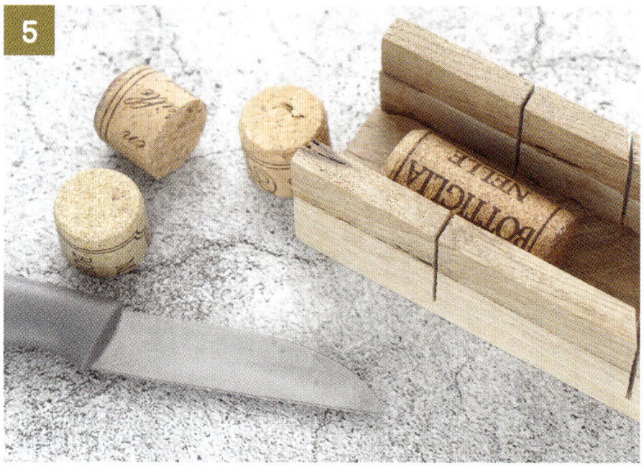

6

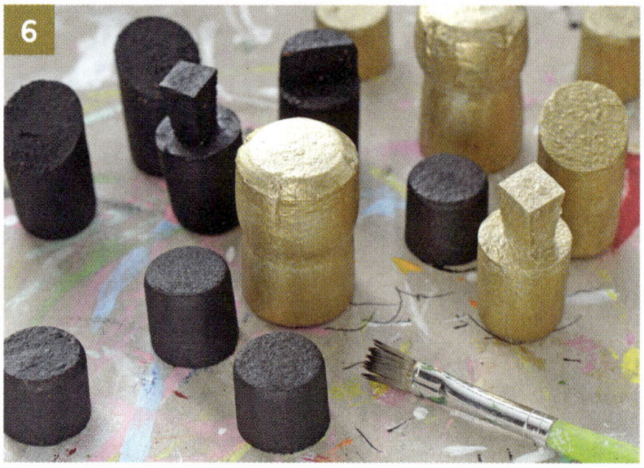

5. Für die Bauern schneidet man einfach einen Korken in der Mitte durch. Jede Farbe erhält 8 Bauern.

6. Sind alle 32 Figuren vorbereitet, kann man sie farbig anlegen. Da die weiße Farbe nicht so gut deckt, können die Korken einer Spielfarbe auch »vergoldet« werden. Die Figuren der anderen Spielfarbe werden schwarz.

7

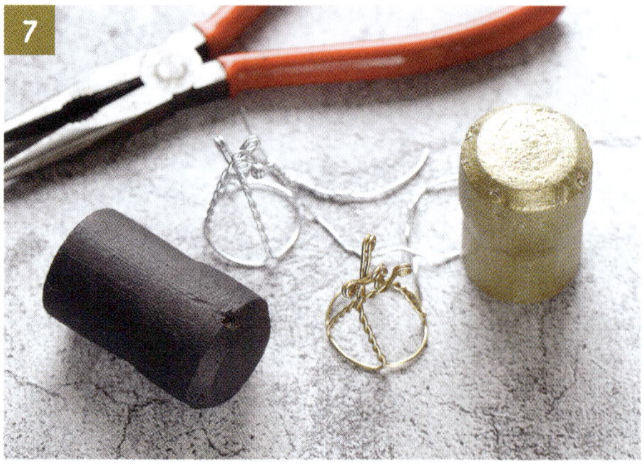

8

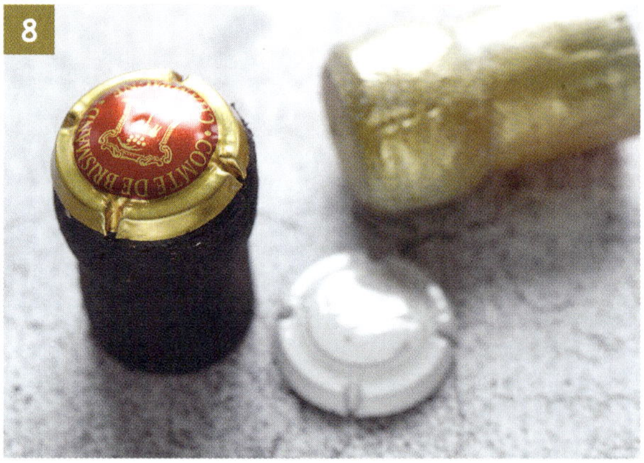

7. Die beiden Könige erhalten anschließend noch eine Krone. Diese kann man zum Beispiel aus dem Draht zurechtbiegen, der den Korken auf der Flasche hält, auch Agraffe genannt. Einfach den Teil des Drahtes, der sich bewegen lässt, mit einem Seitenschneider entfernen, die 4 losen Enden zusammendrücken und leicht miteinander verdrehen. Dann auf den Korken kleben.

8. Die Damen erhalten den kleinen Metalldeckel, der meist schon oben auf dem Korken sitzt. Auch diesen mit Kleber befestigen.

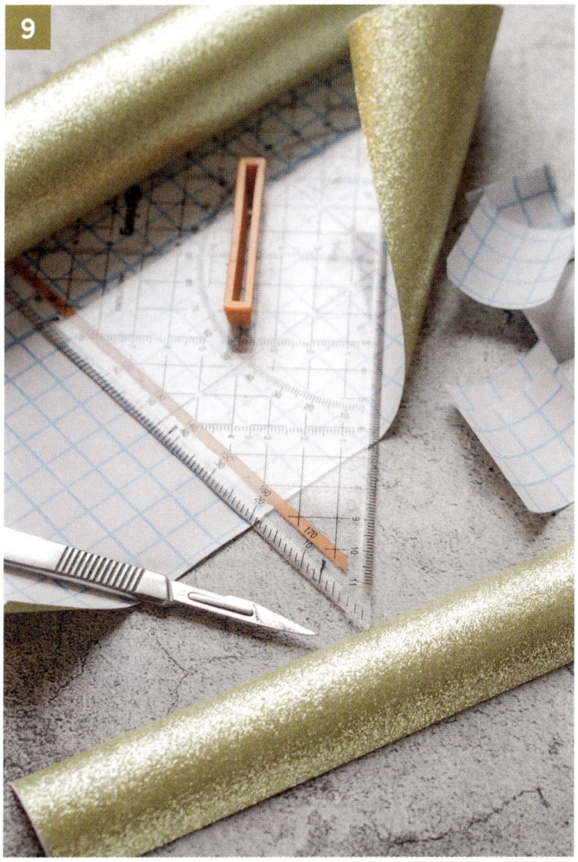

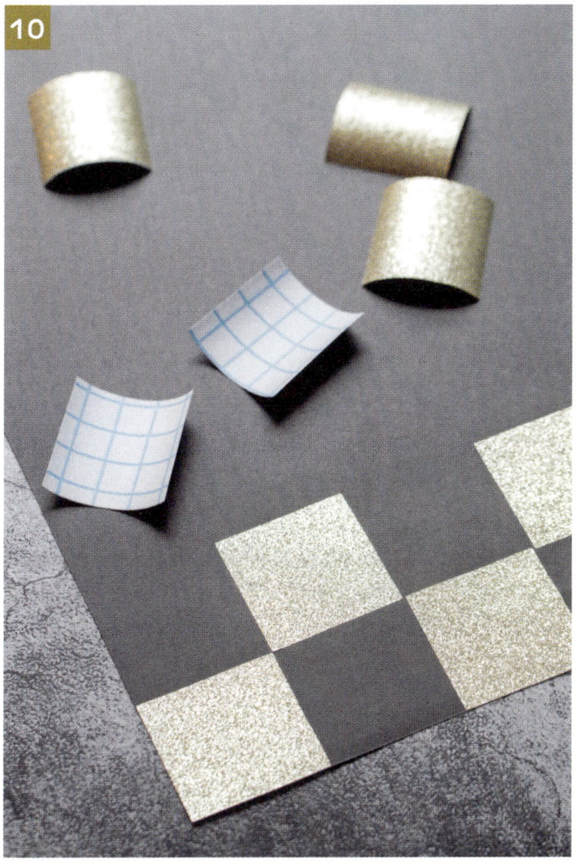

9. Für das Schachbrett schneidet man aus einer selbstklebenden Goldfolie passend kleine Quadrate zurecht. Das Schachbrett sollte mindestens 30 cm x 30 cm groß sein, dementsprechtnd die 32 Quadrate zuschneiden.

10. Den schwarzen Karton anschließend mit den kleinen Quadraten bekleben, bis das Schachbrett komplett ist.

MIT DER HAND LASSEN SICH DIE QUADRATE LEIDER NICHT SO PERFEKT ZUSCHNEIDEN. WER EINEN PLOTTER ZUR VERFÜGUNG HAT, SOLLTE DIESEN DAFÜR VERWENDEN.

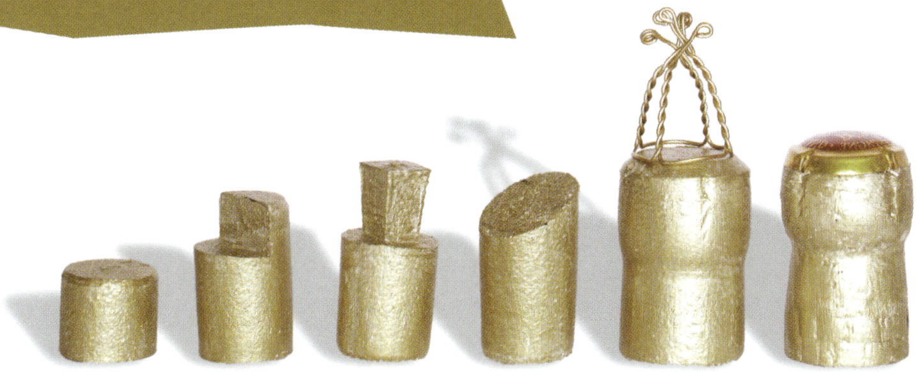

Bauer Läufer Turm Springer König Dame

Tiny House

MATERIAL:
WEINKORKEN, HOLZSPATEL, HOLZSPIESSE, MESSER, BOHRER, CUTTER, SCHERE, GEODREIECK, STIFT, SEITENSCHNEIDER, SCHMIRGELPAPIER, HEISSKLEBER, ACRYLFARBE, PINSEL

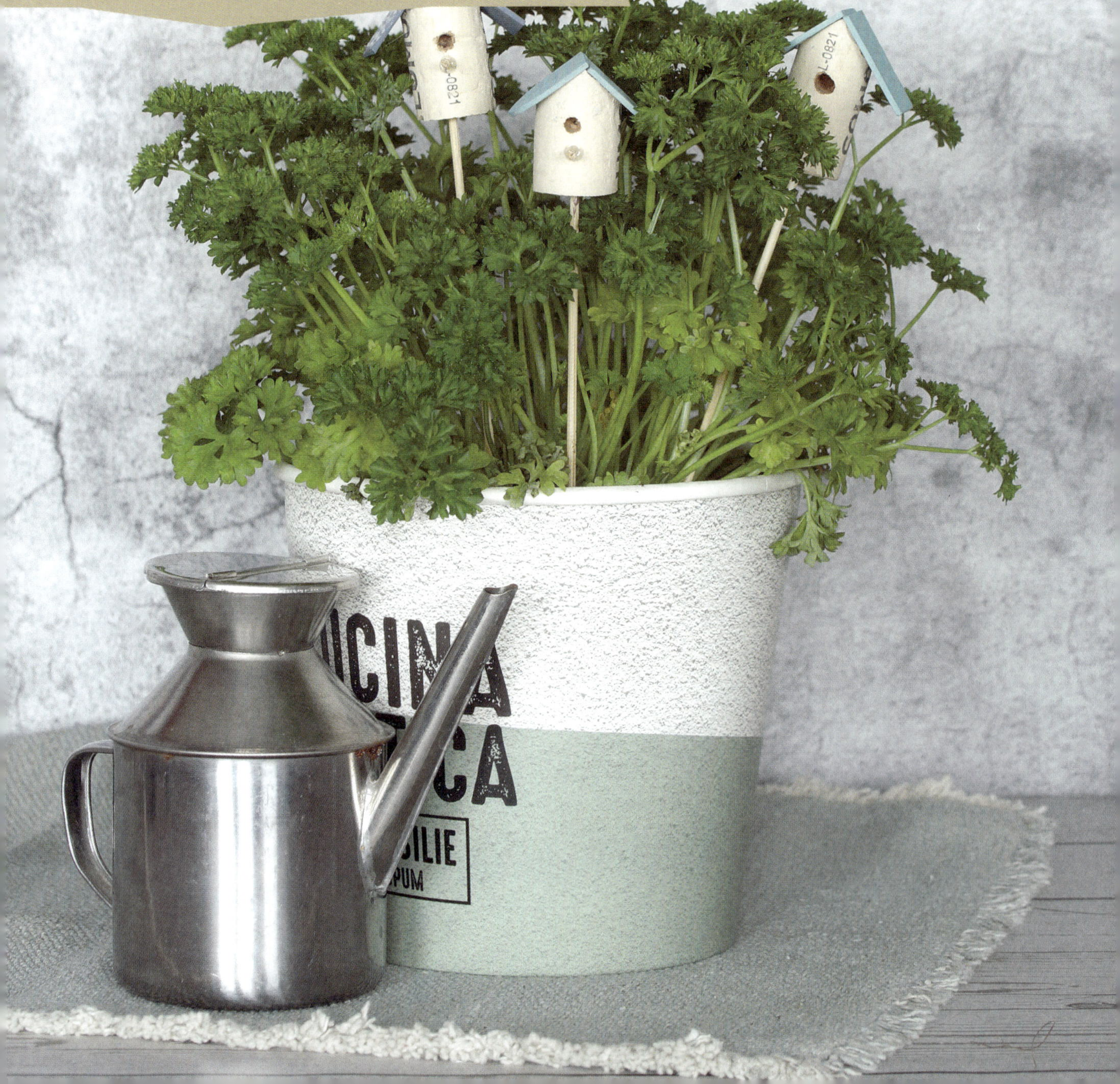

WER HÄTTE NICHT GERNE EINS? SO EIN TINY HOUSE. ALS RÜCKZUGSORT ZUM ENTSPANNEN ODER ALS HOMEOFFICE, UM UNGESTÖRT ARBEITEN ZU KÖNNEN. HIER GIBT'S JETZT WELCHE FÜR DEN EIGENEN GARTEN. SUPER TINY UND SUPER GÜNSTIG! UND DAZU NOCH SELBSTGEBAUT.

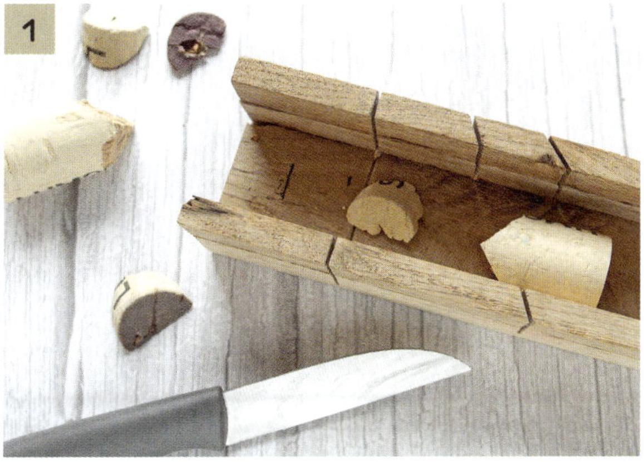

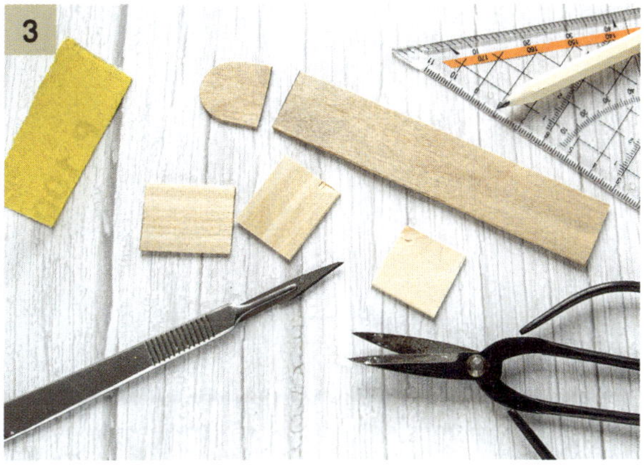

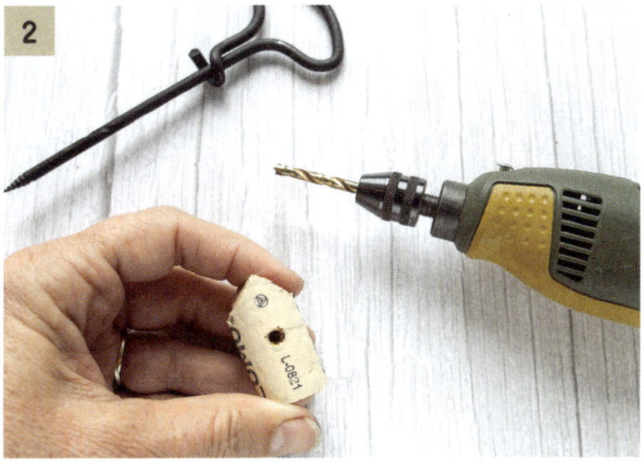

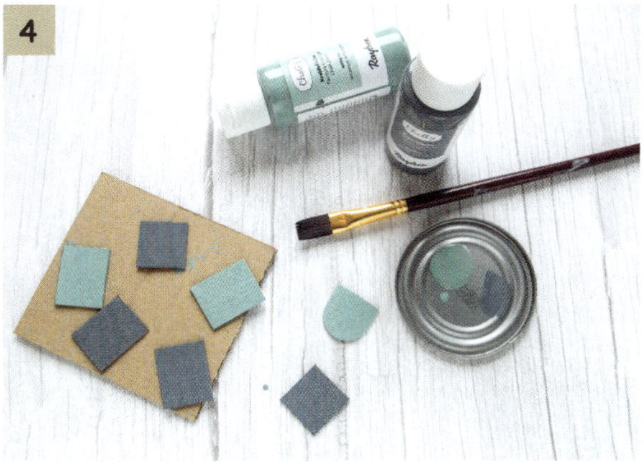

1. Um das Dach vorzubereiten, schneidet man in der Gehrungslade das obere Ende des Korkens mit dem Messer beidseitig an. Dabei ist es egal, ob man 45° oder 60° wählt. Die Dachflächen etwas glatt schmirgeln.

2. Mit einem Bohrer bohrt man in die Vorderseite ein kleines Loch. Achtung: Nicht durchbohren.

3. Für die Dachflächen verwendet man die kleinen Holzspatel. Die gewünschte Größe der Dachflächen aufzeichnen und anschließend mit dem Cutter ein wenig anritzen. Danach kann man die Stücke leichter mit einer Schere abschneiden.

4. Nun kann man die Dachflächen in den Lieblingsfarben mit Acrylfarbe anpinseln und trocknen lassen.

Fortsetzung auf der nächsten Seite

5

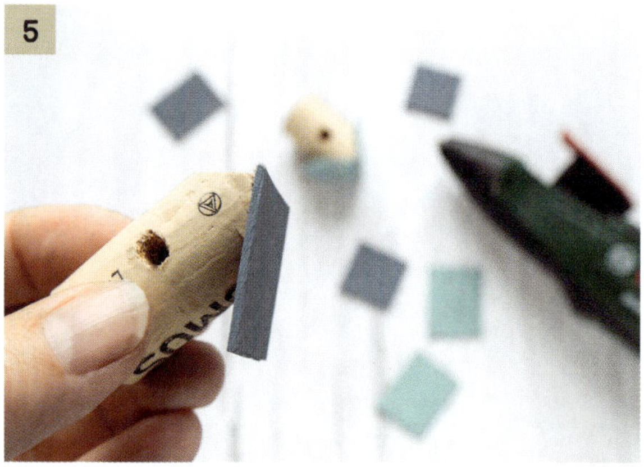

6

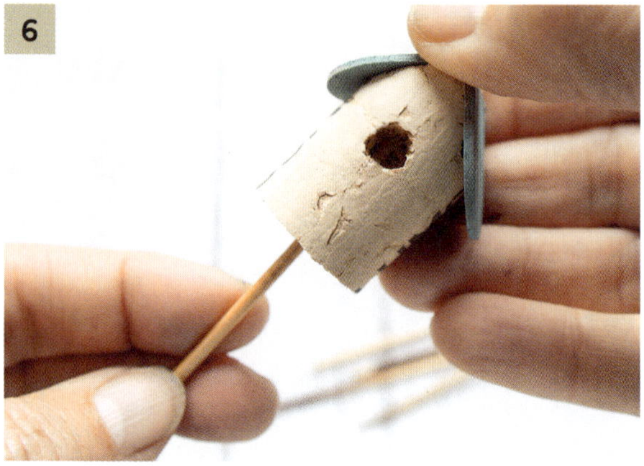

7

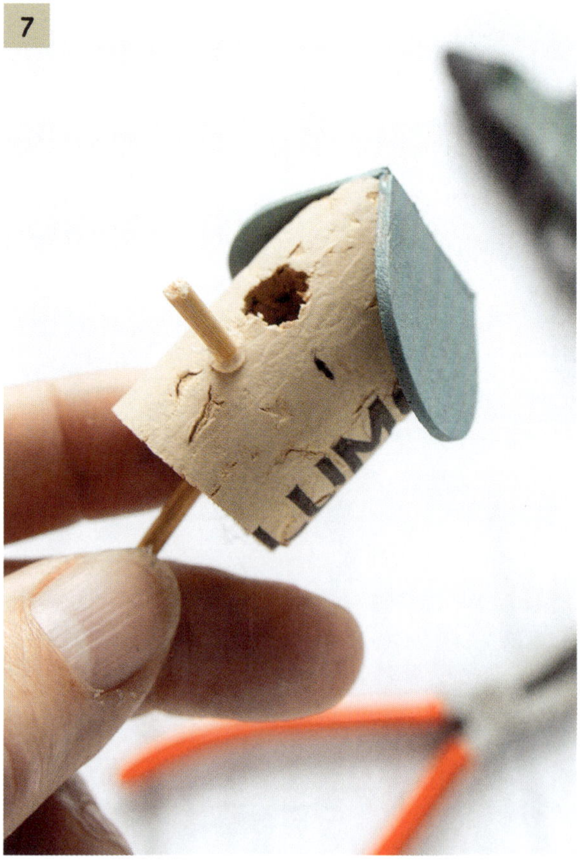

5. Dann mit Heißkleber die beiden Dachflächen auf die schrägen Seiten des Korken kleben.

6. An der Unterseite steckt man einen Holzspieß in den Korken.

7. Wer mag, kann auch noch eine kleine »Landestange« ankleben. Dazu mit einem Seitenschneider ein Stückchen Spieß abknipsen und mit Heißkleber ankleben.

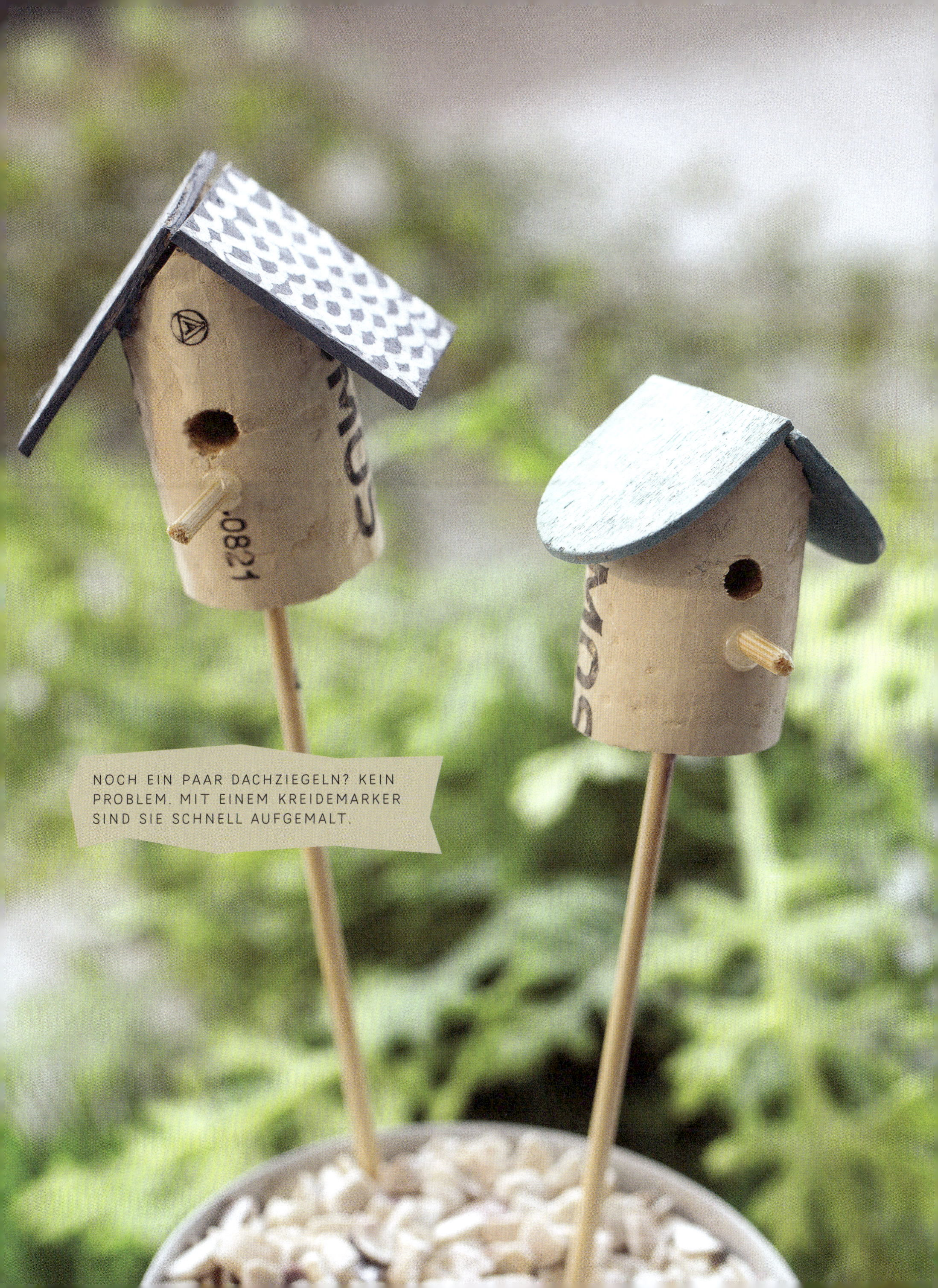

NOCH EIN PAAR DACHZIEGELN? KEIN PROBLEM. MIT EINEM KREIDEMARKER SIND SIE SCHNELL AUFGEMALT.

Wasser marsch!

MATERIAL:
WEINKORKEN, EVTL. ACRYLFARBE UND PINSEL, DACHPAPPSTIFTE, LEDERRESTE, STECKNADELN, BLUMENDRAHT, SEITENSCHNEIDER, SCHERE, AHLE

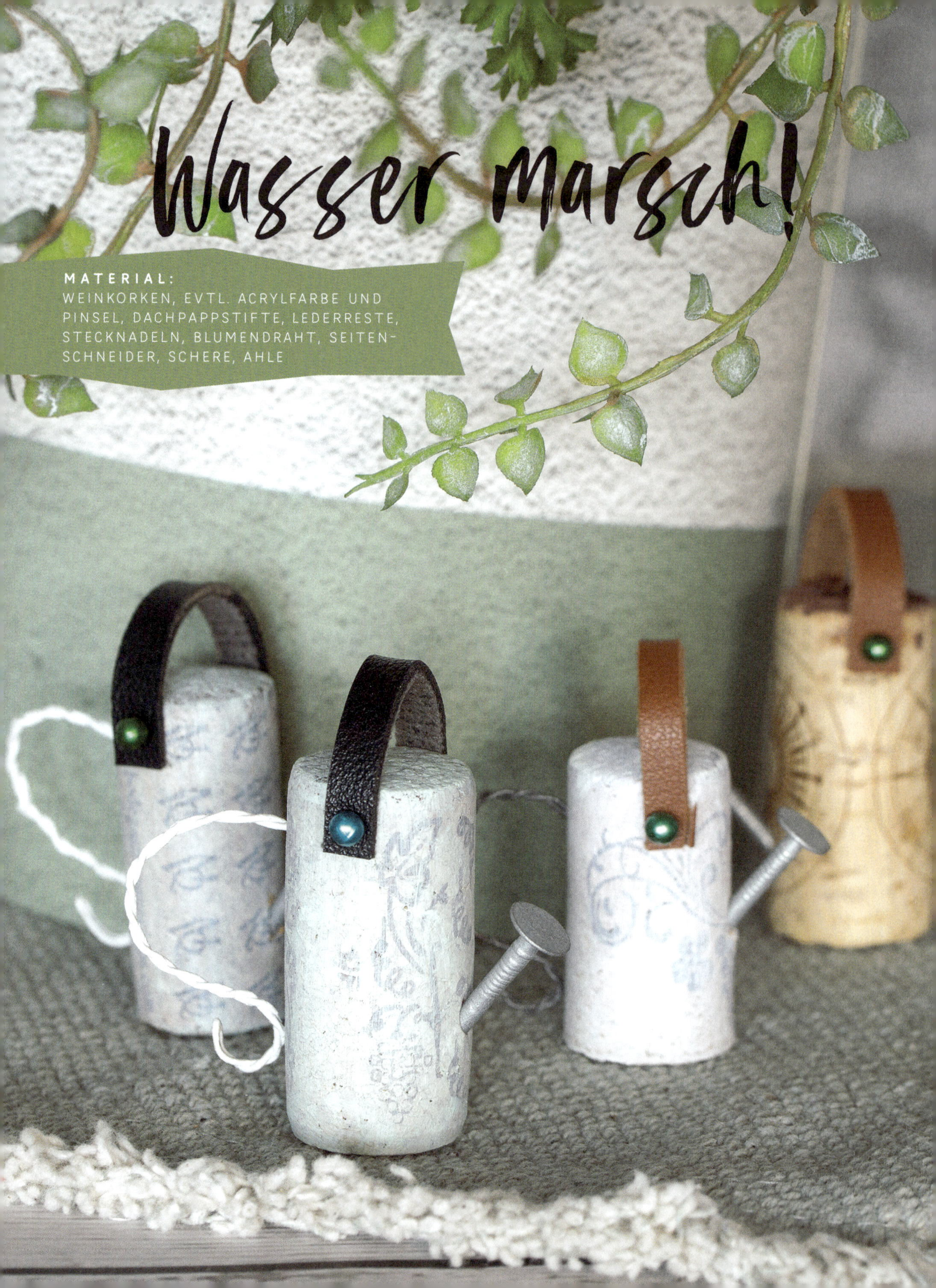

ZUGEGEBEN, RICHTIGES WASSER FLIESST HIER NICHT! ABER VIELLEICHT ERINNERT JA DAS KLEINE GIESSKÄNNCHEN DARAN, DASS DAS PFLÄNZCHEN HIN UND WIEDER MAL EIN WENIG WASSER BENÖTIGT.

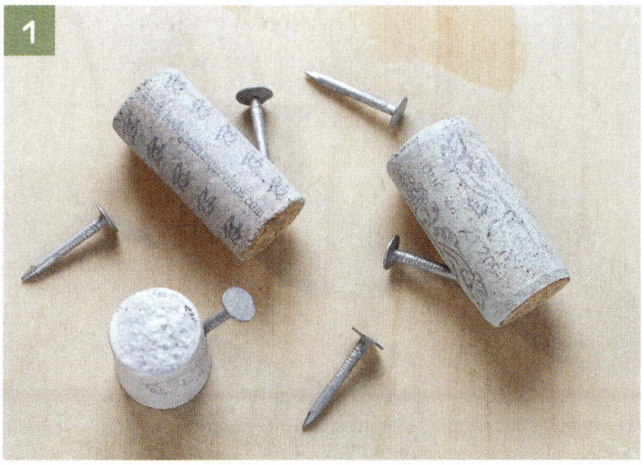

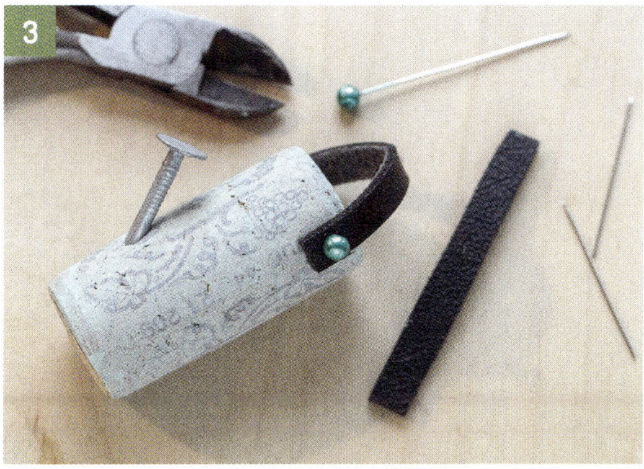

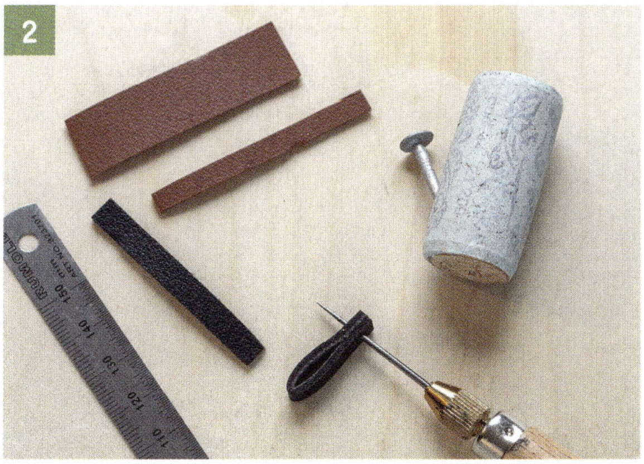

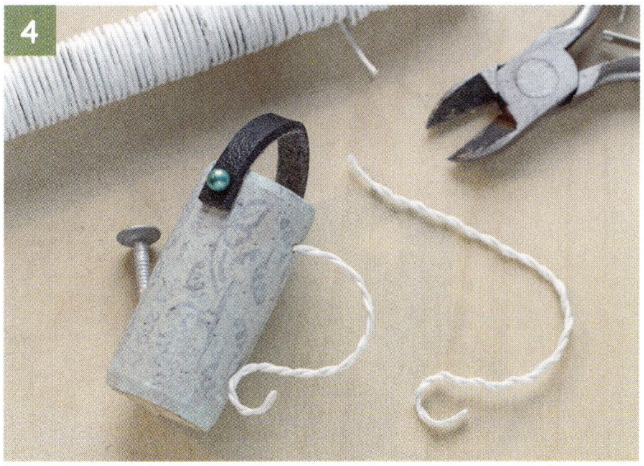

1. Als Erstes steckt man den Dachpappstift schräg in das untere Drittel des Korken. Man benötigt ein wenig Kraft, daher Vorsicht, damit man nicht abrutscht. Wer möchte, kann die Korken zuvor noch farbig anlegen.

2. Dann schneidet man aus den Lederresten (oder Kunstlederresten) kleine schmale Streifen zu – ca. 0,5 cm x 5,5 cm. Das Ende mit der Ahle oder einer Nadel durchstechen.

3. 2 Stecknadeln mit Köpfchen auf ca. 1 cm Länge mit dem Seitenschneider kürzen. Dann den kleinen Lederstreifen als Griff am oberen Ende des Korkens befestigen.

4. Aus Blumenbindedraht nun den Henkel biegen. Da der Blumendraht sehr dünn ist, wurde er hier zweifach miteinander verdreht und dann in Form gebogen.
Mit der Ahle im Korken ein Loch vorstechen und den zurechtgeschnittenen Henkel dort hineinstecken.

Hereinspaziert!

MATERIAL:
SEHR VIELE WEINKORKEN, STYROPORKRANZ, Ø 33 CM, MESSER, HEISSKLEBER, TROCKENBLUMENDEKO, BAND

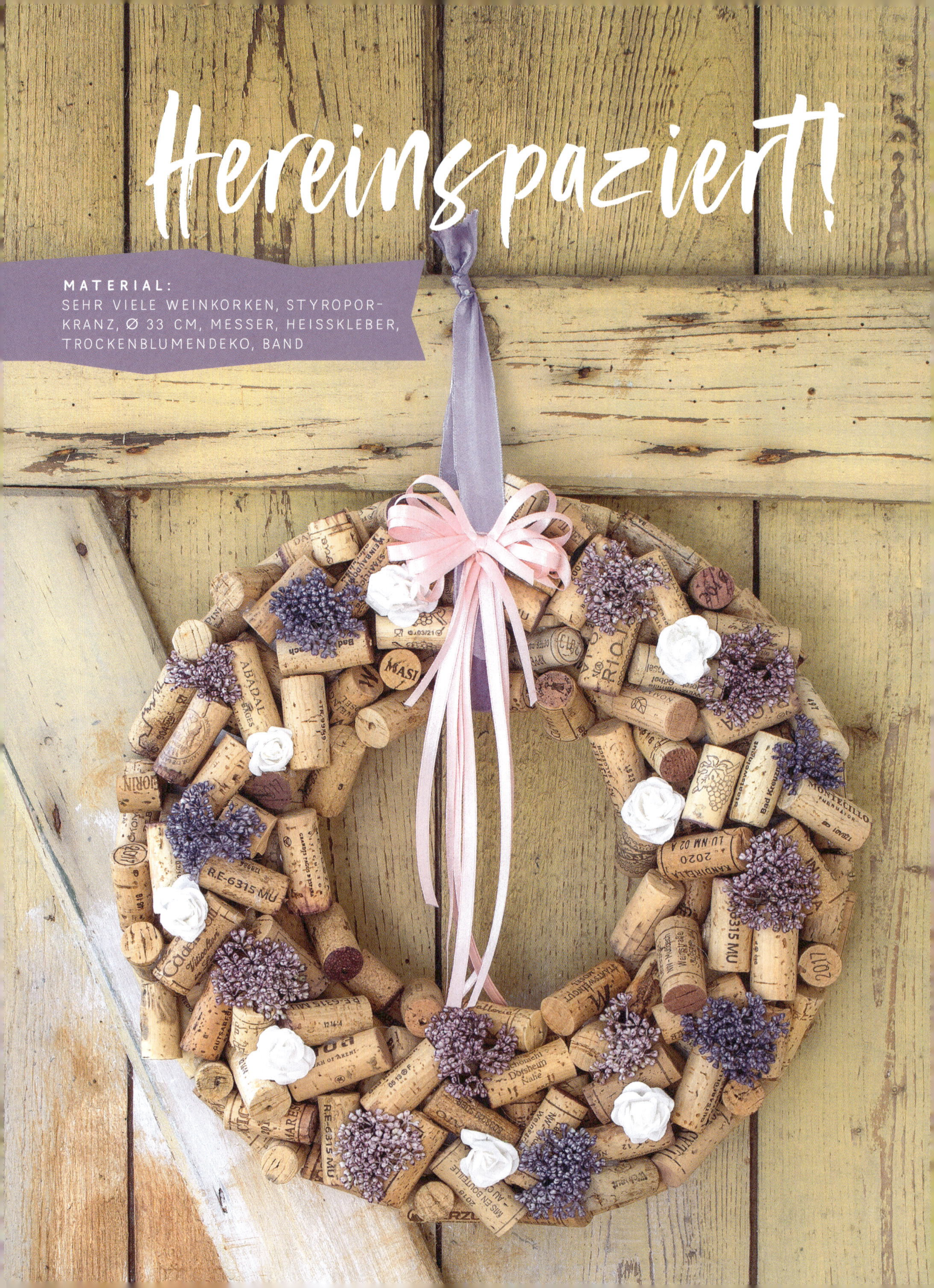

ZUGEGEBEN, HIER BENÖTIGT MAN MAL WIEDER SEHR VIELE KORKEN. ALSO HEISST ES SAMMELN, SAMMELN, SAMMELN. ABER VIELLEICHT HELFEN JA AUCH FREUNDINNEN UND FREUNDE ODER EIN AUFRUF IN DER NACHBARSCHAFT. HÄNGT DER KRANZ DANN AN DER TÜR, MACHT ER ORDENTLICH WAS HER.

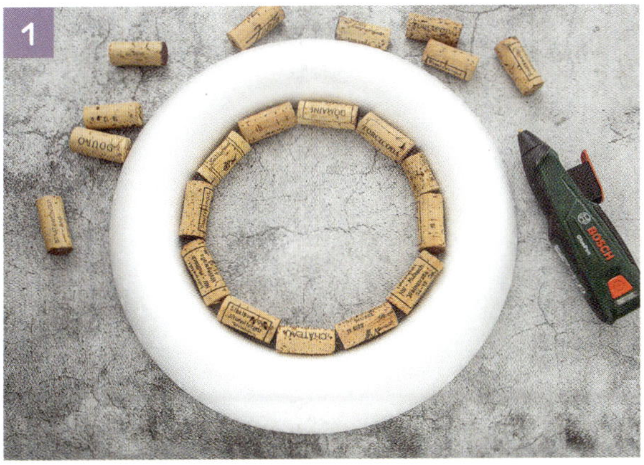

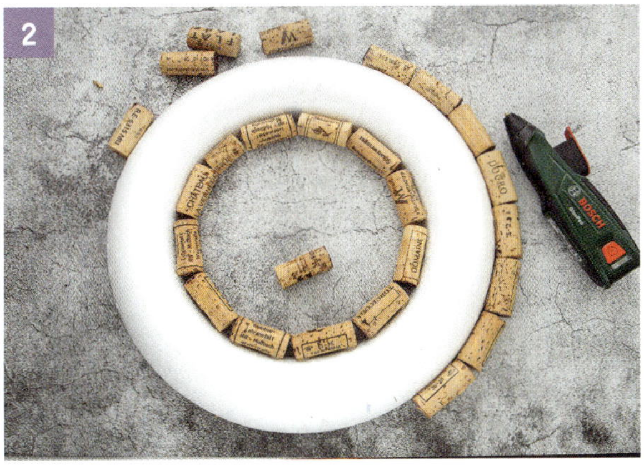

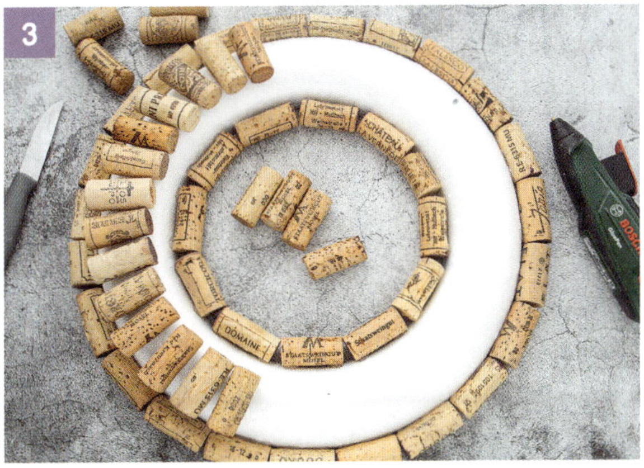

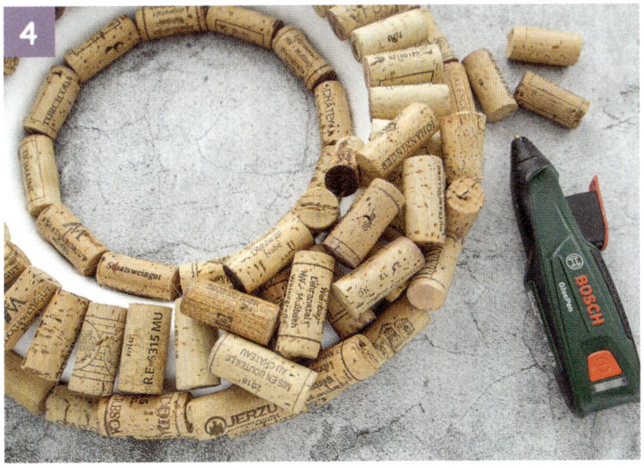

1. Für diesen Kranz wurden ca. 160 Korken verwendet! Daher vorher einen großen Vorrat anlegen. Ist der Styroporkranz kleiner, verringert sich natürlich auch die Zahl der Korken.

Als Erstes klebt man mit Heißkleber den inneren Ring. Wenn's am Ende nicht aufgeht, einfach einen Korken passend zuschneiden.

2. Im zweiten Schritt klebt man den äußeren Ring. Auch hier den Ring passend schließen.

3. Dann kann man auf dem Styroporring einen kompletten Ring aus Korken nebeneinander kleben.

4. Am Ende beklebt man den Kranz dekorativ mit weiteren Korken, bis man mit der Form zufrieden ist. Auch hier können passend geschnittene Korken weiterhelfen.

Fortsetzung auf
der nächsten Seite

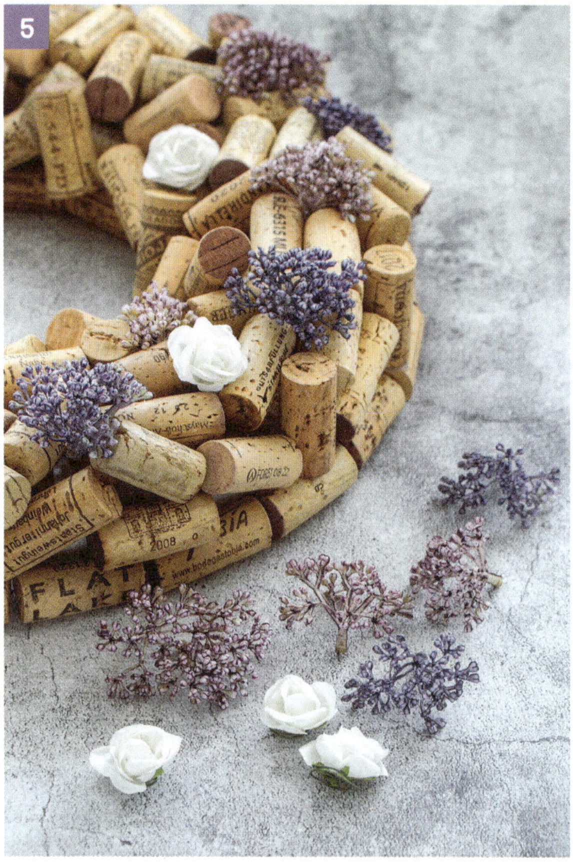

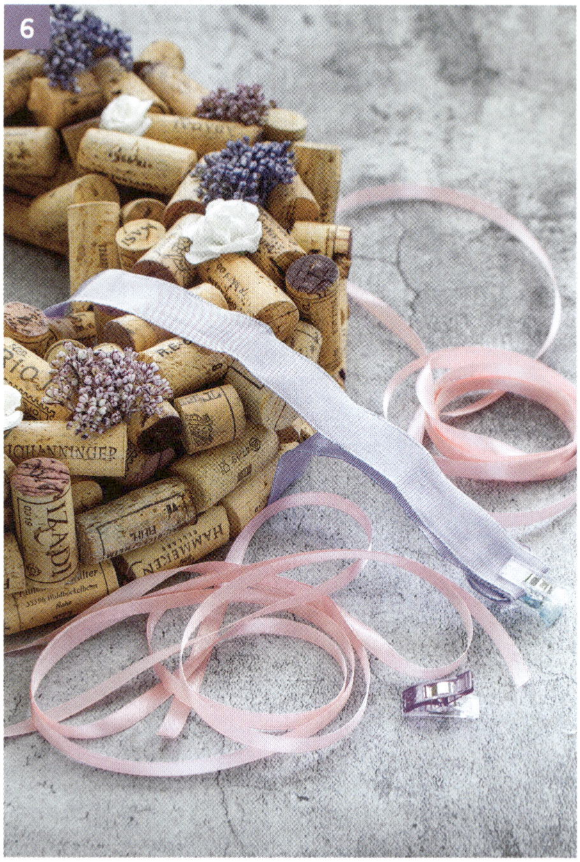

5. Nun fehlt noch die Dekoration. Je nach Jahreszeit findet man draußen Hübsches, das sich am Kranz befestigen lässt. Ansonsten helfen künstliche Pflanzen und Blüten, die auf jeden Fall haltbarer sind und auch draußen mal feuchtes Wetter überstehen. Die Pflanzen und Blüten werden einfach mit Heißkleber am Kranz befestigt.

6. Fehlt nur noch die Aufhängung. Farblich passende Seidenbänder machen sich hier besonders gut.

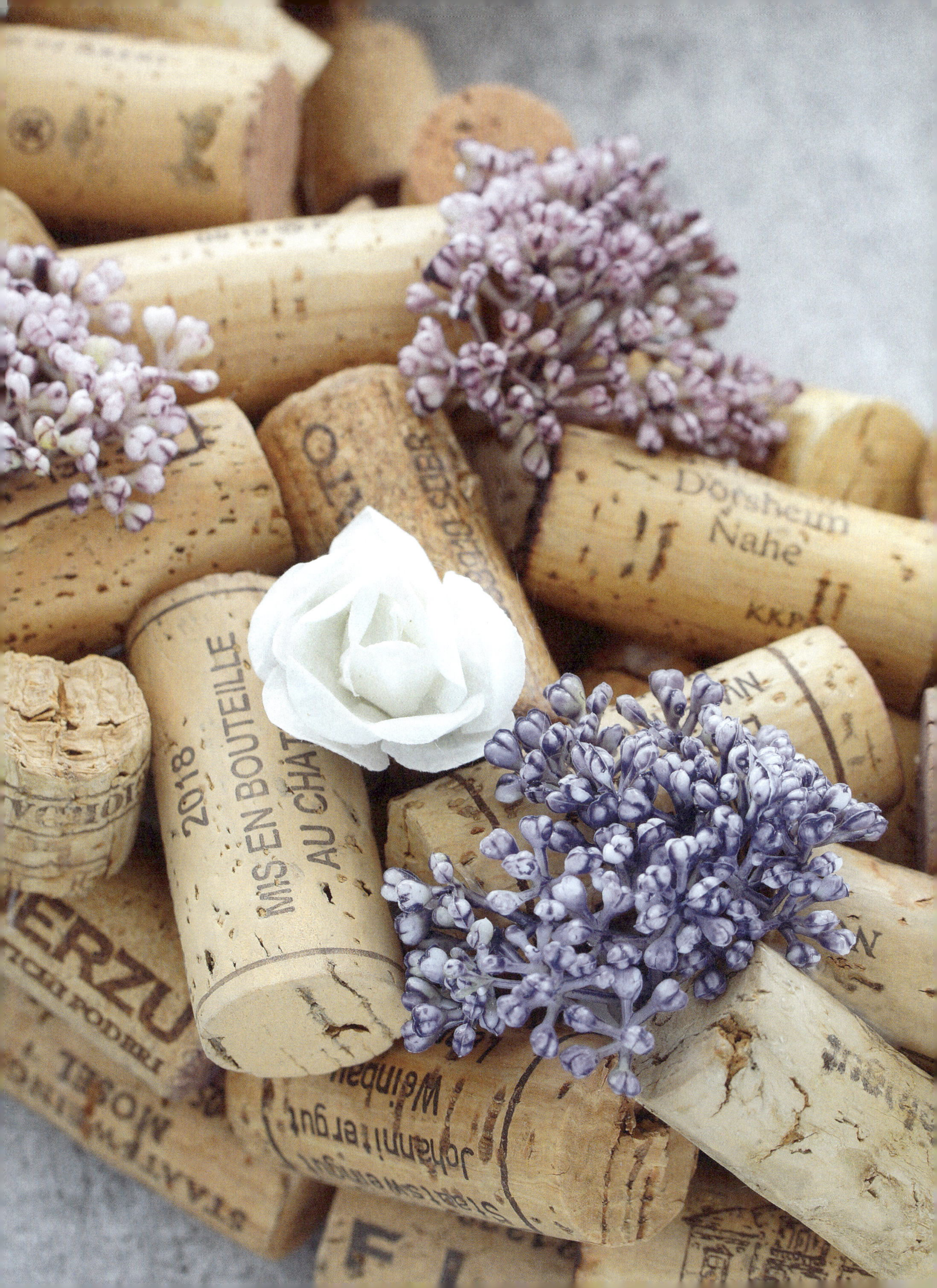

2018
MIS EN BOUTEILLE
Dorsheim
Nahe
Johanniter gut

Minifloß ahoi!

MATERIAL:
KORKEN, SCHNUR, HOLZSPIESSE, STOFFRESTE, PAPPE, HEISSKLEBER, BOHRER, SCHERE, LINEAL, STIFT, SEITENSCHNEIDER, TAPE

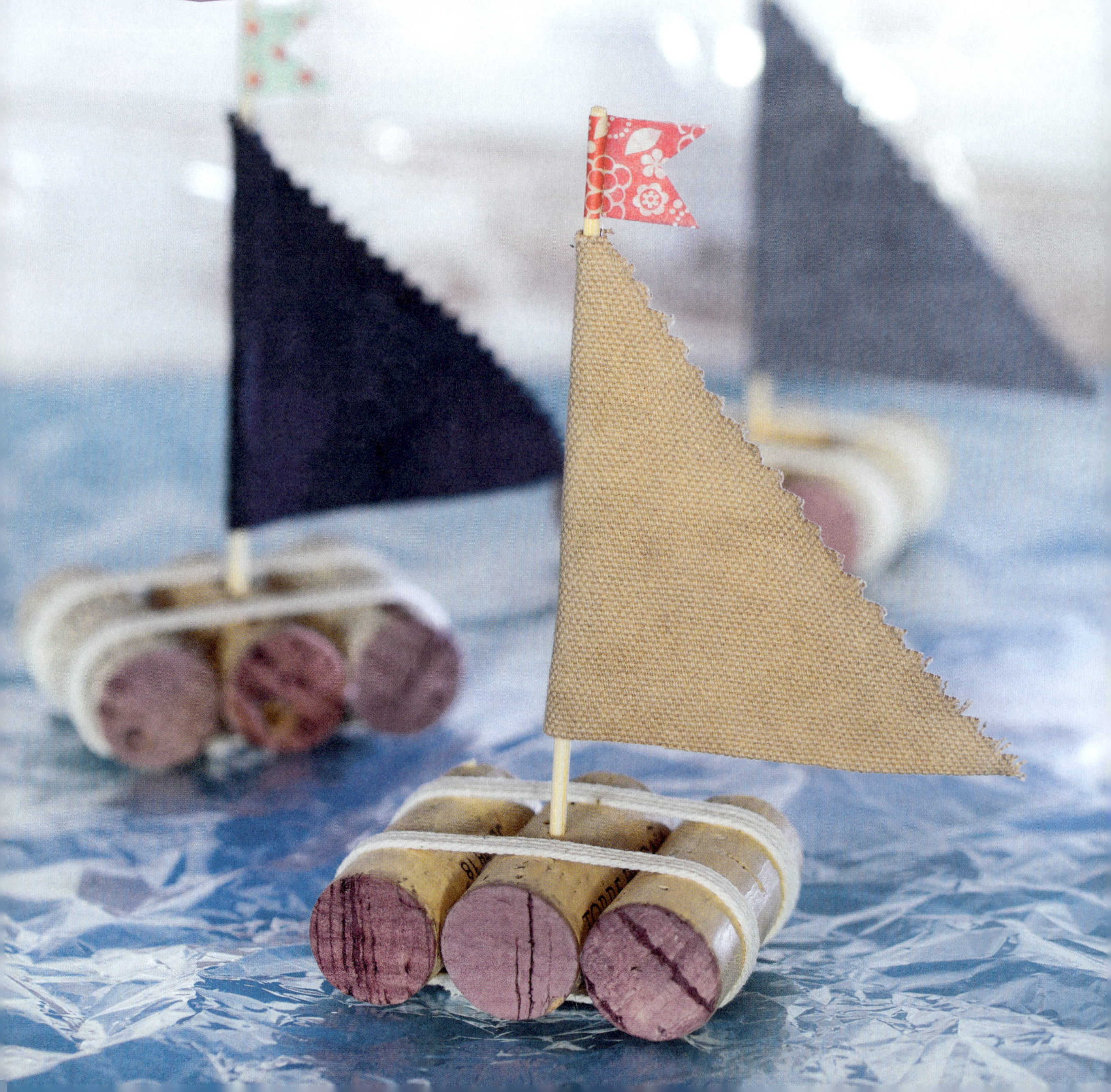

MIT DIESEM KLEINEN FLOSS WÄRE THOR HEYERDAHL SICHER NICHT ÜBER DEN PAZIFIK GESEGELT. ABER KLEINE EROBERER ENTDECKEN SICHER EIN PAAR NEUE ROUTEN, DIE SIE MIT IHREM WINZIGEN KON-TIKI-FLOSS BEZWINGEN KÖNNEN.

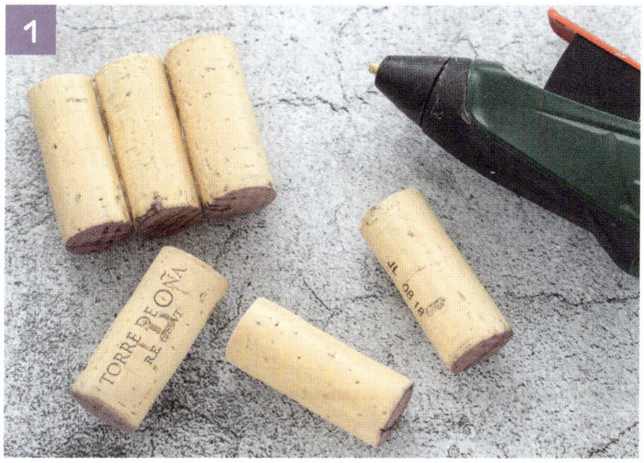

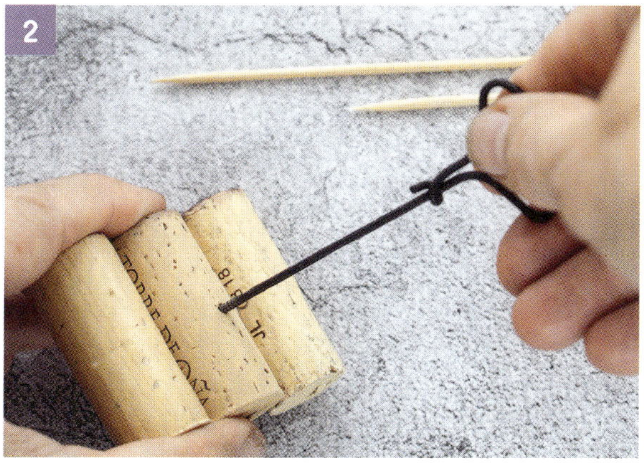

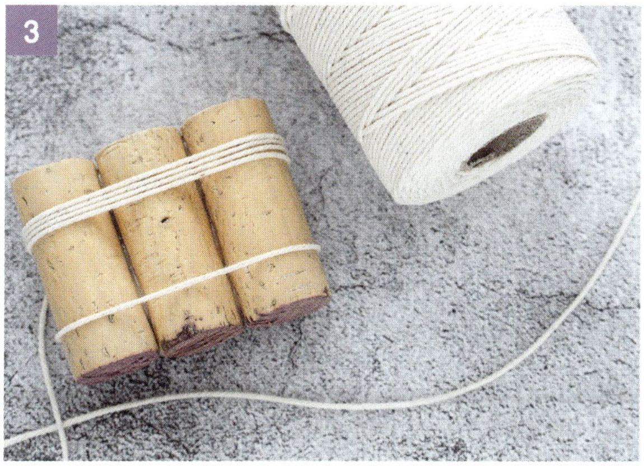

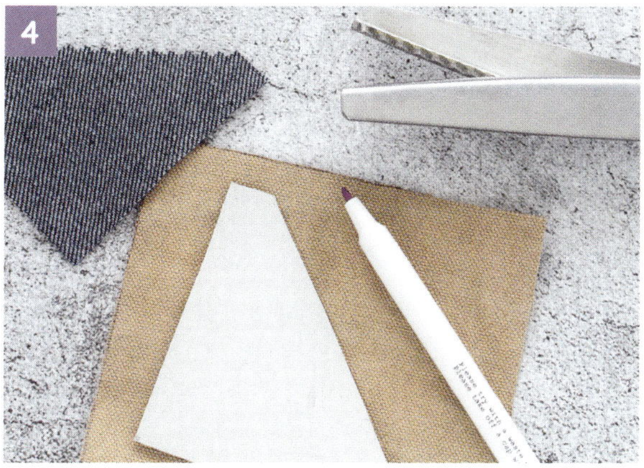

1. Für ein Floss werden 3 Korken mit Heißkleber aneinandergeklebt.

2. Für das Segel bohrt man mit einem kleinen Bohrer das Loch im mittleren Korken vor. So lässt sich später der Mast besser hineinstecken.

3. Dann die 3 Korken mit Schnur drei- bis viermal an jeder Seite umwickeln und die Schnur an der Unterseite verknoten.

4. Nun ein Segel aus einem Stoffrest zuschneiden. Dafür eine Pappschablone erstellen, die man immer wieder verwenden kann. Das Segel sollte aber nicht zu groß sein, damit das Floss nicht gleich kentert.

Fortsetzung auf der nächsten Seite

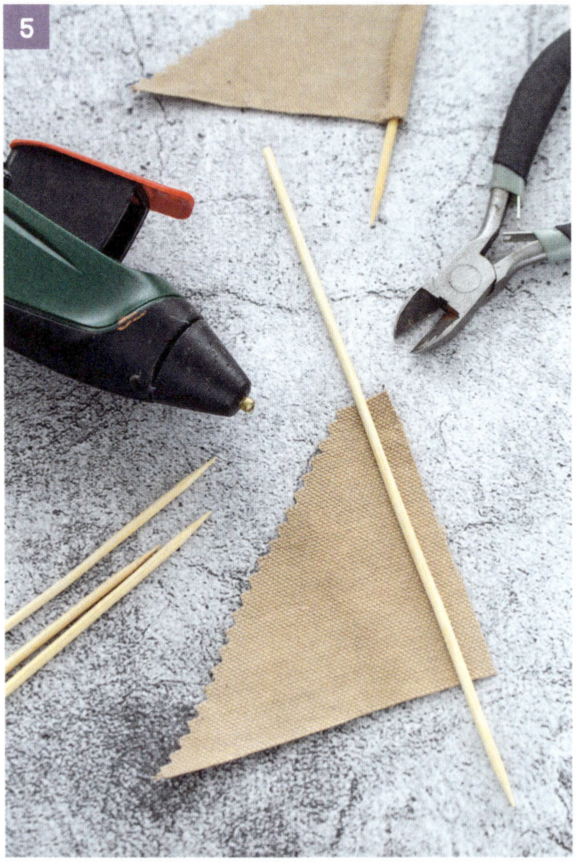

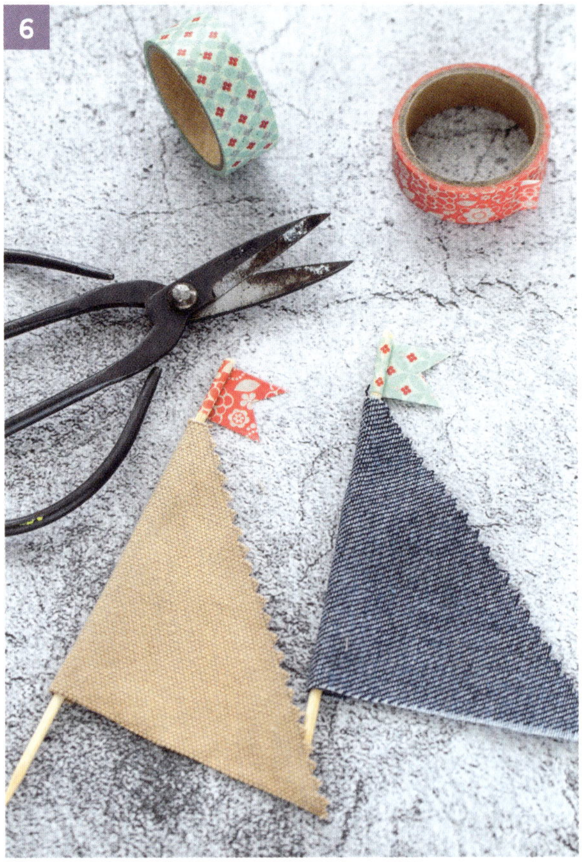

5. Das Segel wird anschließend mit Heißkleber an einem kleinen Holzspieß befestigt. Dafür unten an der Spitze genügend Platz lassen, um den Spieß in den Korken stecken zu können.
Noch etwas stabiler wird das Segel, wenn man es doppelt nimmt. Dazu das Segel aus einem Stück schneiden und in der Mitte falten, den Holzspieß in den Falz hineinkleben.

6. An der Oberseite knipst man nun den Holzspieß mit einem Seitenschneider ab, lässt dabei aber genügend Platz für eine kleine Flagge. Die kann man aus farbigem Tape erstellen. Einfach doppelt drumherumkleben und mit der Schere zurechtschneiden.

Dann wird der Spieß in das vorgebohrte Loch gesteckt und los geht's auf große Fahrt.

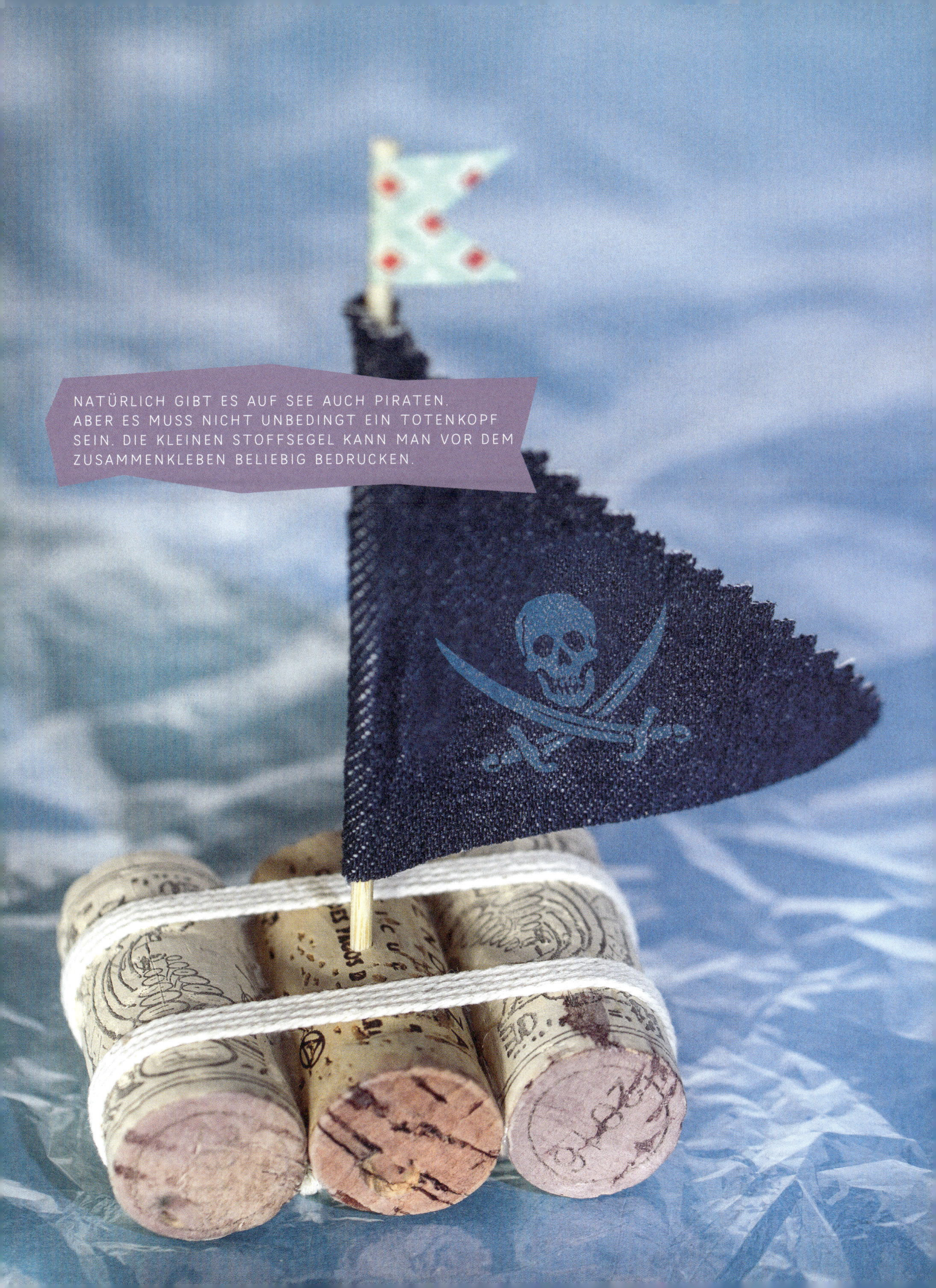

NATÜRLICH GIBT ES AUF SEE AUCH PIRATEN. ABER ES MUSS NICHT UNBEDINGT EIN TOTENKOPF SEIN. DIE KLEINEN STOFFSEGEL KANN MAN VOR DEM ZUSAMMENKLEBEN BELIEBIG BEDRUCKEN.

Mini-Stempelhalter

MATERIAL:
WEINKORKEN, KNÖPFE, MESSER, HEISSKLEBER

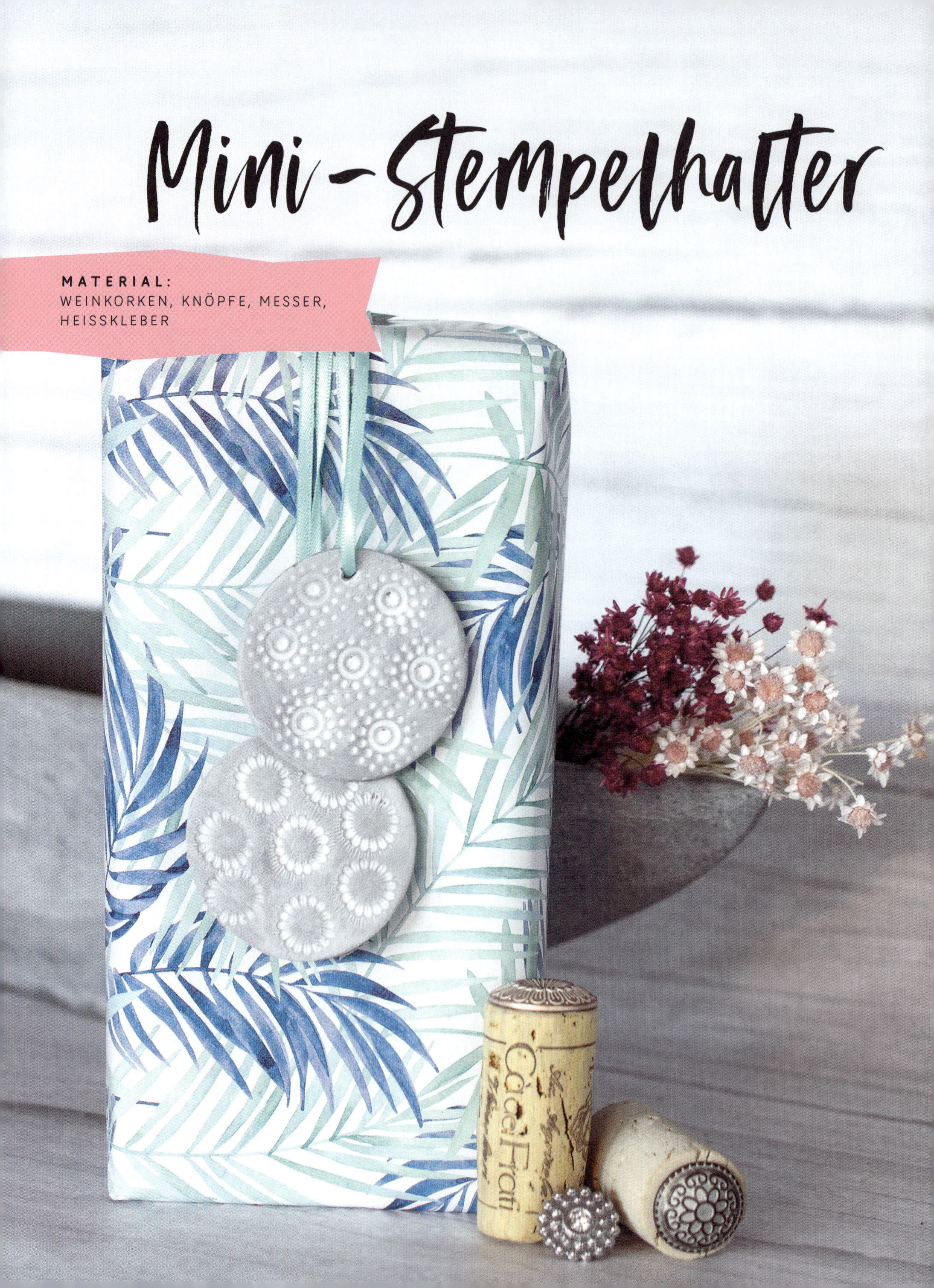

PRAKTISCH ALS VERSCHLUSS KENNEN WIR DEN KORKEN JA SCHON. ABER ER KANN NOCH MEHR. WER AUS IHM NICHT DIREKT EINEN STEMPEL SCHNITZEN MÖCHTE (SIEHE SEITE 109), KANN IHN PRIMA ALS STEMPELHALTER VERWENDEN.

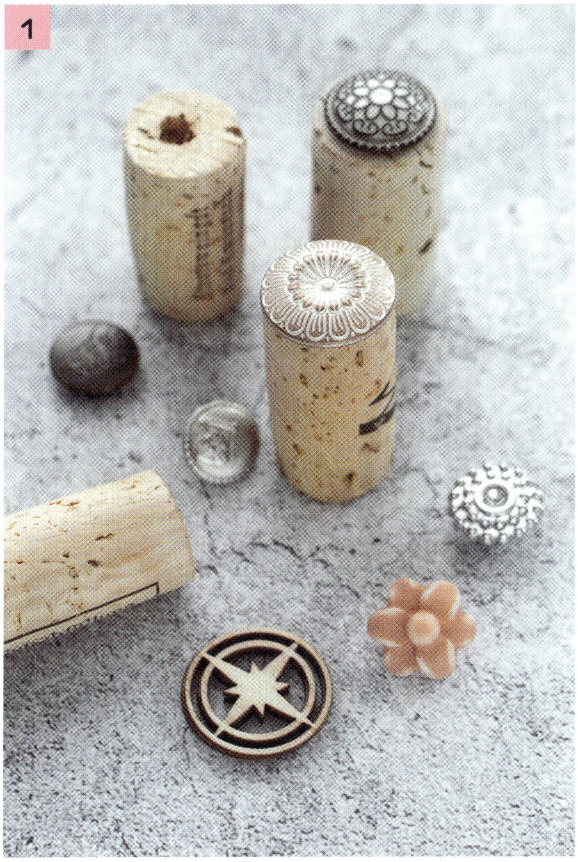

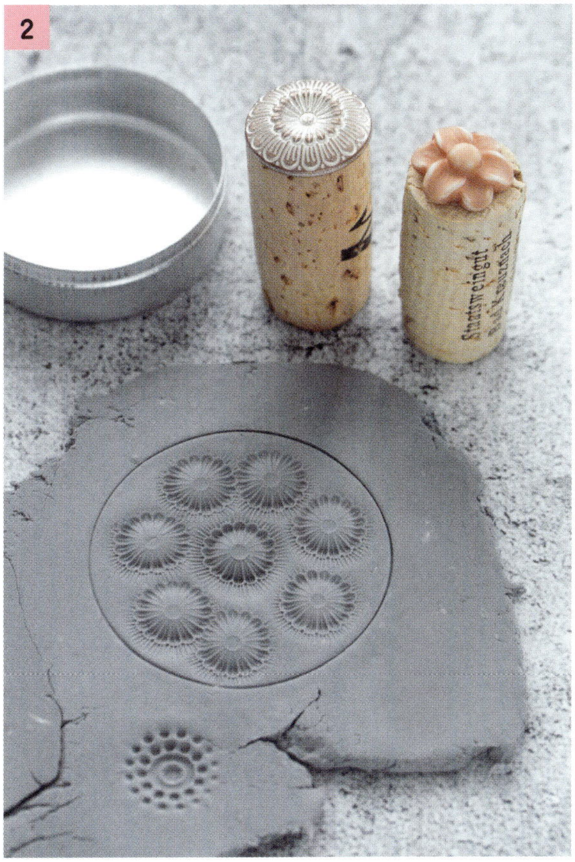

1. Für einen kleinen Stempelhalter bedarf es kaum Vorbereitung. Je nach Gestaltung des Knopfes wird dieser entweder gleich auf den Korken geklebt, oder man höhlt den Korken mit einer Messerspitze ein wenig aus und klebt den Knopf anschließend mit etwas Kleber hinein.

2. Danach lässt sich der Stempel prima verwenden, um zum Beispiel Muster in Modelliermasse zu drücken.

Statt der Knöpfe kann man auch kleine Formen aus Moosgummi ausschneiden und aufkleben. Damit lässt sich dann ganz einfach Papier bedrucken. Zum Beispiel für selbst gemachtes Geschenkpapier.

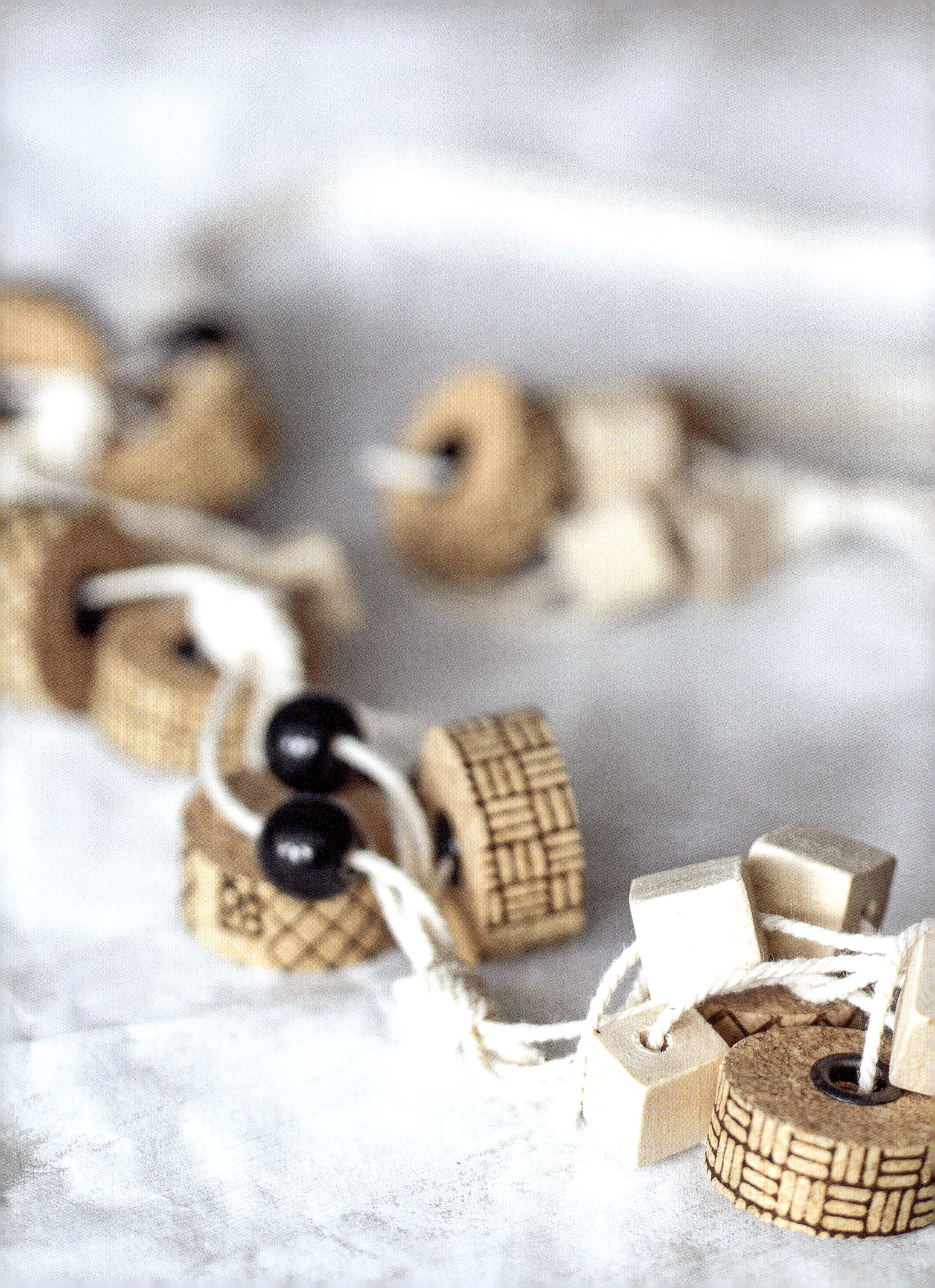

Schmuckstücke

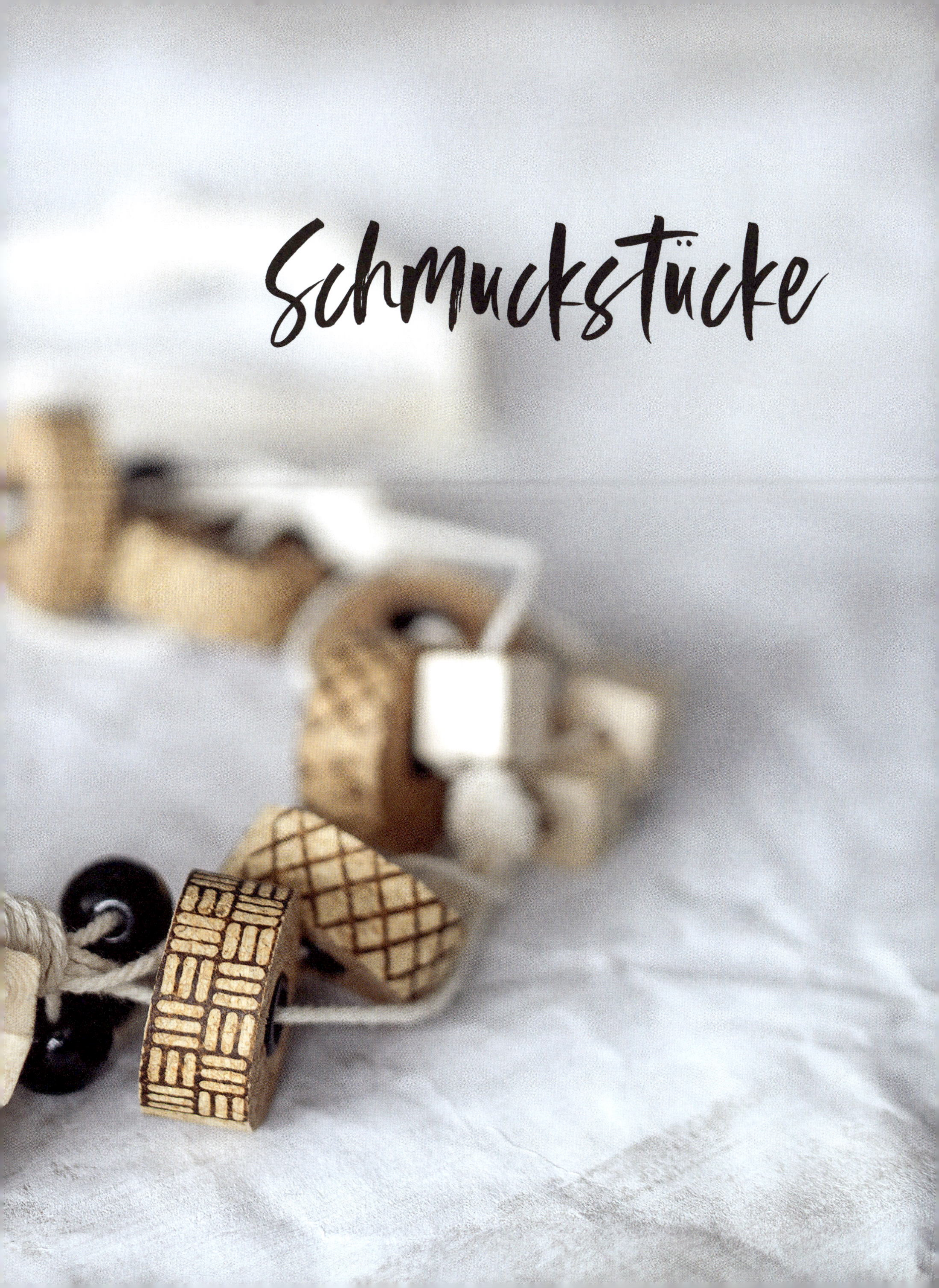

For me, for you...

MATERIAL:
WEINKORKEN, MESSER, SEITENSCHNEIDER, ACRYLFARBE, KLEINE ZANGE, SCHMIRGELPAPIER, PINSEL, TAPE, LACKSTIFTE, KETTELSTIFTE, OHRHAKEN

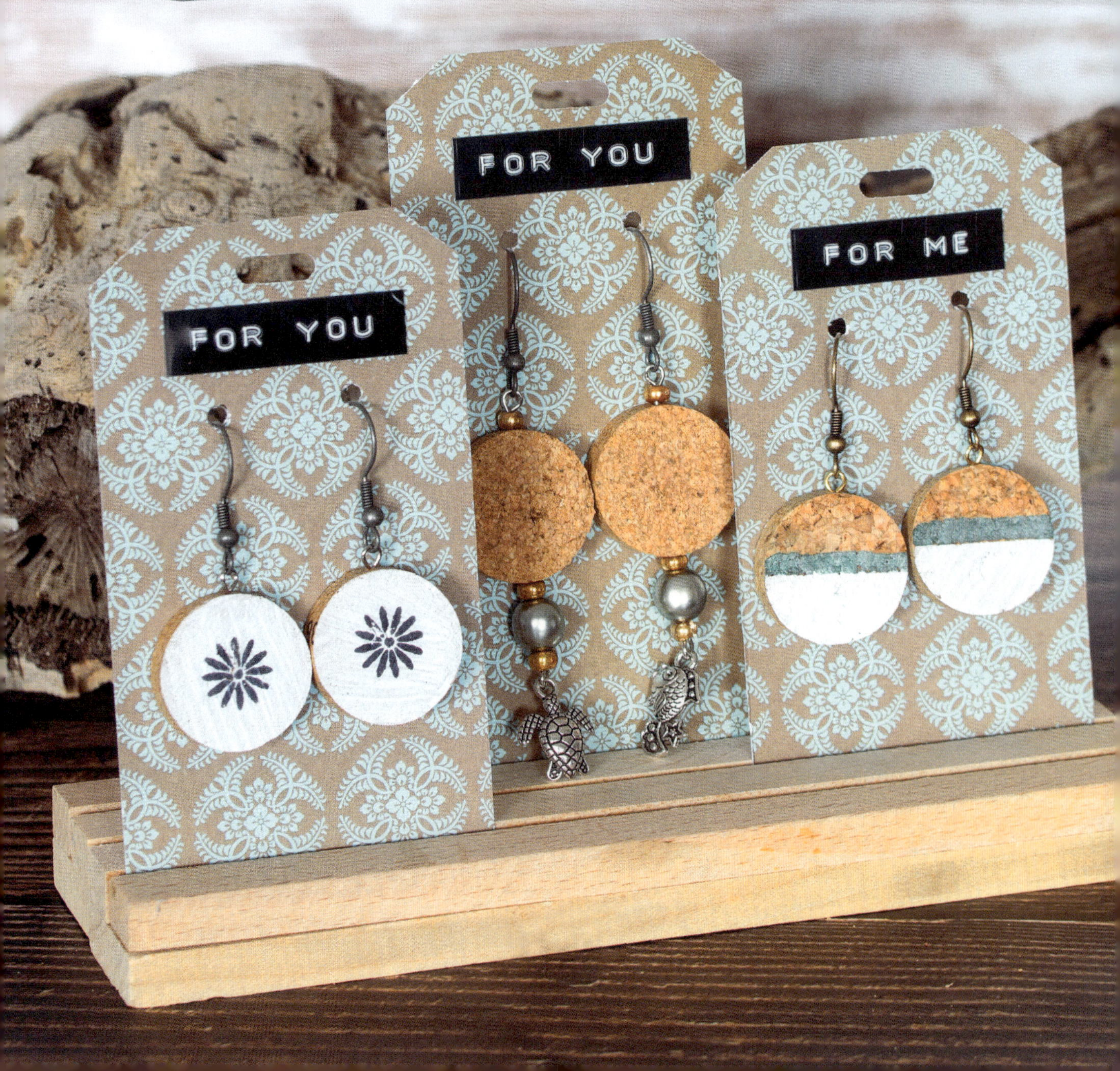

MEGALEICHTE OHRRINGE – MAN MERKT KAUM, DASS MAN SIE TRÄGT. UND DIE GESTALTUNGSMÖGLICHKEITEN SIND RIESIG: ANMALEN, BEKLEBEN, BESTEMPELN, MIT PERLEN VERLÄNGERN ODER KLEINEN ANHÄNGERN VERSCHÖNERN. DAZU SIND SIE SCHNELL GEMACHT, FALLS MAL DAS PASSENDE SCHMUCKSTÜCK FEHLT.

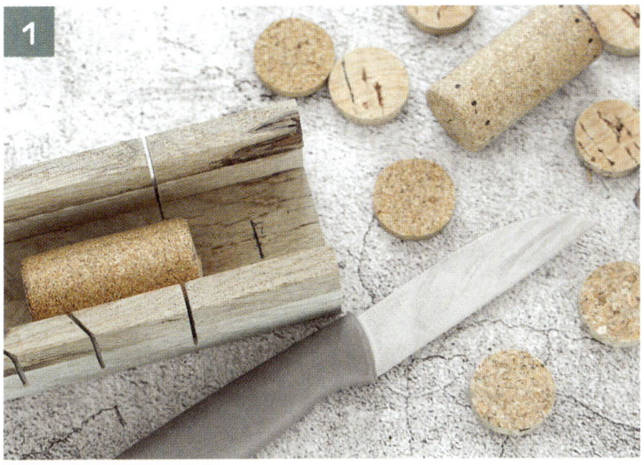

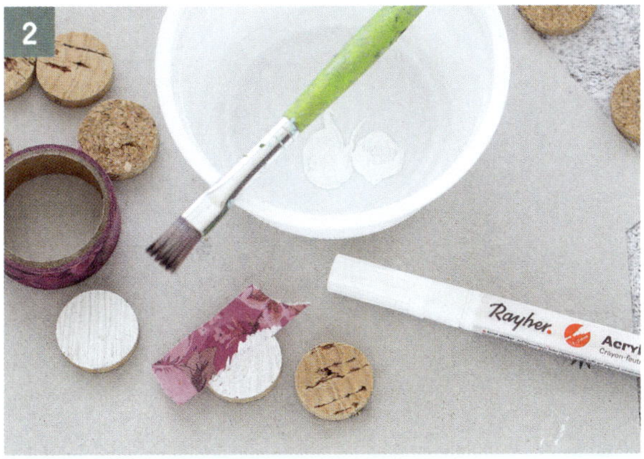

1. Im ersten Schritt werden die Korkscheiben zurechtgeschnitten, das geht wieder am besten in der kleinen Gehrungslade. Mit einer Markierung werden die Scheiben auch immer gleich dick.

2. Vor dem Bemalen sollte man die Scheiben ein wenig mit Schmirgelpapier glätten. Dann die Acrylfarben nach Wunsch auftragen. Für das Muster im Beispiel wurde mit Tape die Hälfte der Scheibe abgeklebt, um einen sauberen Rand zu erhalten. Dann noch ein Streifen mit einem Metallicmarker aufmalen.

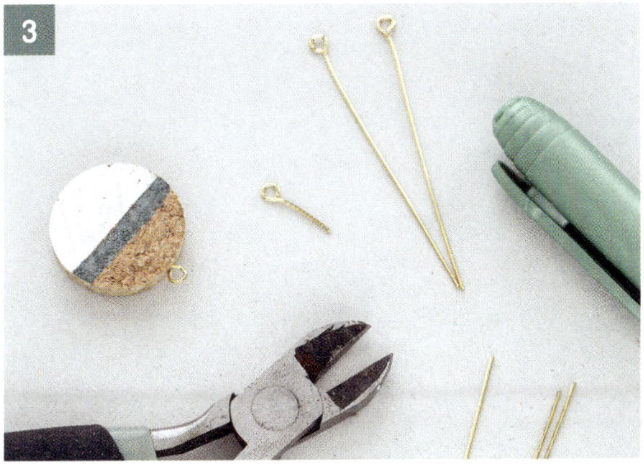

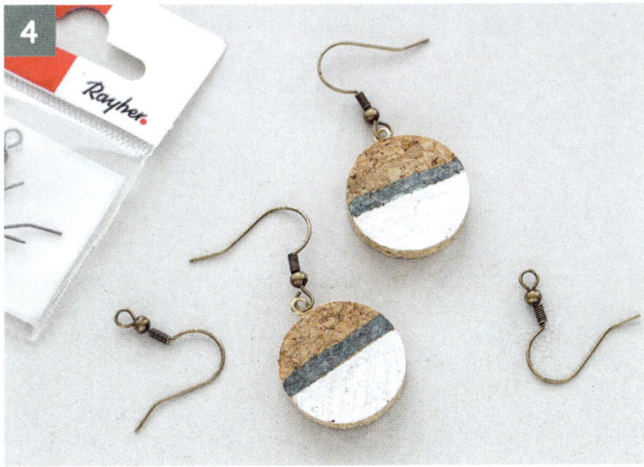

3. Dann die Kettelstifte kürzen, auf ca. 1,5 cm Länge, und die Öse ein wenig aufbiegen. Anschließend in den oberen Rand der Korkscheibe stecken.

4. Zum Schluss einfach noch die Ohrhaken in die Ösen hängen und diese mit einer kleinen Zange wieder zudrücken.

Perfektes Styling

MATERIAL:
WEINKORKEN, BAUMWOLLSCHNUR, HOHLNIETEN, PERLEN, KLEBEBAND, MASSBAND, SCHERE, MESSER, BOHRER, SCHMIRGELPAPIER

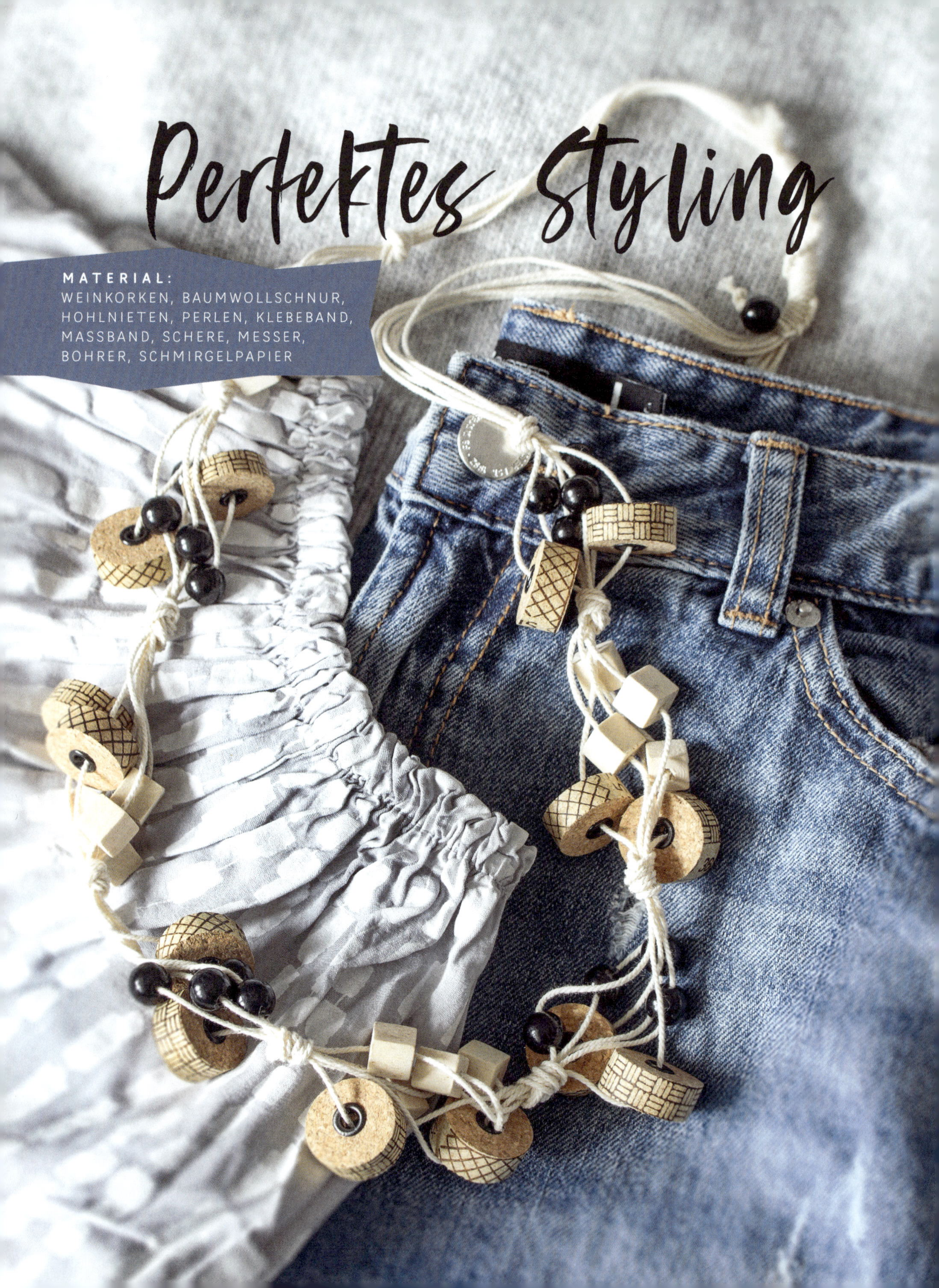

EIN NATÜRLICHER LOOK KOMMT NIE AUS DER MODE. DAS GILT NICHT NUR BEI DEKORATIONEN, SONDERN AUCH BEIM OUTFIT. ABER ES DARF DANN SCHON MAL EIN ECHTER HINGUCKER SEIN. SIND DAS ETWA WEINKORKEN AN DEINER KETTE?

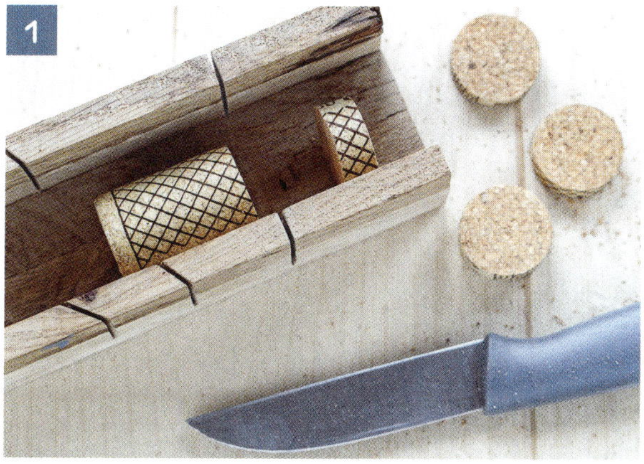

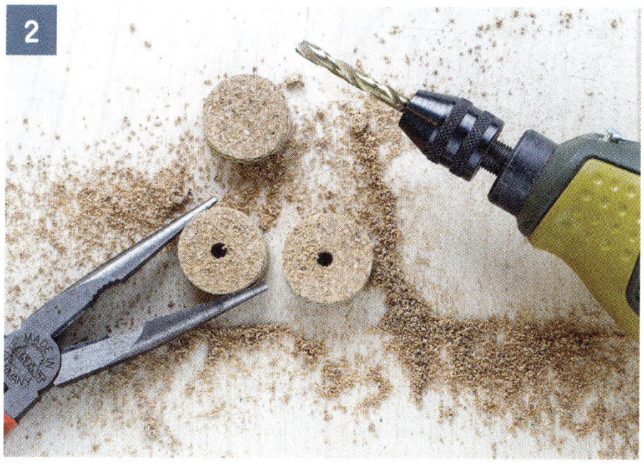

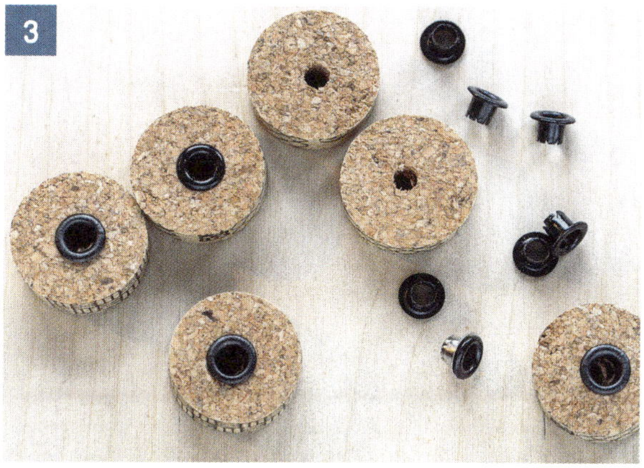

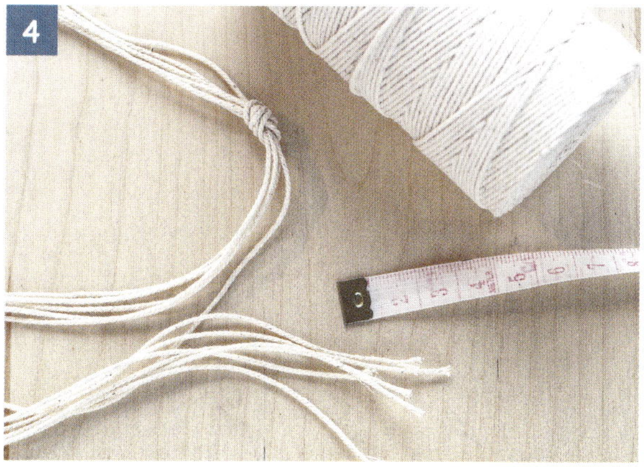

1. Für die Kette ein paar schöne Korken suchen und in Scheiben schneiden. (Hier im Beispiel sind es 16 Scheiben.) Die Stärke der Scheiben sollte ca. 8–10 mm betragen.

2. Mit dem Bohrer in jede Scheibe mittig ein Loch bohren. Die Dicke des Bohrers ergibt sich aus der Größe der Hohlnieten. Sie sollten später beim Eindrücken fest sitzen.

Wer mit einem Elektrobohrer arbeitet, kann seine Korken sicherheitshalber mit einer Zange halten. Anschließend die Korken mit etwas Schmirgelpapier auf beiden Seiten glätten.

3. Nun von beiden Seiten eine kleine Hohlniete hineinstecken.

4. Dann die Baumwollschnüre zuschneiden. Man benötigt 6 Schnüre mit einer Länge von 180 cm. Die Länge ist sehr großzügig bemessen, da jede und jeder die Knoten ein wenig anders setzt. Der erste Knoten wird ca. 30 cm vom Anfang geknotet.

Fortsetzung auf der nächsten Seite

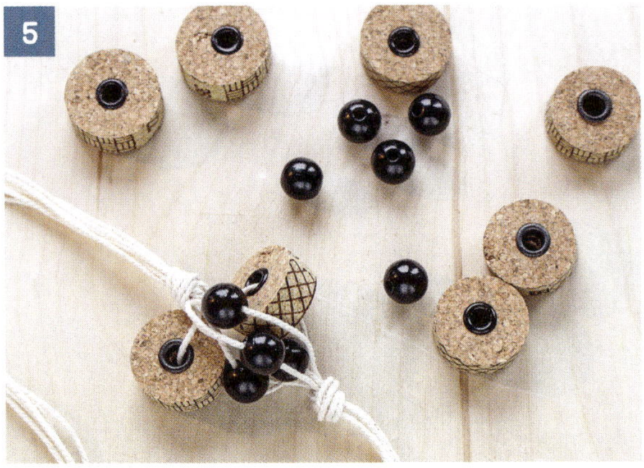

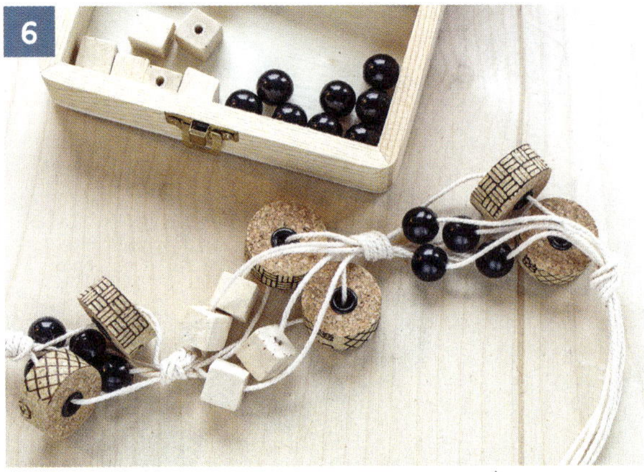

5. Nun beginnt man mit dem Auffädeln am langen Ende der Schnüre. 4 Perlen und 2 Korkscheiben auf die einzelnen Schnüre fädeln. Das ist anfangs ein wenig frimelig, da die Schnüre so lang sind. Es hilft, wenn man die Schnüre über einen Tisch hängt und einen schweren Gegenstand auflegt, damit sie nicht verrutschen. Dann kann man auffädeln und anschließend die Perlen und Korkscheiben vorsichtig nach oben bis zum ersten Knoten schieben.
Anschließend unterhalb der Perlen und Korken einen Knoten machen.

6. Es wird mit jedem Mal einfacher. Im Beispiel sind runde und eckige Perlen im Wechsel aufgefädelt und jeweils mit einem Knoten fixiert. Das Ganze wird achtmal wiederholt.

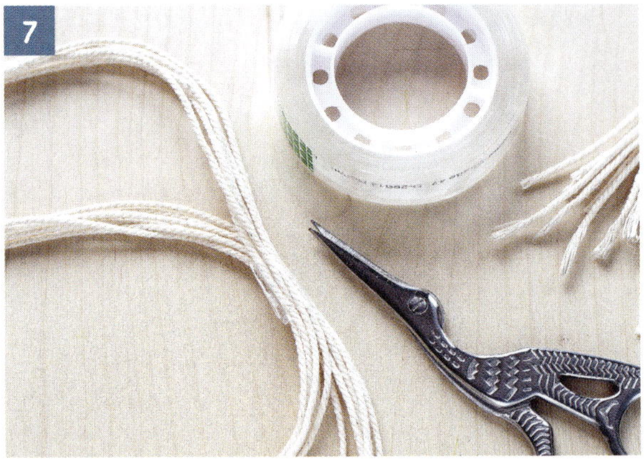

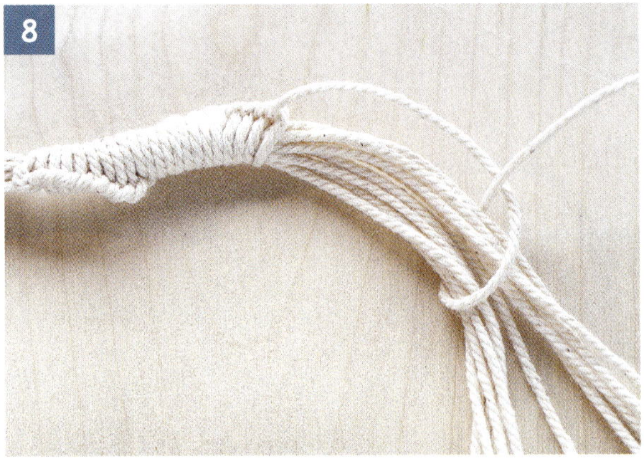

7. Das übriggebliebene Ende der Schnüre auf die gleiche Länge bringen wie auf der anderen Seite, also ca. 30 cm.
Dann die beiden Enden ca. 20 cm überlappen und in der Mitte mit etwas Klebeband fixieren, damit sie nicht verrutschen.

8. Nun ein weiteres Stück Schnur von ca. 60–80 cm abschneiden und die Fäden damit zusammenknoten. Anschließend die überlappenden Schnüre mit Wellenknoten (siehe Abb. oben) zusammenbinden, bis sie komplett bedeckt sind. Am Ende eine Perle auffädeln, verknoten und den Überschuss an Fäden abschneiden.

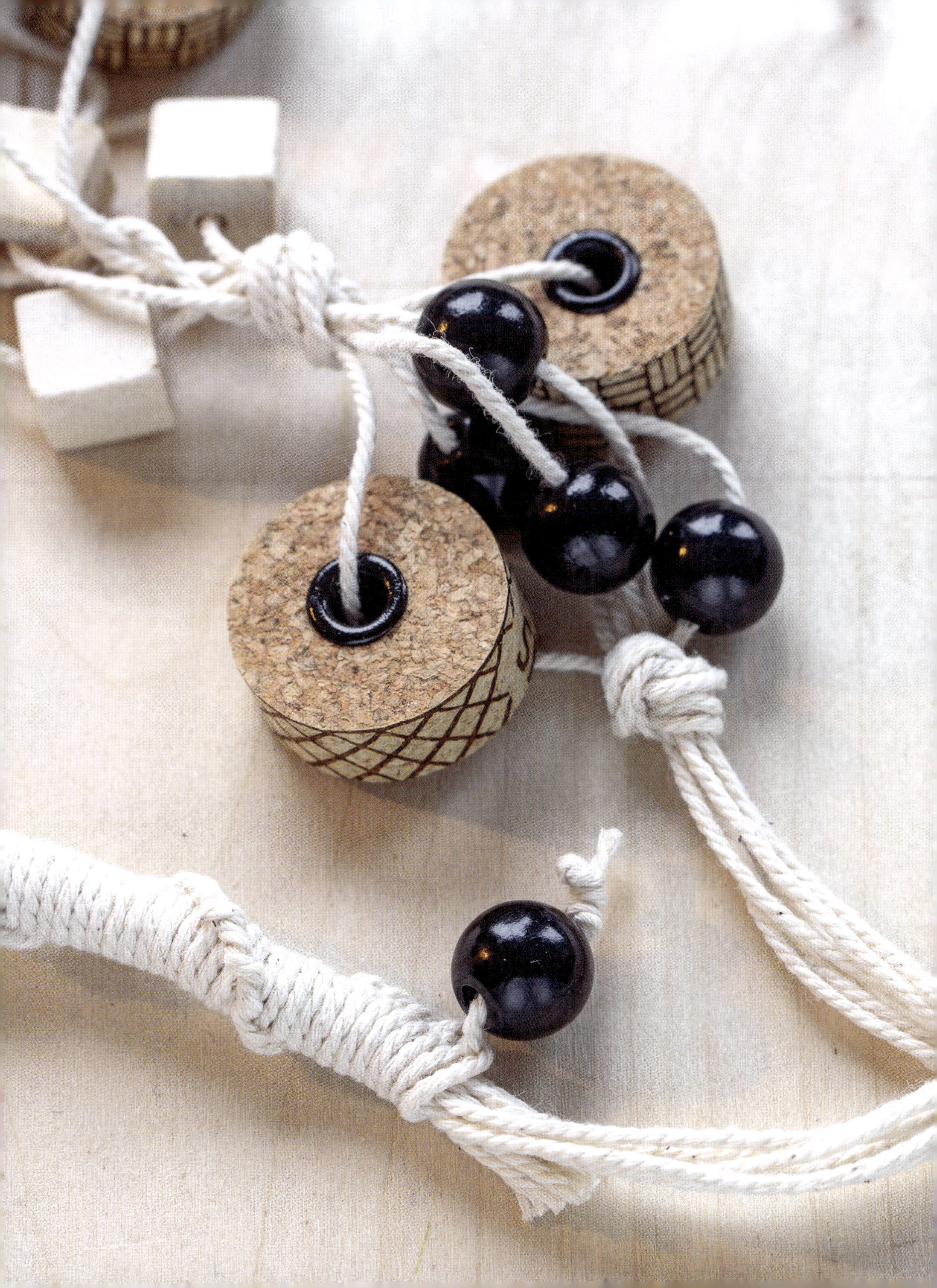

Rollkommando!

MATERIAL:
WEINKORKEN, KAUTSCHUK-KETTE MIT VERSCHLUSS, SÄGE, BOHRER, SCHRAUBSTOCK ODER ZANGE, SCHMIRGELPAPIER, PERMANENTMARKER, ACRYLFARBE, PINSEL, SCHMUCKELEMENTE

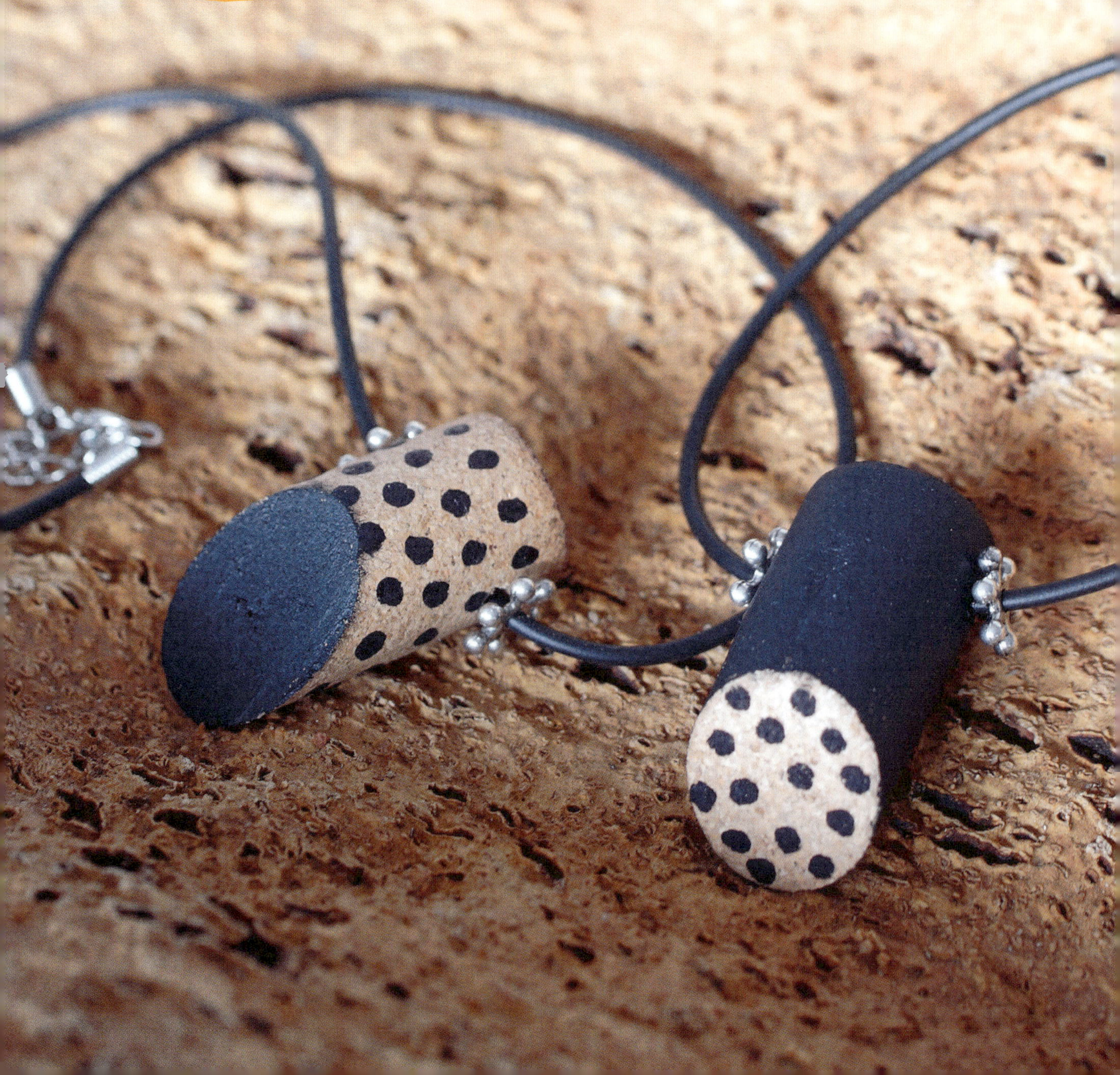

SUPERLEICHTE KORK-KETTE MIT TUPFEN. ECHT SCHRÄG, ODER? AUSSERDEM IST SIE AUCH NOCH SCHNELL GEMACHT. SO KANN MAN SICH FÜR JEDE GELEGENHEIT UND JEDES OUTFIT DIE PASSENDE KETTE BASTELN. EIN PAAR WENIGE SCHMUCK-ELEMENTE REICHEN HIER VÖLLIG AUS.

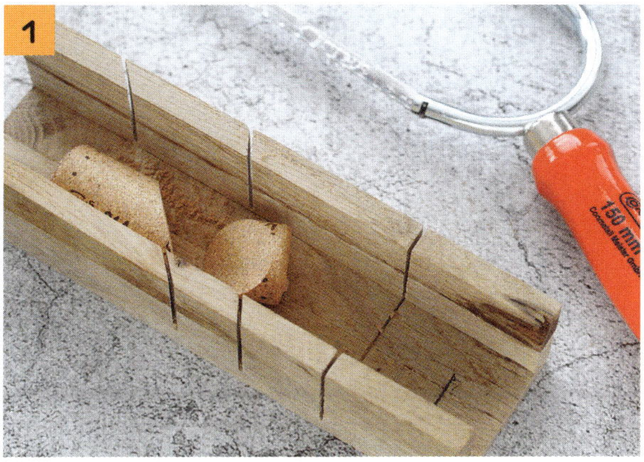

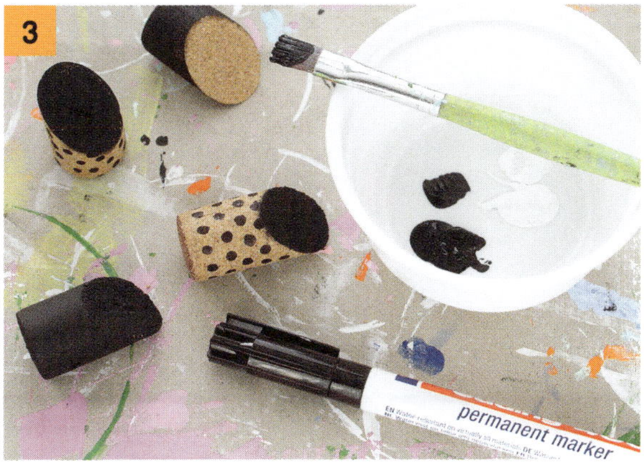

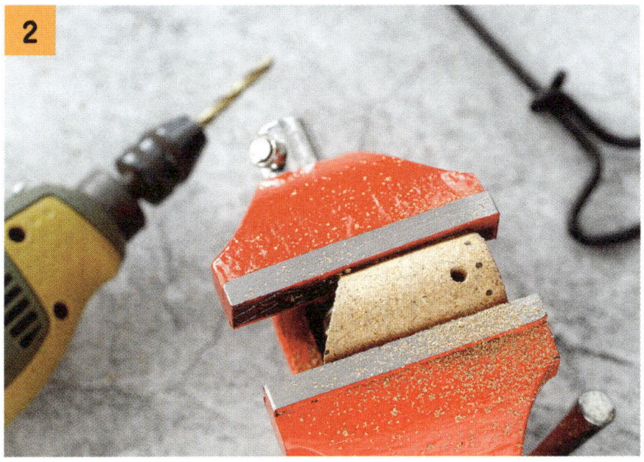

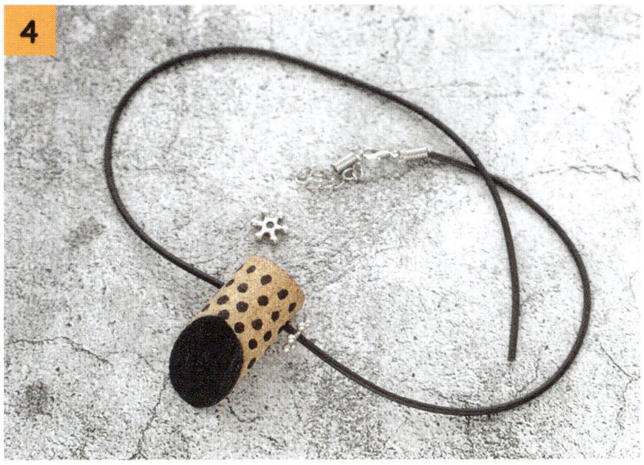

1. Den Korkenanhänger schneidet man am besten mit der Säge in der kleinen Gehrungslade, hier im Winkel von 45° Grad, damit die Schnittfläche sehr schräg wird. Die Schnittfläche anschließend glatt schmirgeln.

2. Anschließend den Korken im Schraubstock einspannen und mit dem Bohrer einmal im oberen Drittel quer durchbohren. Die Größe des Lochs ist abhängig von der Dicke der Kautschukschnur. Sollte kein Schraubstock vorhanden sein, kann man den Korken auch mit einer Zange festhalten, damit er beim Bohren nicht verrutscht und die Finger in Sicherheit sind.

3. Dann geht es ans Gestalten, ganz wie man mag. Korken lassen sich gut mit Permanentmarker bemalen. Wie hier mit Tupfen. Für größere Flächen verwendet man einen Pinsel und Acrylfarbe. Die Farben vor dem Weiterverarbeiten gut trocknen lassen.

4. Nun Schmuckelement und Korken auf die Kautschukschnur fädeln und anschließend die Kette verschließen. Hier wird das Ende der Schnur in eine Hülse gesteckt und anschließend zusammengedrückt. Danach kann man die Kette ganz normal öffnen und verschließen.

Scheibchenweise

MATERIAL:
WEINKORKEN, MESSER, SCHMIRGEL-PAPIER, BOHRER, BRANDMALKOLBEN, SCHERE, GUMMISCHNUR, EVTL. PINZETTE

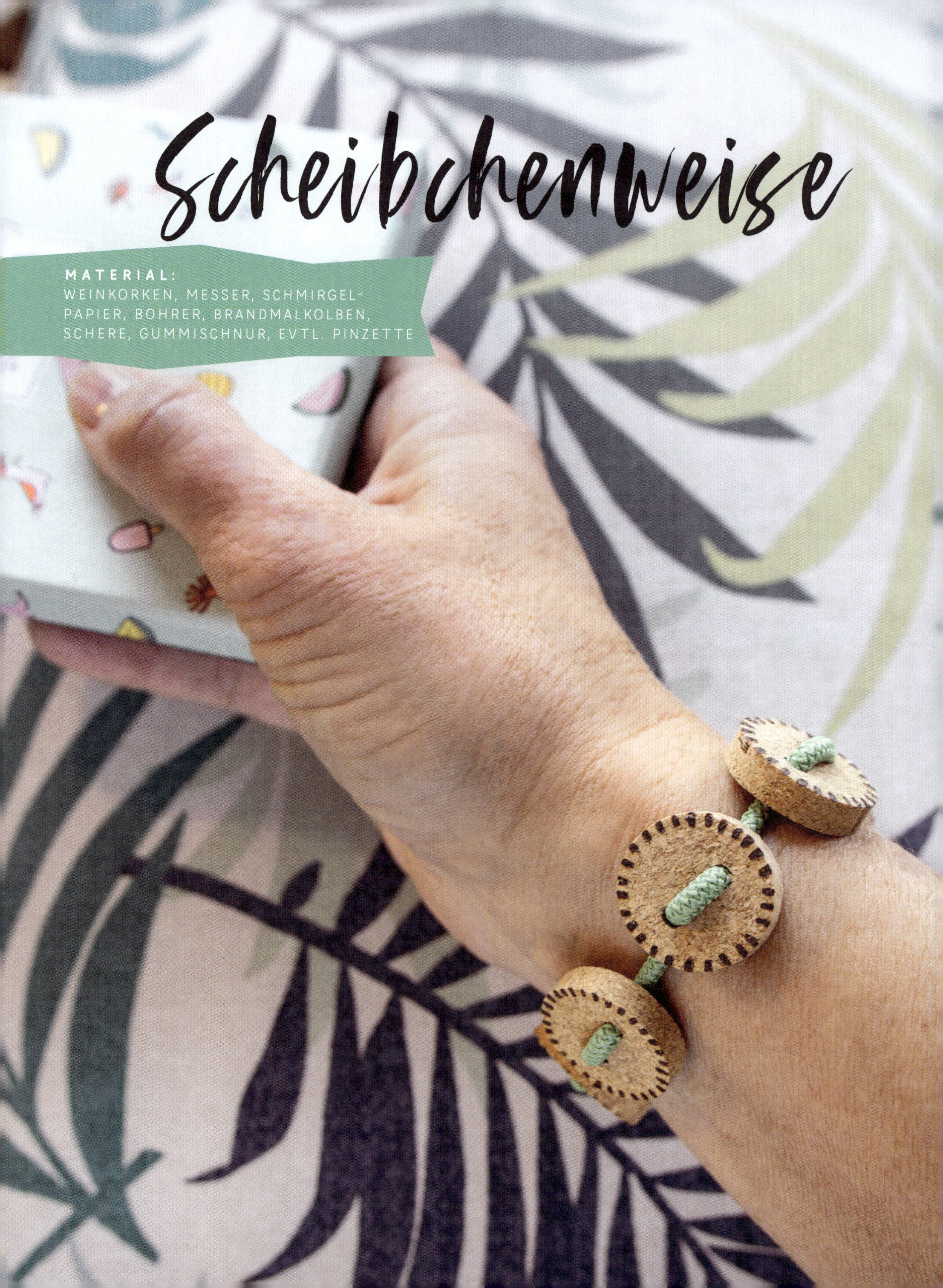

EIN ARMBAND AUS KORKEN? BITTESCHÖN. GANZ EASY. SECHS KLEINE SCHEIBCHEN UND EIN GUMMIBAND ERGEBEN EIN ARMBAND. FÜR GROSS UND KLEIN SCHNELL MAL EIN SCHMUCKES STÜCK, DAS NICHT JEDER HAT.

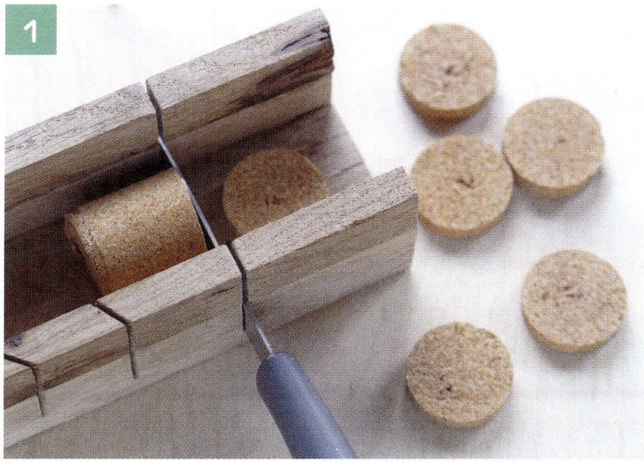

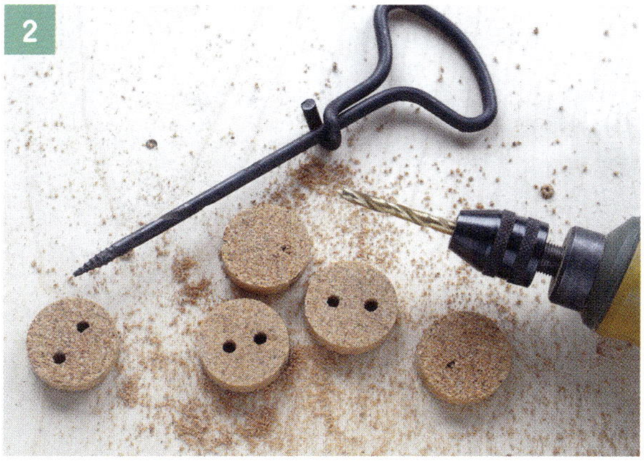

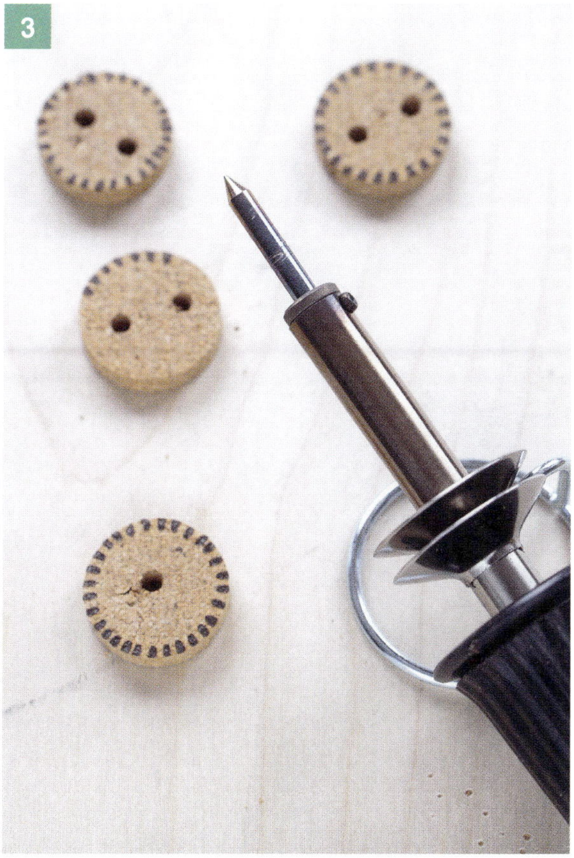

1. In der Gehrungslade schneidet man zunächst die Scheiben zu. Das geht prima mit einem scharfen Küchenmesser. Für dieses Armband sind es sechs Stück.

2. Nun mit einem Bohrer die Löcher bohren, wie bei einem Knopf. Wer keinen elektrischen Bohrer hat, kann auch einen Handbohrer verwenden. Eine Scheibe erhält nur ein Loch in der Mitte.

3. Nun werden die Scheiben verziert. Vor dem Brennen die Flächen mit etwas Schmirgelpapier glätten. Dann mit dem Brandmalkolben das gewünschte Muster aufbringen.

Wer sich nicht traut, die Korkscheiben mit den Fingern zu halten (der Brandmalkolben ist sehr heiß), kann die Scheiben auch mit einer großen Pinzette festhalten.

Fortsetzung auf der nächsten Seite

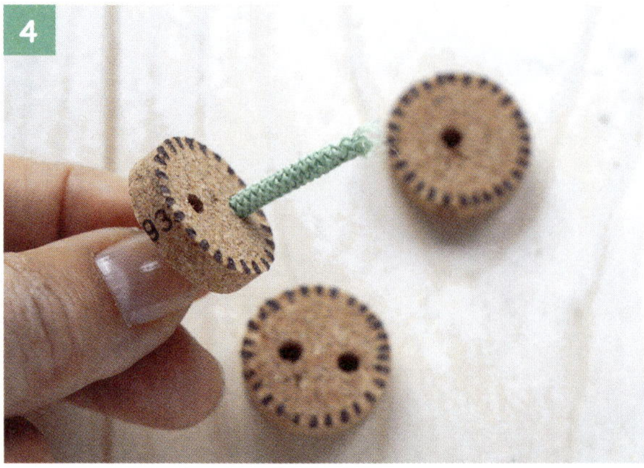

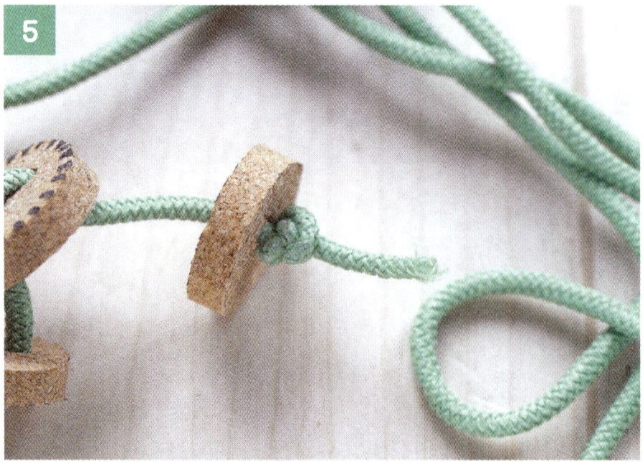

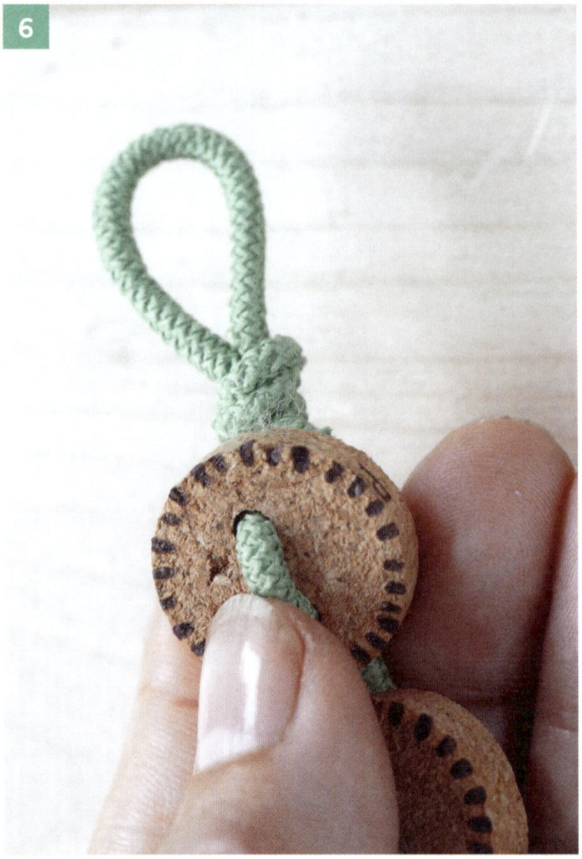

4. Nun die Gummischnur durch die »Knopflöcher« fädeln. Immer von unten nach oben und wieder zurück. Die Schnur noch nicht abscheiden.

5. Am Ende die Scheibe mit dem einzelnen Loch einfädeln. Auch dort das Gummi hindurchstecken und mit ein zwei Knoten abschließen und die Schnur abschneiden.

6. Nachdem die einzelnen Scheiben auf dem Gummiband richtig positioniert sind, macht man am anderen Ende eine Schlaufe für den Verschluss. Hier wird später die Scheibe mit dem Abschlussknoten hindurchgesteckt und damit das Armband geschlossen.

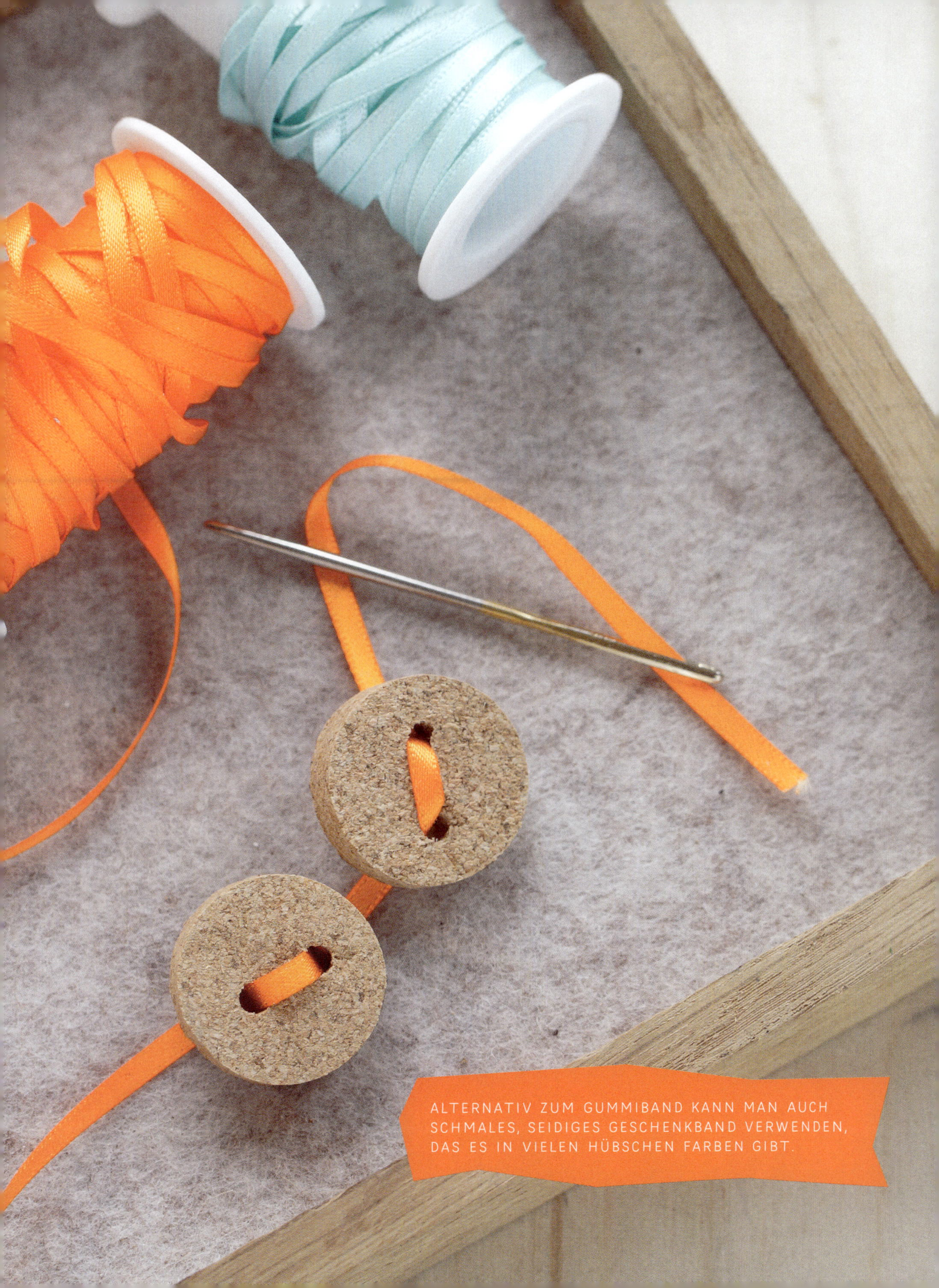

ALTERNATIV ZUM GUMMIBAND KANN MAN AUCH SCHMALES, SEIDIGES GESCHENKBAND VERWENDEN, DAS ES IN VIELEN HÜBSCHEN FARBEN GIBT.

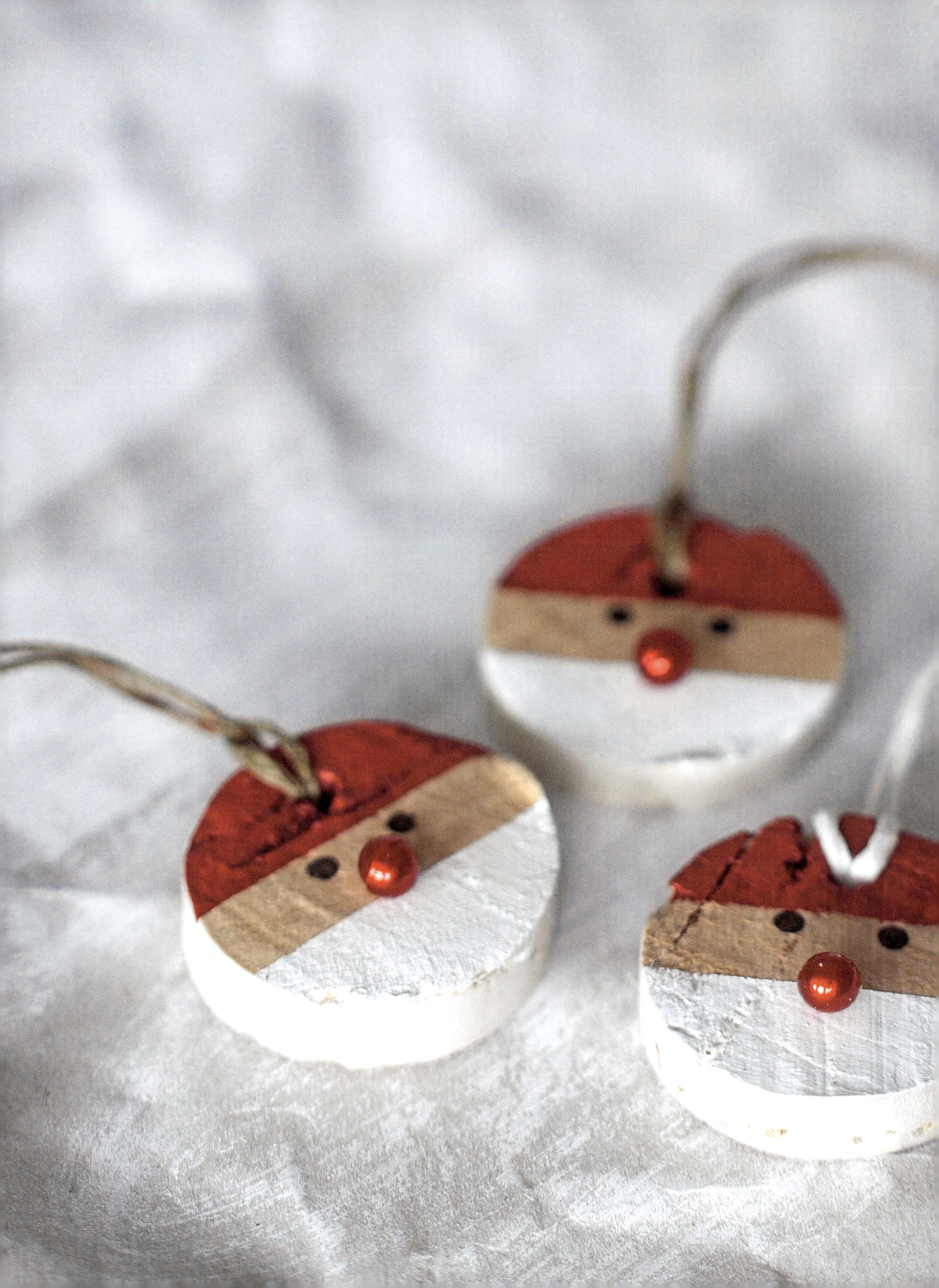

Weihnachtliches

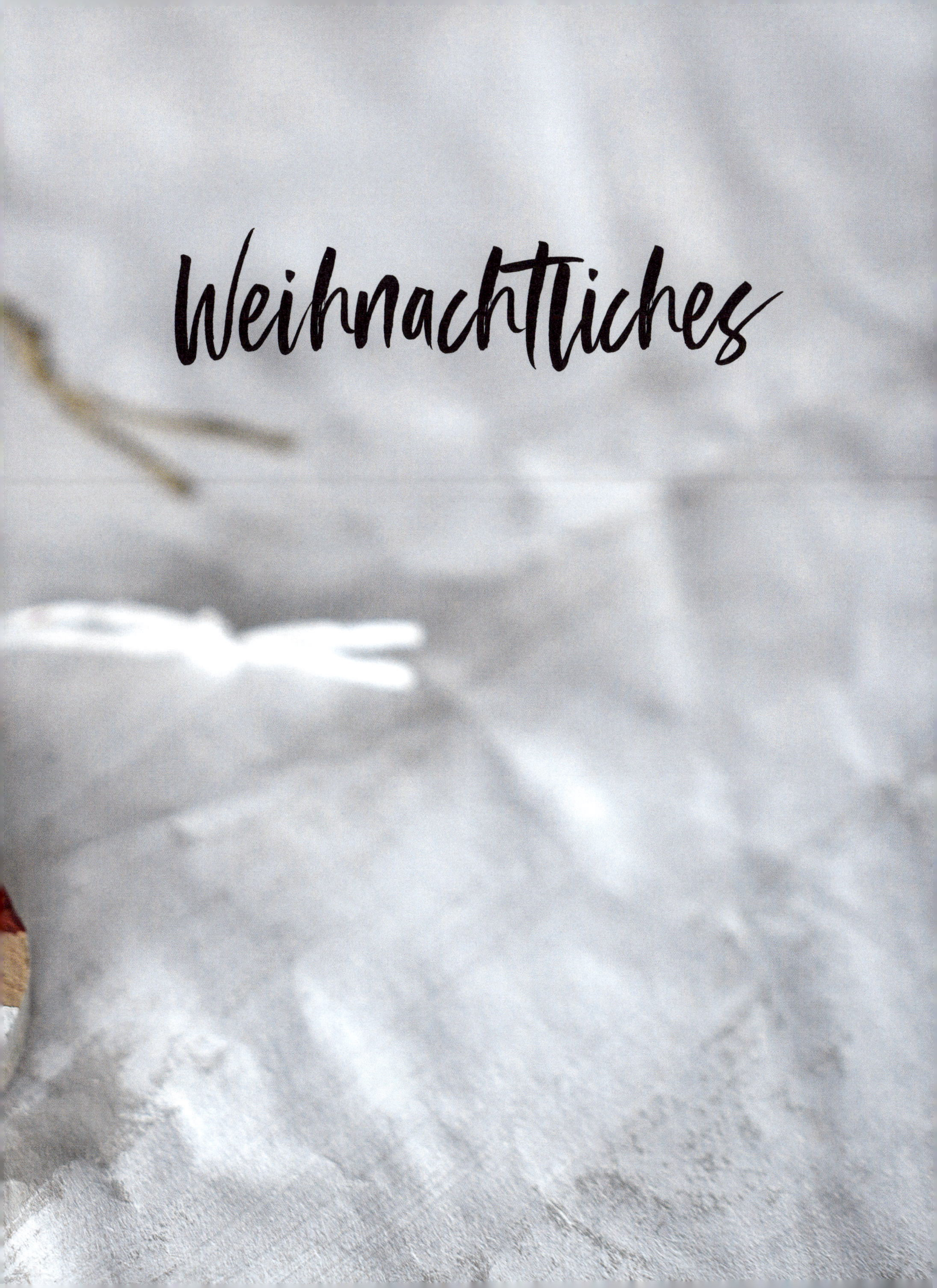

Reine Knopfsache

MATERIAL:
WEINKORKEN, MESSER, STIFT, BOHRER, SCHNUR

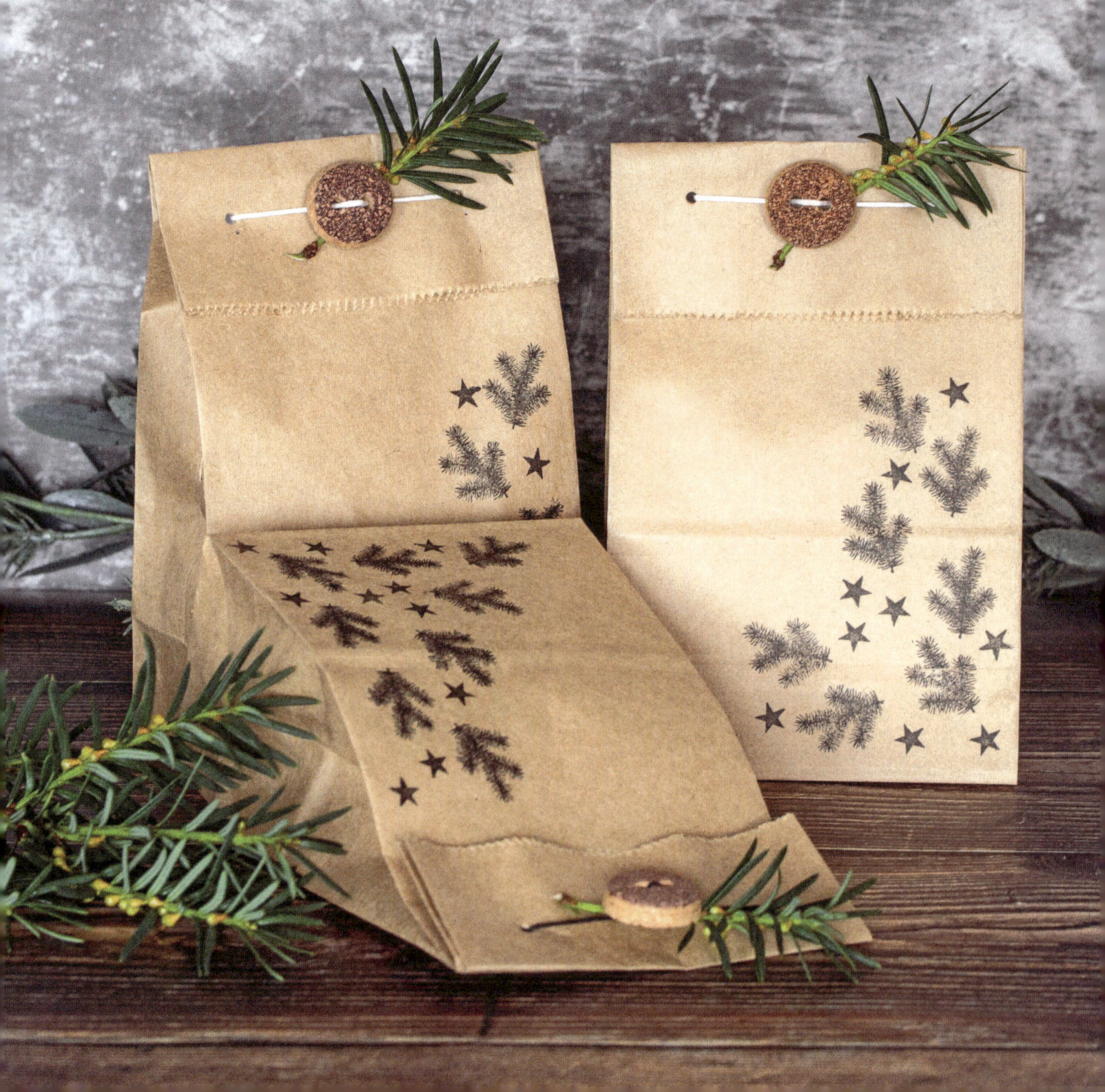

ETWAS MIT EINEM KNOPF ZU VERSCHLIESSEN IST EIGENTLICH DIE NORMALSTE SACHE DER WELT. ETWAS MIT EINEM SELBSTGEMACHTEN KNOPF AUS KORK ZU VERSCHLIESSEN IST EHER UNGEWÖHNLICH, VOR ALLEM, WENN ES SICH UM EINE GESCHENKTÜTE HANDELT. FUNKTIONIERT ABER PRIMA.

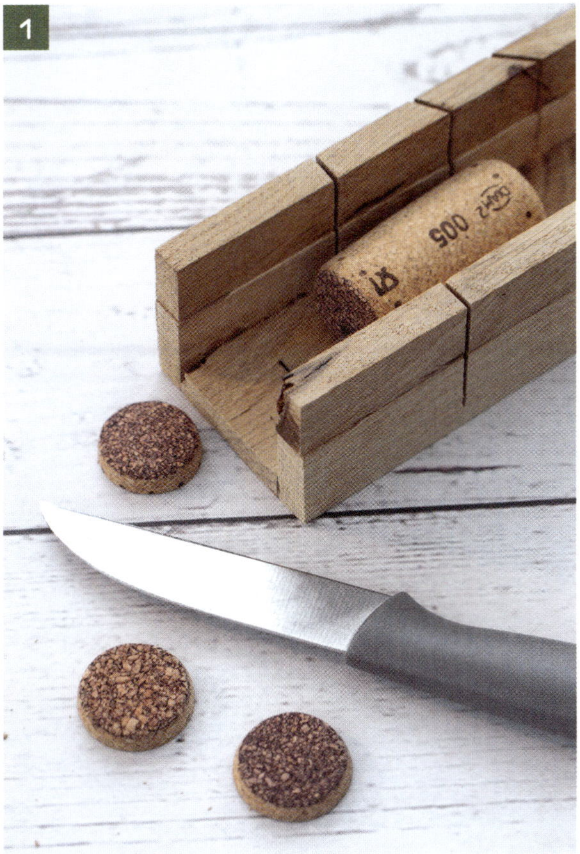

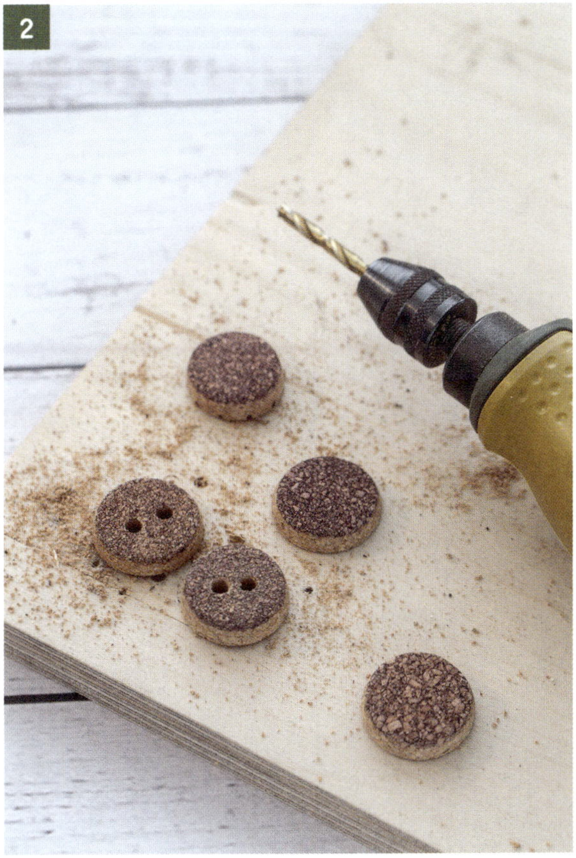

1. So ein Knopf ist schnell gemacht. In der Gehrungslade schneidet man sich die Scheiben für die Knöpfe zurecht. Hier ist es nur der obere, eingefärbte Rand des Korkens.

2. Dann werden die Löcher mit einem kleinen Bohrer gebohrt. Dazu am besten die Position der Löcher zuvor mit einem Stift markieren. Wer keinen elektrischen Bohrer besitzt, kann stattdessen einen kleinen Handbohrer verwenden.

Dann nur noch eine Schnur einfädeln und schon kann man den Knopf einsetzen.

X-Mas-Stempelei

MATERIAL:
SEKTKORKEN, FILZSTIFT, SCHARFES MESSER, STEMPELFARBE

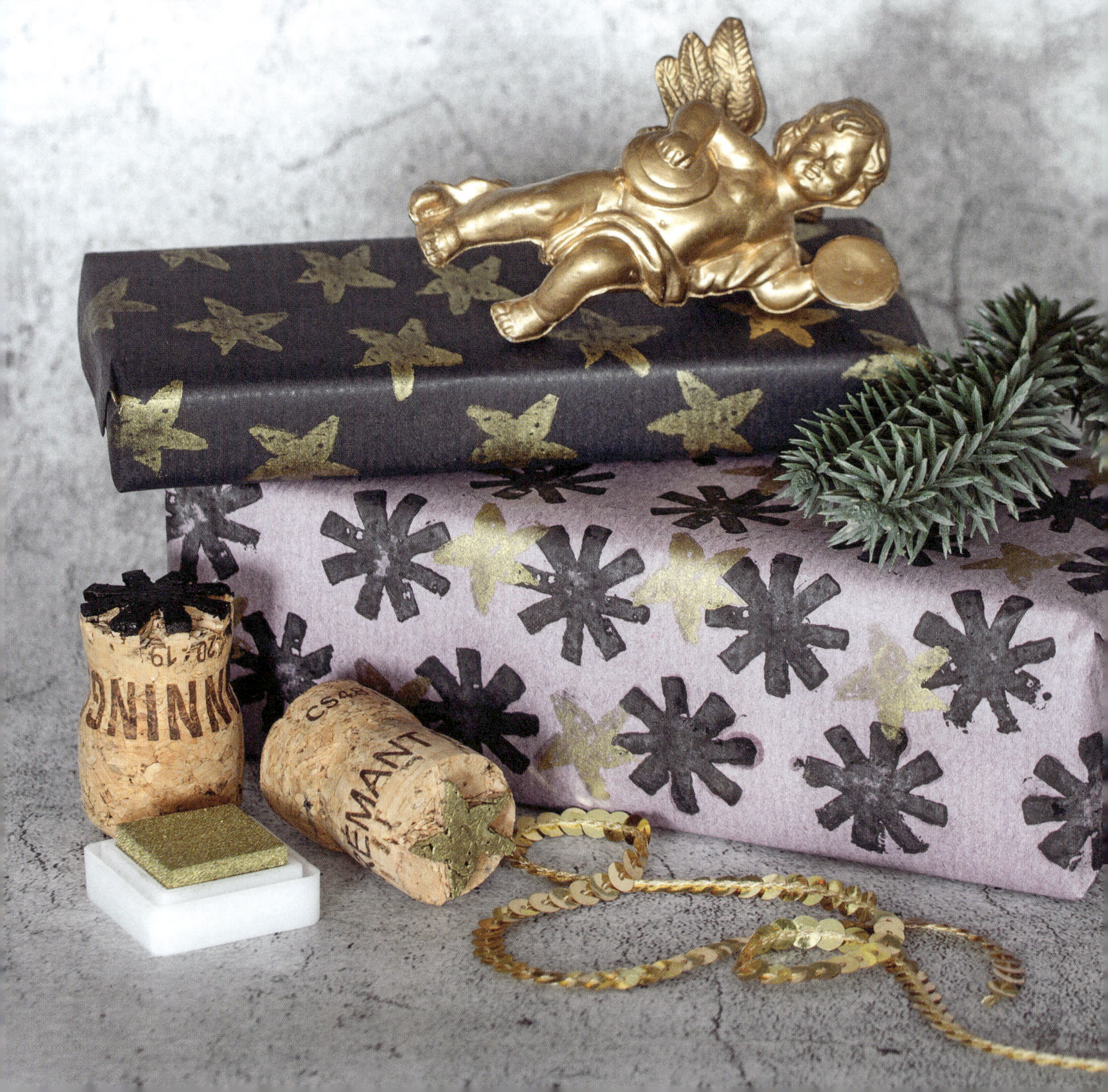

STEMPEL SIND EINE SO PRAKTISCHE SACHE. FÜR KLEINE BOTSCHAFTEN, EINEN GRUSS ODER EINFACH NUR ZUR ZIERDE. MIT SELBSTGEMACHTEN KORKSTEMPELN KANN MAN GANZ INDIVIDUELLES GESCHENKPAPIER SELBST HERSTELLEN. WIE WÄRE ES MIT STERNENPAPIER ZU WEIHNACHTEN?

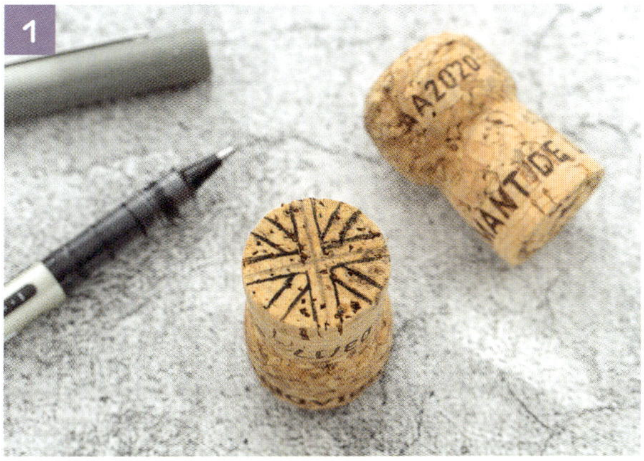

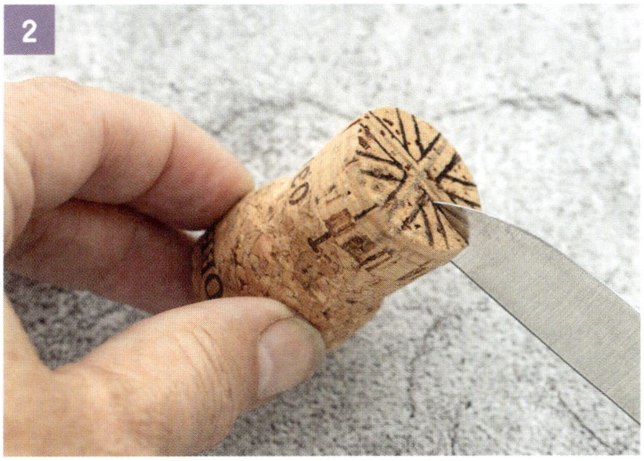

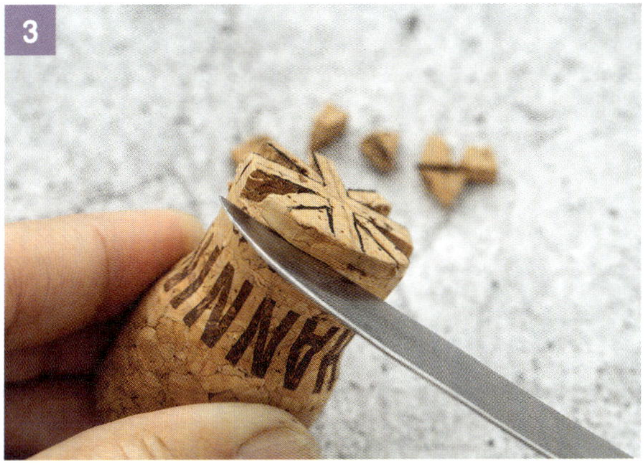

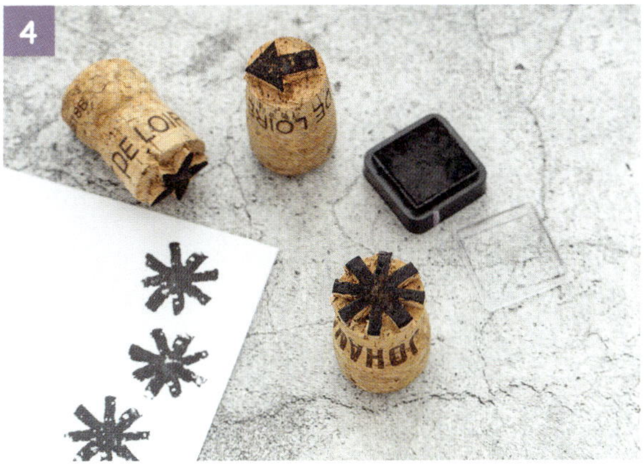

1. Das gewünschte Motiv mit einem Filzstift auf die Korkunterseite zeichnen. Es sollten einfache Motive sein, da sich der Korken mit dem Messer nicht sehr detailreich bearbeiten lässt.

2. Nun schneidet man mit dem Messer zunächst das Muster auf der Unterseite des Korkens ca. 3–4 mm ein.

3. Dann schneidet man von der Seite vorsichtig so weit ein, dass man die losen Teile entfernen kann.

4. Dann macht man einen Test mit der Stempelfarbe. Vielleicht muss man noch mal nacharbeiten. Anschließend kann man nach Lust und Laune stempeln, z.B. Weihnachtspapier für die Geschenke unterm Tannenbaum.

Sternzeichen

MATERIAL:
77 WEINKORKEN, HEISSKLEBER, SPRÜHLACK, GESCHENKBAND, DEKO

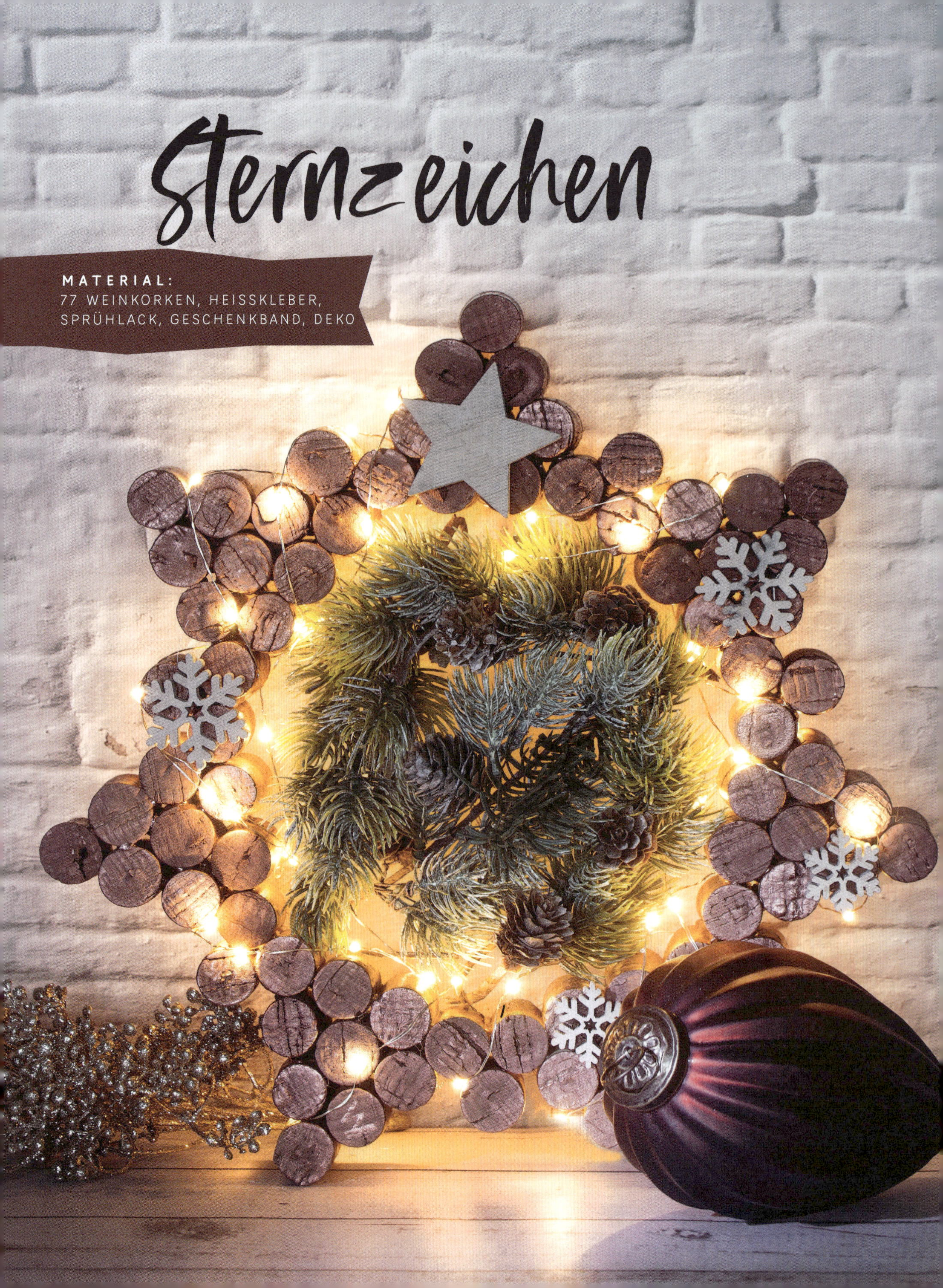

FÜR DIESEN ÜPPIGEN WEIHNACHTSSTERN BENÖTIGT MAN ZWAR VIELE KORKEN, ABER ANSONSTEN IST ER SCHNELL GEMACHT. ER MACHT SICH ALS DEKO IM HAUS GANZ GUT, KANN ABER AUCH DRAUSSEN AN DER HAUSTÜRE HÄNGEN, ODER TERRASSE UND BALKON ZIEREN.

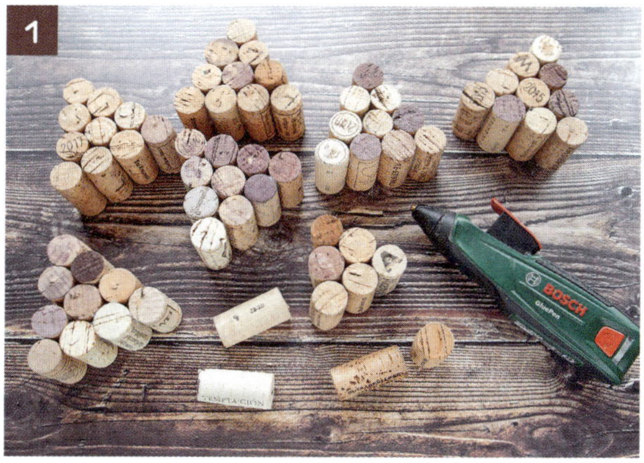

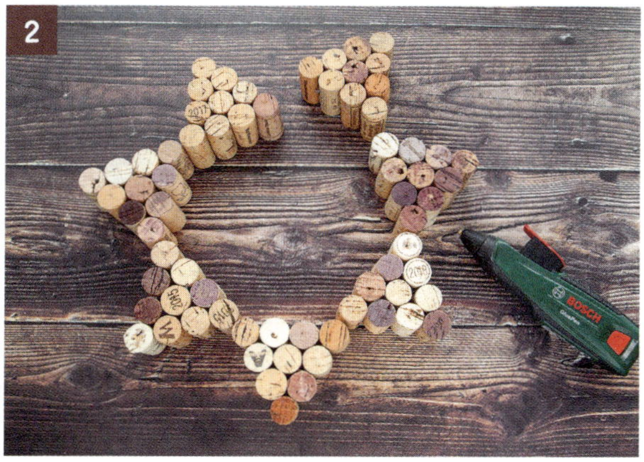

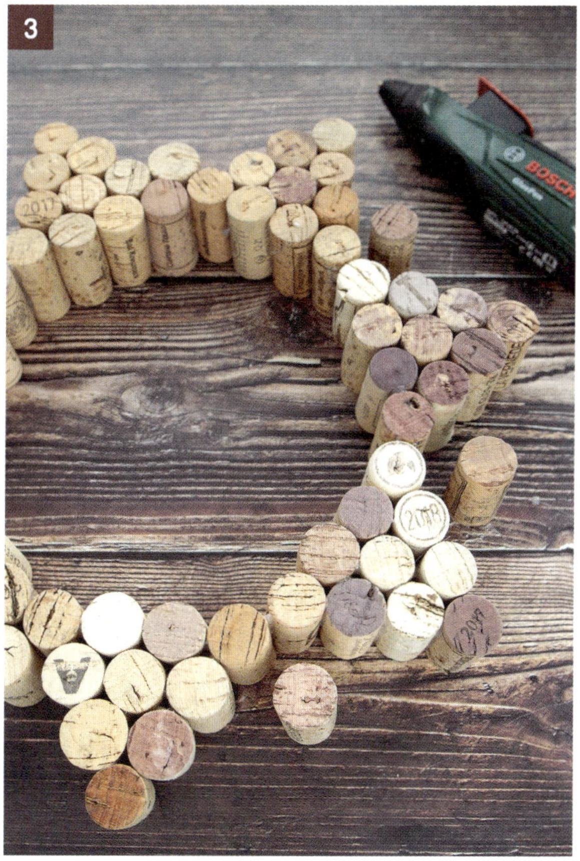

1. Am einfachsten ist es, zunächst die 7 Sternspitzen zu kleben. Das sind kleine Pyramiden aus jeweils 10 Korken.

2. Im zweiten Schritt legt man den Stern so auf die Arbeitsplatte, wie er später aussehen soll, und klebt die einzelnen Spitzen aneinander.

3. Damit das Ganze etwas mehr Stabilität bekommt, klebt man zwischen die Spitzen von außen noch einmal jeweils einen Korken auf.

Fortsetzung auf der nächsten Seite

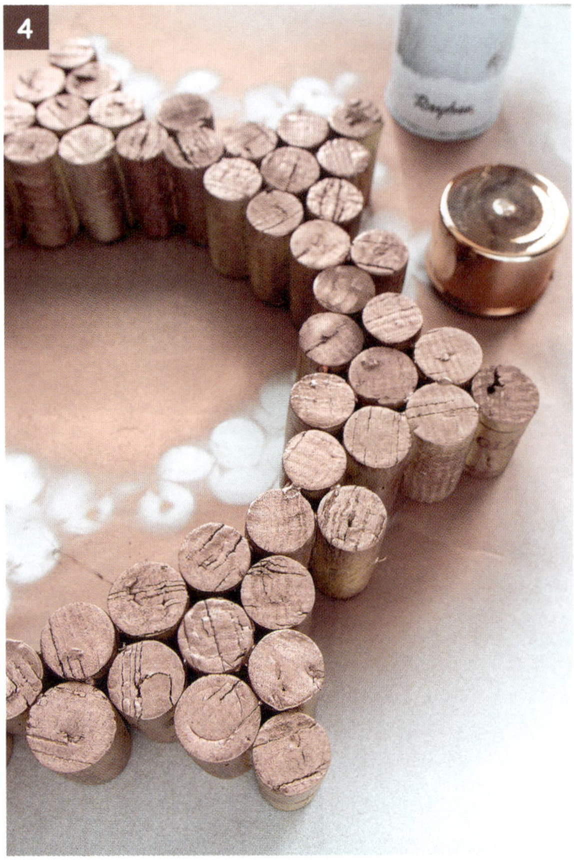

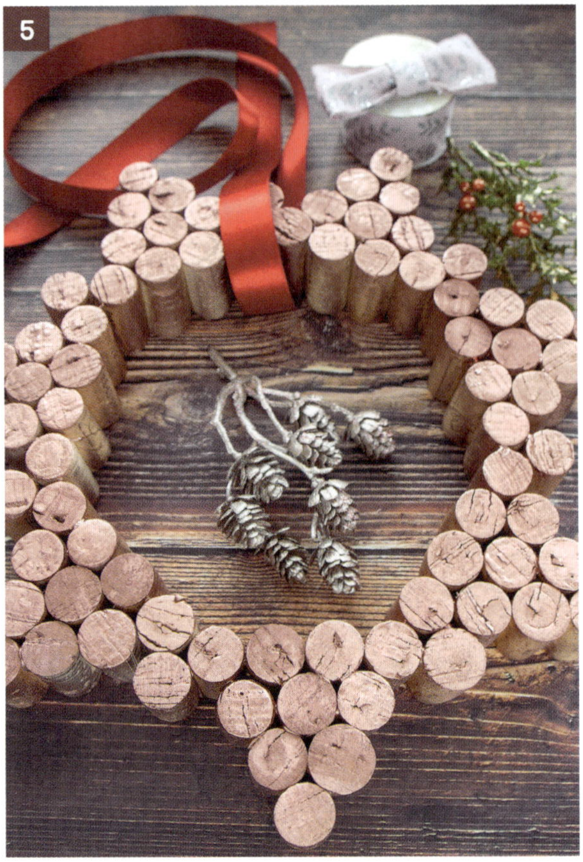

4. Nun kann man den Sternenkranz farbig anlegen. Hier im Beispiel ist er mit kupferfarbenem Metalliclack eingesprüht. (Am besten an der frischen Luft lackieren.)
Man kann alternativ aber auch die Korkoberseiten mit einem Schwämmchen und etwas Acrylfarbe farbig betupfen.

5. Nach dem Trocknen ist der Stern auch schon bereit, verziert zu werden. Etwas weihnachtliche Dekoration, ein paar Bänder und Schleifen oder Kugeln – ganz nach Lust und Laune. Mit einem langen Seidenband kann man den Stern später aufhängen.

Man kann ihn aber auch flach hinlegen und als Adventskranz verwenden.

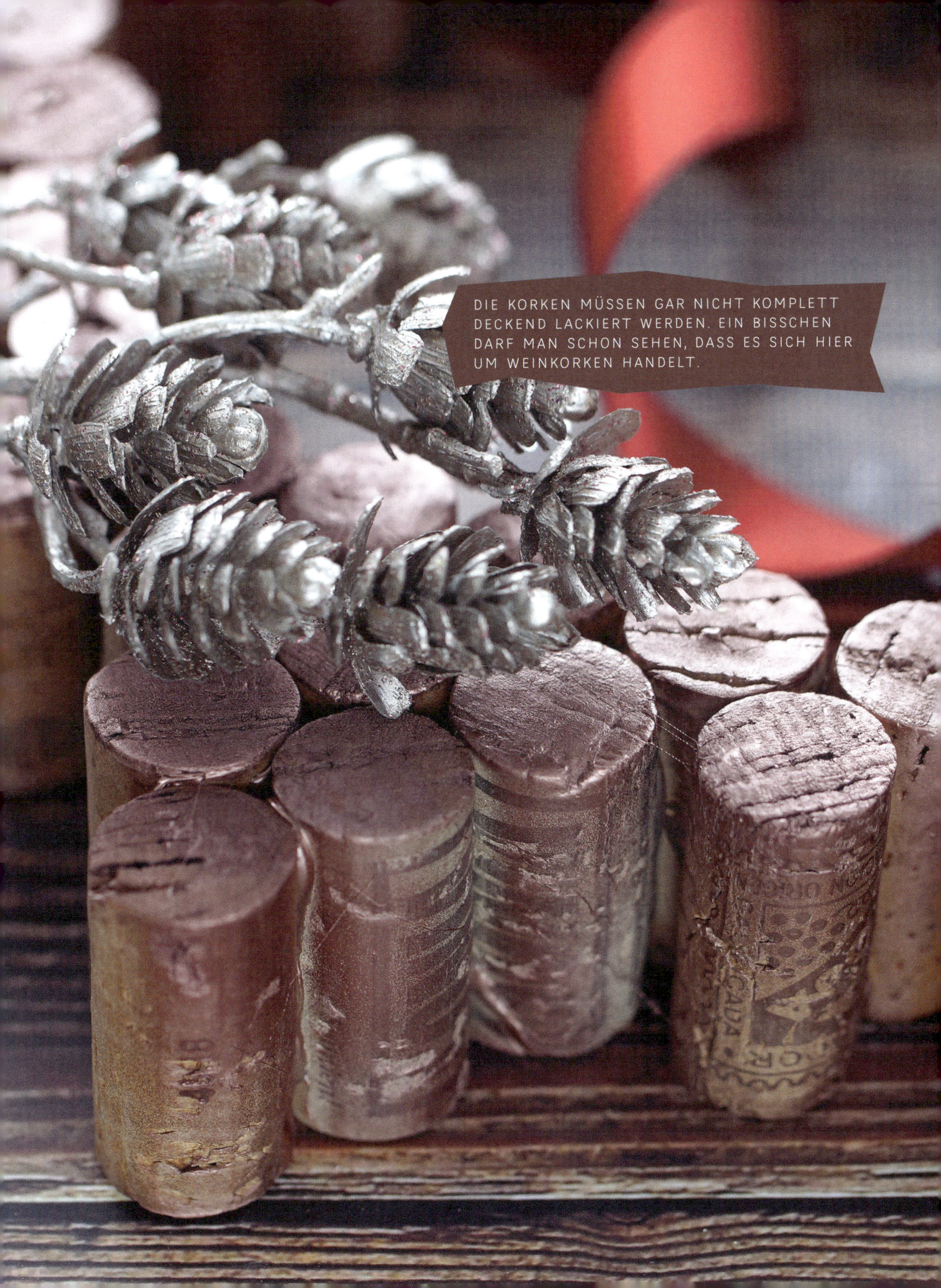

DIE KORKEN MÜSSEN GAR NICHT KOMPLETT DECKEND LACKIERT WERDEN. EIN BISSCHEN DARF MAN SCHON SEHEN, DASS ES SICH HIER UM WEINKORKEN HANDELT.

Weihnachtsbäumchen

MATERIAL:
17 WEINKORKEN, HEISSKLEBER, BREITES GESCHENKBAND, SCHERE, MESSER, NÄHGARN, NADEL

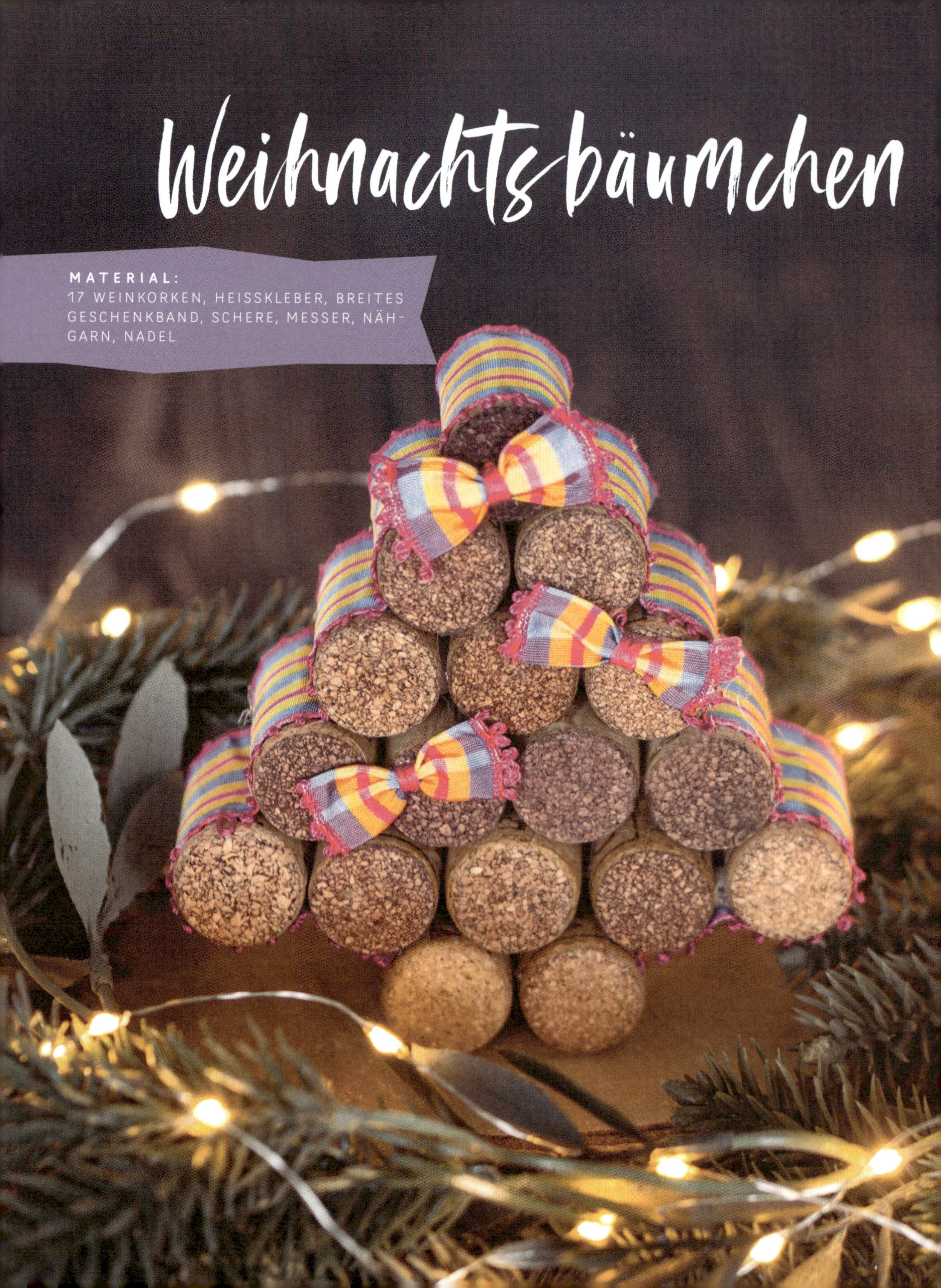

EINE KLEINE WEIHNACHTSDEKO, DIE MAL GANZ OHNE STERNE UND GLITTER AUSKOMMT. MIT FARBENFROHEM BAND UND KLEINEN BUNTEN SCHLEIFCHEN SIEHT DAS BÄUMCHEN TROTZDEM SEHR FESTLICH AUS. EINE LICHTERKETTE SORGT FÜR DIE ENTSPRECHENDE BELEUCHTUNG.

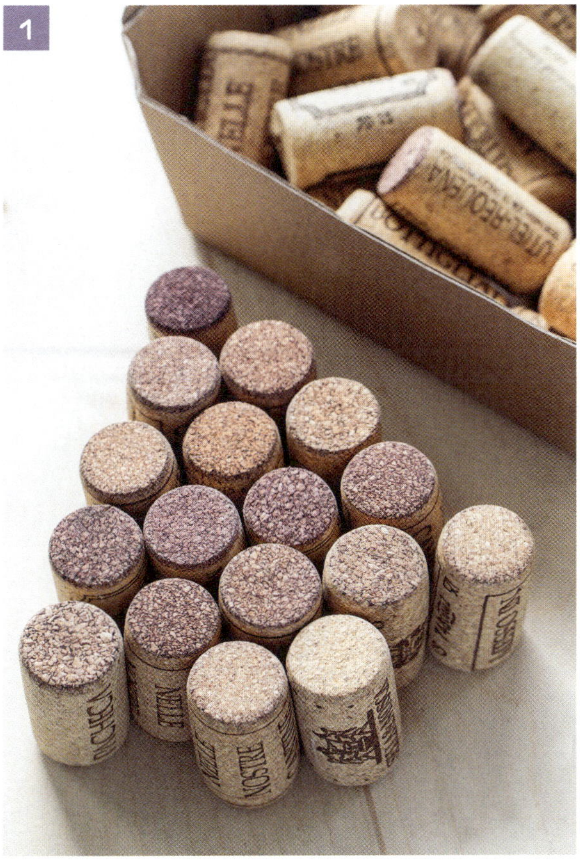

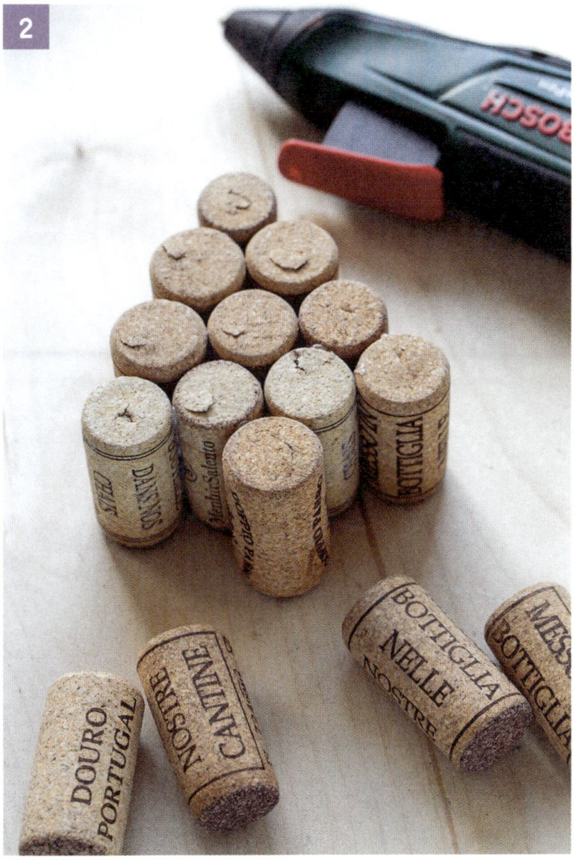

1. Für das Bäumchen werden zunächst die schönsten Korken ausgewählt und so zusammengestellt, wie sie später geklebt werden sollen.

2. Die Korken nun so mit Heißkleber zusammenkleben, dass die spätere Vorderseite zunächst nach unten zeigt. So ergibt sich eine gleichmäßigere Fläche der Korken, fall es unterschiedliche Größen sind.

Fortsetzung auf der nächsten Seite

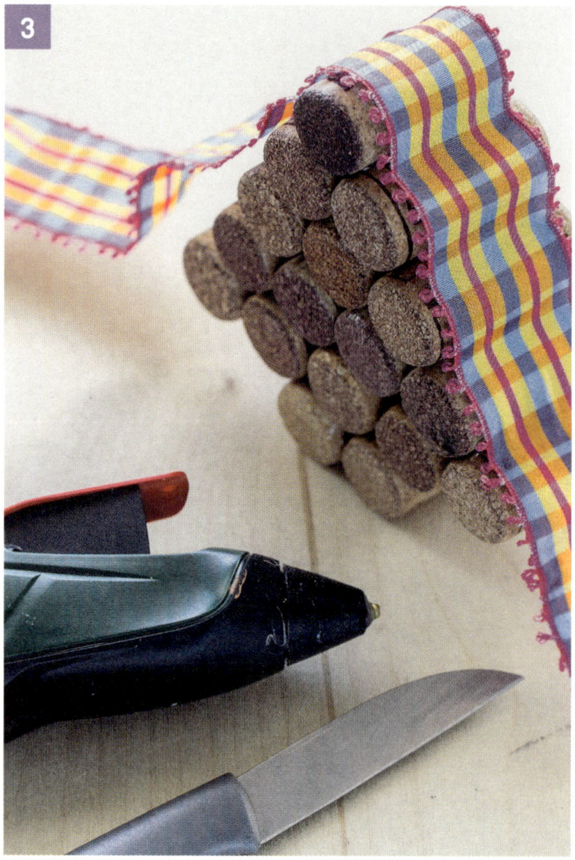

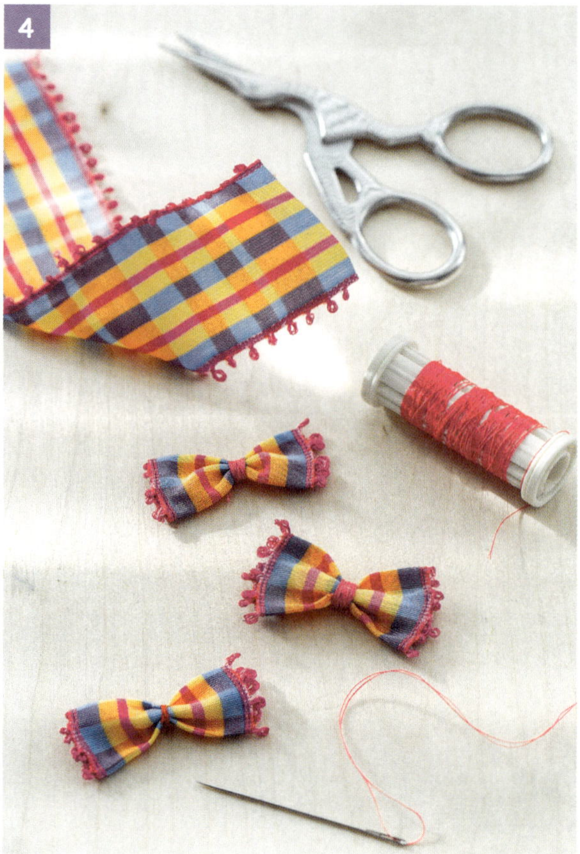

3. Dann wird ein breites Geschenkband über die Korken geklebt. Mit der stumpfen Seite eines Messers drückt man beim Kleben nach und nach das Band ein wenig zwischen die Korken, um der Form zu folgen. Die Enden an der Unterseite doppelt legen und festkleben.

4. Aus dem gleichen Geschenkband kleine Streifen abschneiden, 3 mal falten (die offene Kante sollte mittig hinten liegen) und mit etwas Garn zusammenbinden. Das Garn am Ende auf der Rückseite vernähen.

Die kleinen Schleifchen kann man anschließend mit dem Heißkleber am Korkbaum befestigen.

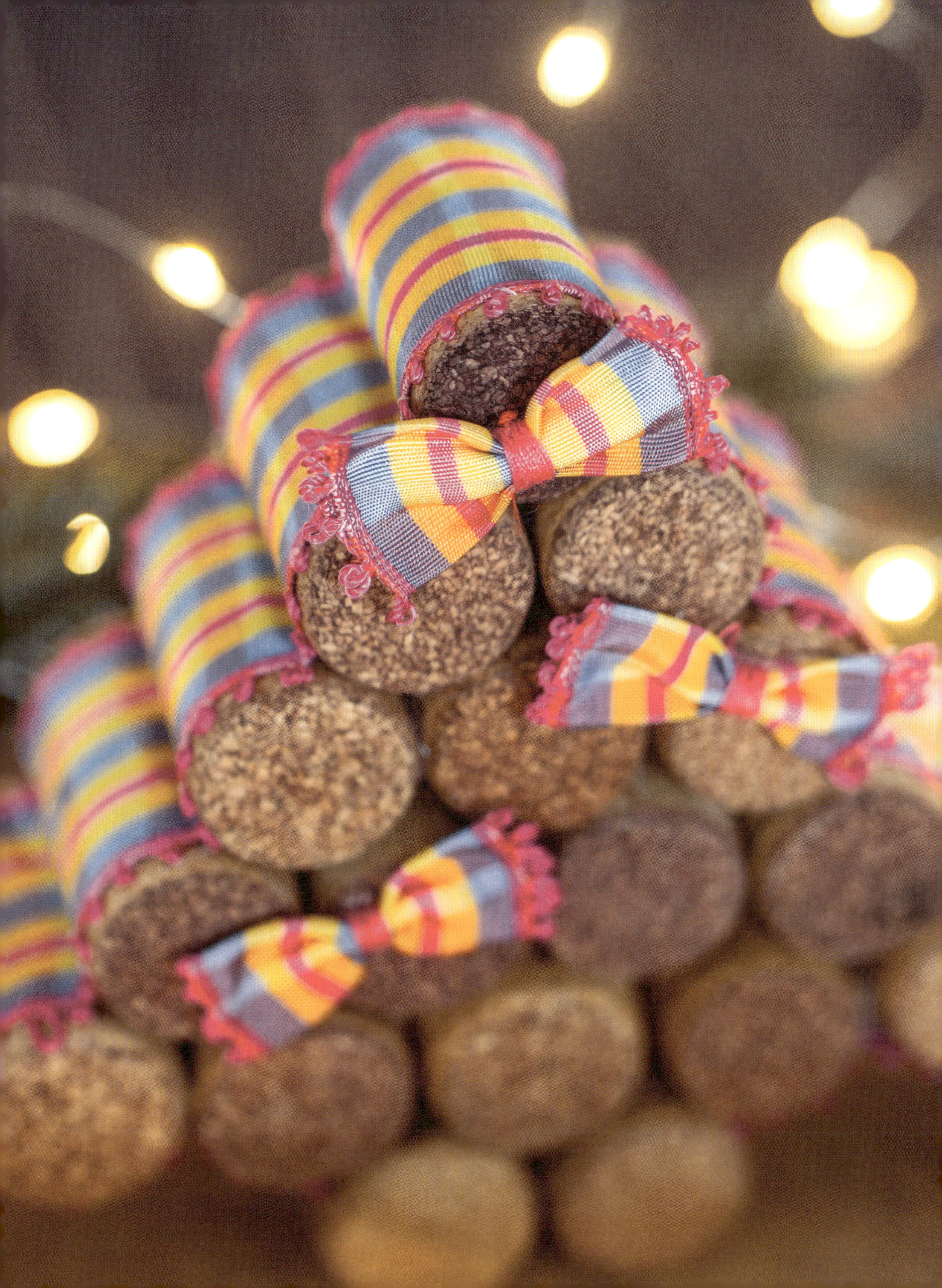

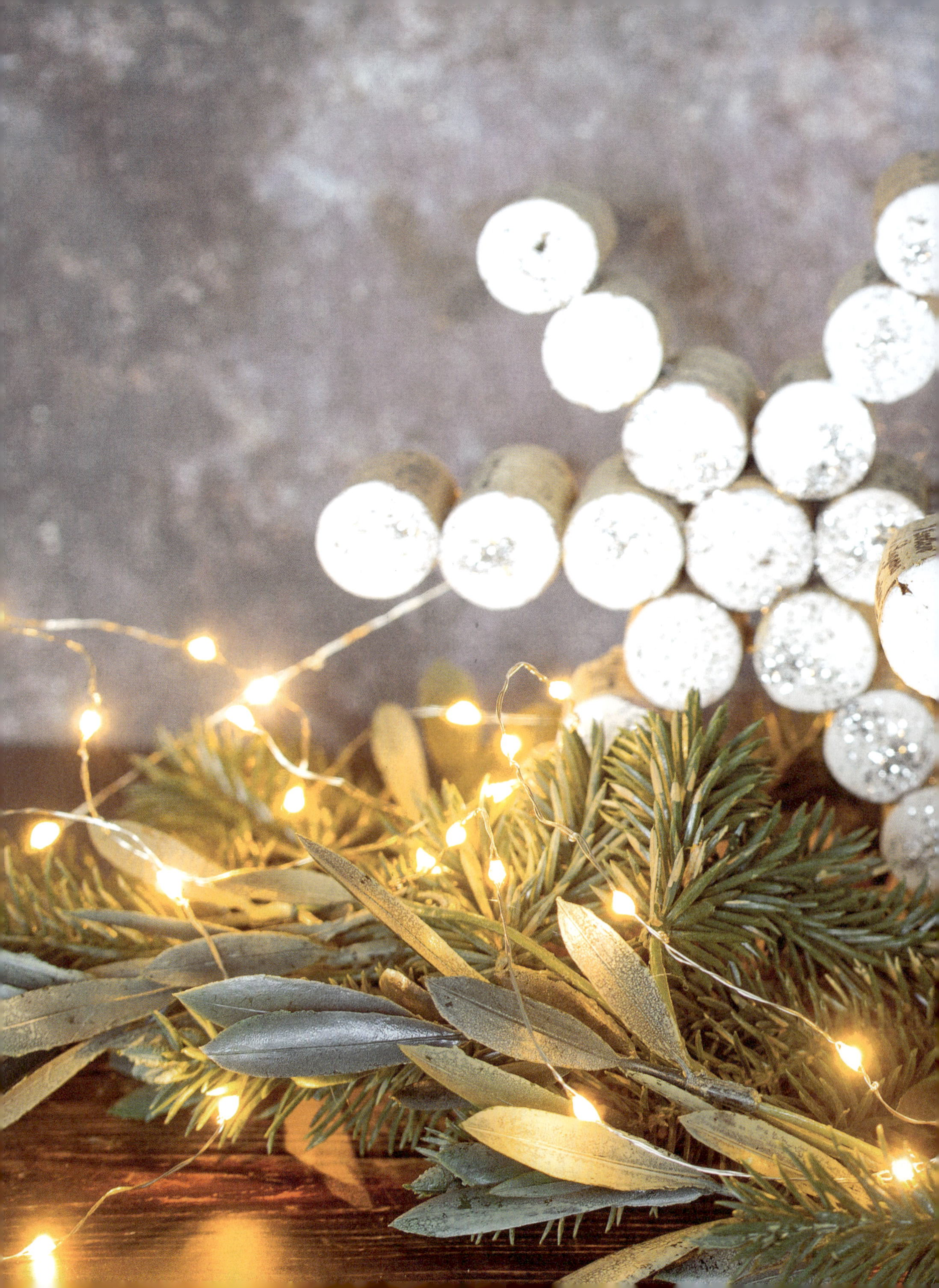

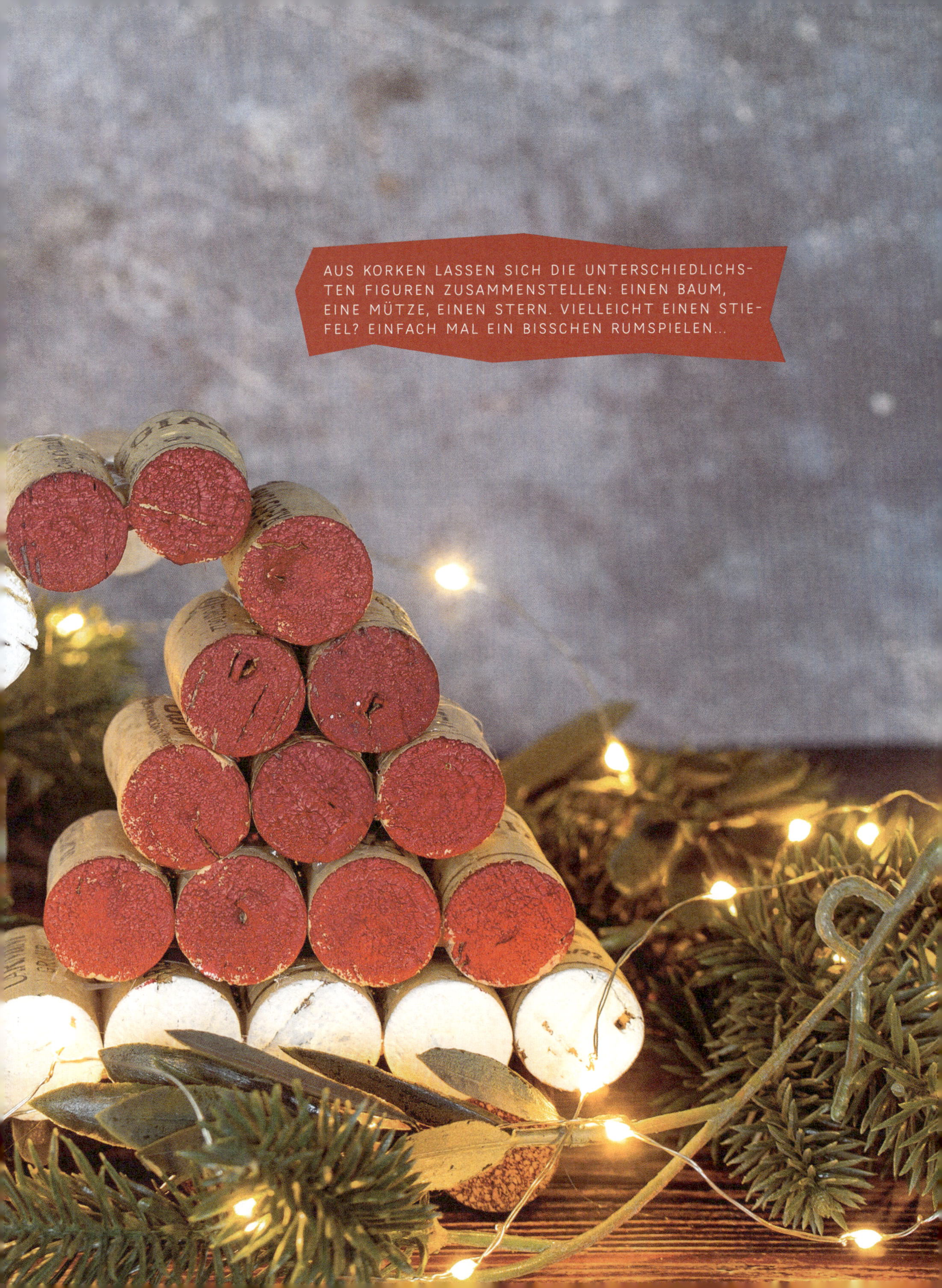

AUS KORKEN LASSEN SICH DIE UNTERSCHIEDLICHSTEN FIGUREN ZUSAMMENSTELLEN: EINEN BAUM, EINE MÜTZE, EINEN STERN. VIELLEICHT EINEN STIEFEL? EINFACH MAL EIN BISSCHEN RUMSPIELEN …

A Tännchen please!

MATERIAL:
FILZ, MARKER, ZICKZACKSCHERE, PAPPE, SCHERE, STOFFKLIPS, PERLEN, NADEL, GARN, NÄHMASCHINE, KORKEN, DEKOSTERNE

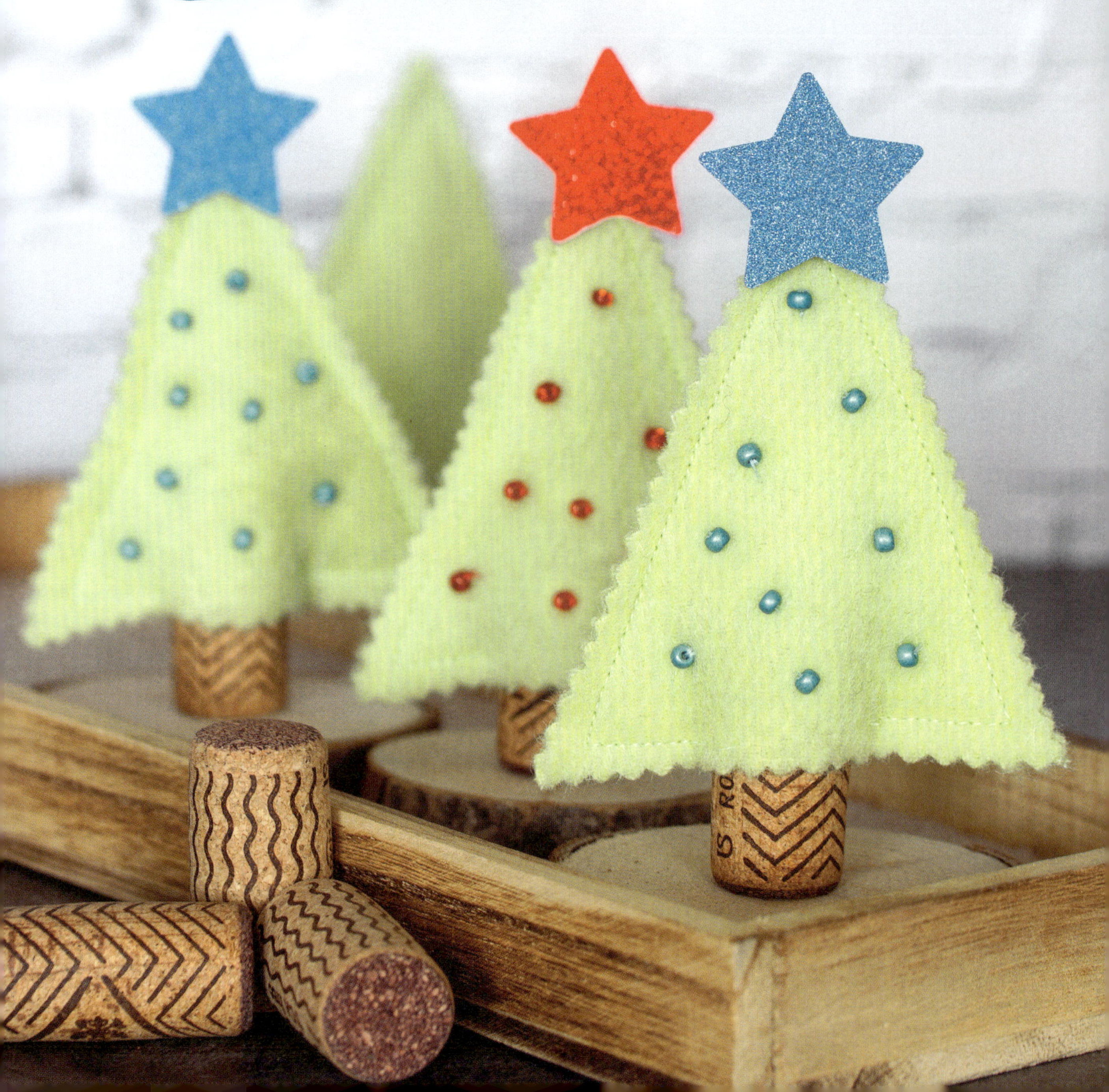

KEIN WEIHNACHTEN OHNE WEIHNACHTSBAUM. WIE WÄRE ES DENN MAL MIT GANZ VIELEN UND DAFÜR ETWAS KLEINER? DIESE MINI-WEIHNACHTSBÄUMCHEN NADELN GARANTIERT NICHT UND SIND SPÄTER AUCH GANZ SCHNELL VERSTAUT FÜR DAS NÄCHSTE JAHR. VERSPROCHEN!

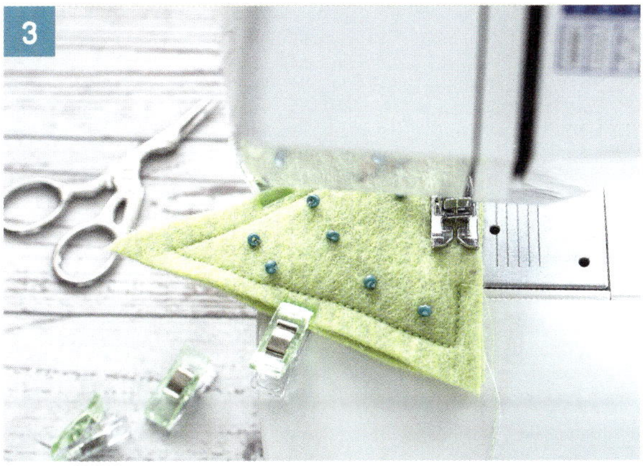

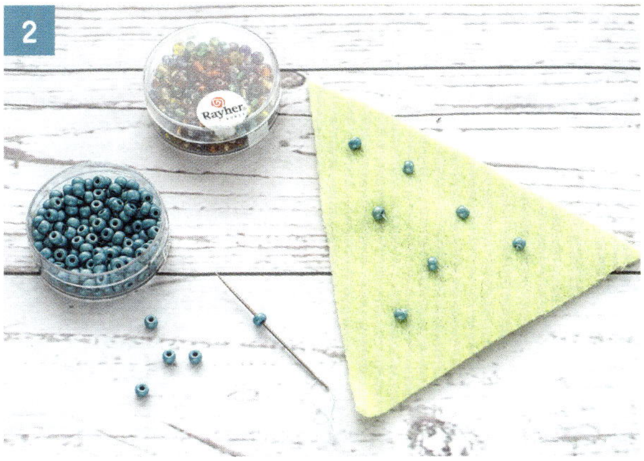

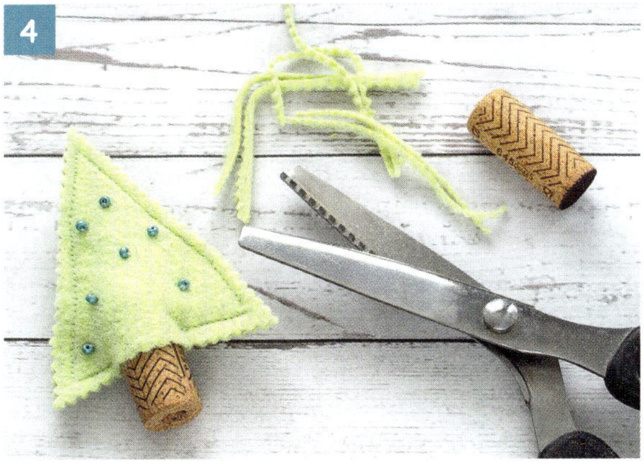

1. Am besten man fertigt sich eine Pappschablone an, um die Dreiecke für die Bäumchen gleichmäßig auf den Filz zu übertragen. Anschließend mit einer Schere ausschneiden.

2. Nun kann man kleine Perlen auf die Vorderseite des Bäumchen nähen. Achtung: nicht zu dicht am Rand, damit sie nicht unter den Nähfuß der Nähmaschine geraten.

3. Dann 2 Filzdreiecke aufeinanderlegen und mit Stoffclips fixieren. Anschließend mit der Nähmaschine rundherum zunähen und dabei an der Unterseite eine Öffnung für den Korken lassen.

4. Mit einer Zickzackschere nun den Rand gleichmäßig rundherum abschneiden und von unten den Korken als Standfuß hineinschieben.

Noch einen Stern zur Dekoration und schon ist der erste Weihnachtsbaum fertig!

Nikolausi...

MATERIAL:
WEINKORKEN, MESSER, TAPE, MARKER, ACRYLFARBEN, PINSEL, BOHRER, SEITENSCHNEIDER, KORDEL, STECKNADELN

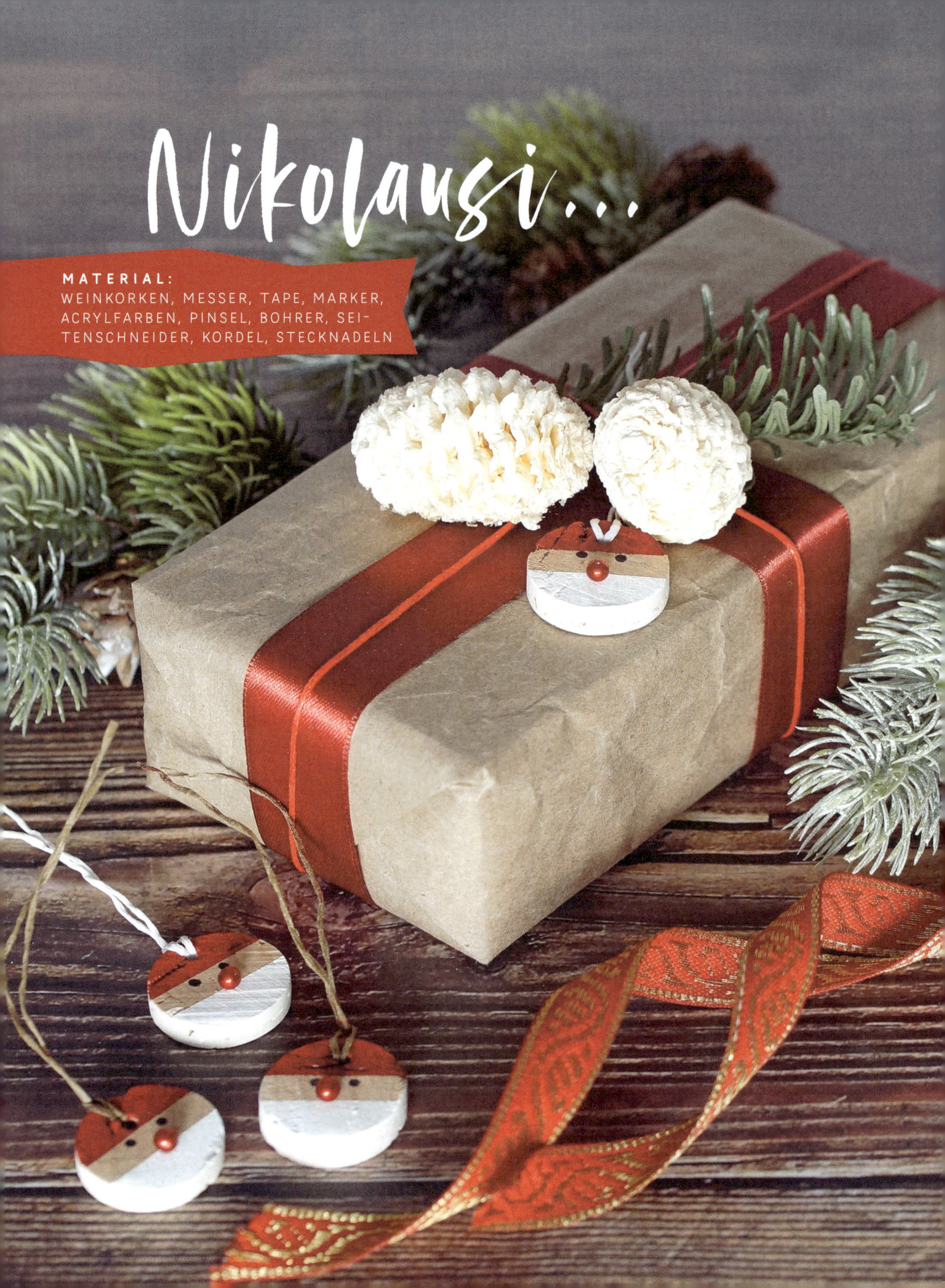

OB ALS BAUMSCHMUCK ODER ALS ANHÄNGER FÜR KLEINE PÄCKCHEN ZU WEIHNACHTEN – DER KLEINE NIKOLAUS IST DOCH EINFACH ZU NIEDLICH, ODER? SOLCHE ANHÄNGER KANN MAN AUCH TOLL MIT DEN KIDS BASTELN. DA WIRD DIE ZEIT BIS ZUM 24. DEZEMBER EIN BISSCHEN KÜRZER.

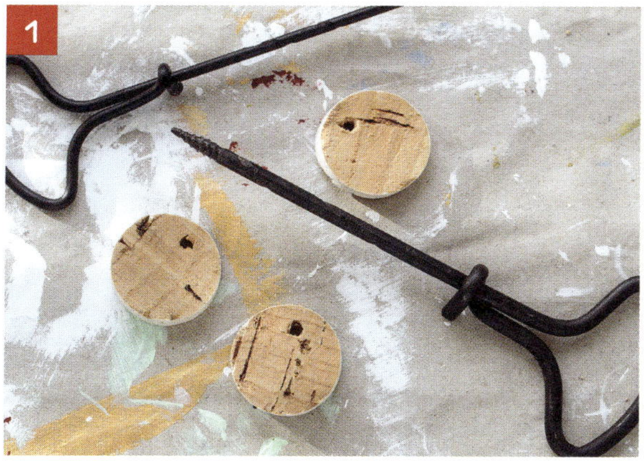

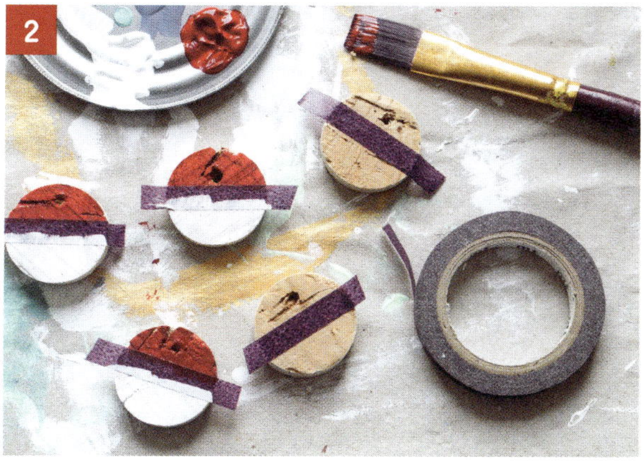

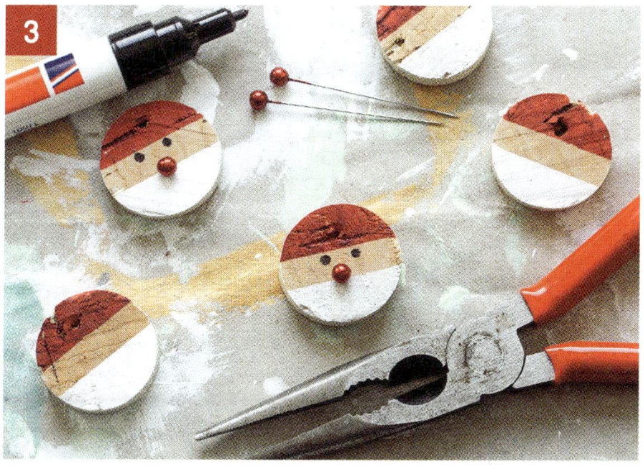

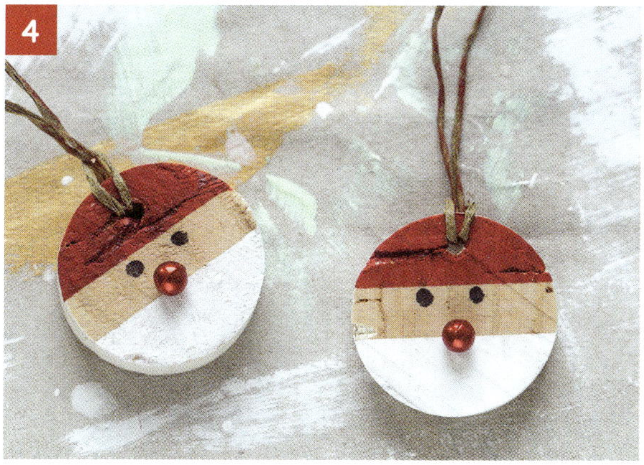

1. Für die kleinen Anhänger schneidet man ein paar Korken in Scheiben. Anschließend bohrt man oben ein Loch hinein für den Aufhänger.

2. Dann klebt man einen schmalen Streifen Tape genau über die Mitte des Korkens. Darauf achten, dass das Loch genau mittig ober- oder unterhalb des Tapes sitzt.
Jetzt pinselt man den Teil mit dem Loch rot und den unteren Teil mit weißer Acrylfarbe an. Danach trocknen lassen.

3. Nach dem Trocknen zieht man den Tapestreifen vorsichtig ab. Nun erhält der Nikolaus seine Nase. Dazu eine Stecknadel mit rotem Köpfchen bis auf 5 mm mit dem Seitenschneider kürzen und knapp oberhalb des »Bartes« in den Korken stecken. Mit einem Marker malt man dann noch die zwei Äuglein unterhalb der roten »Mütze« auf.

4. Fehlt nur noch eine kleine Kordel und der Nikolaus ist einsatzbereit.

Weihnachtswald

MATERIAL:
KORKEN, EIERKARTONS, SCHERE, ACRYLFARBE, PINSEL

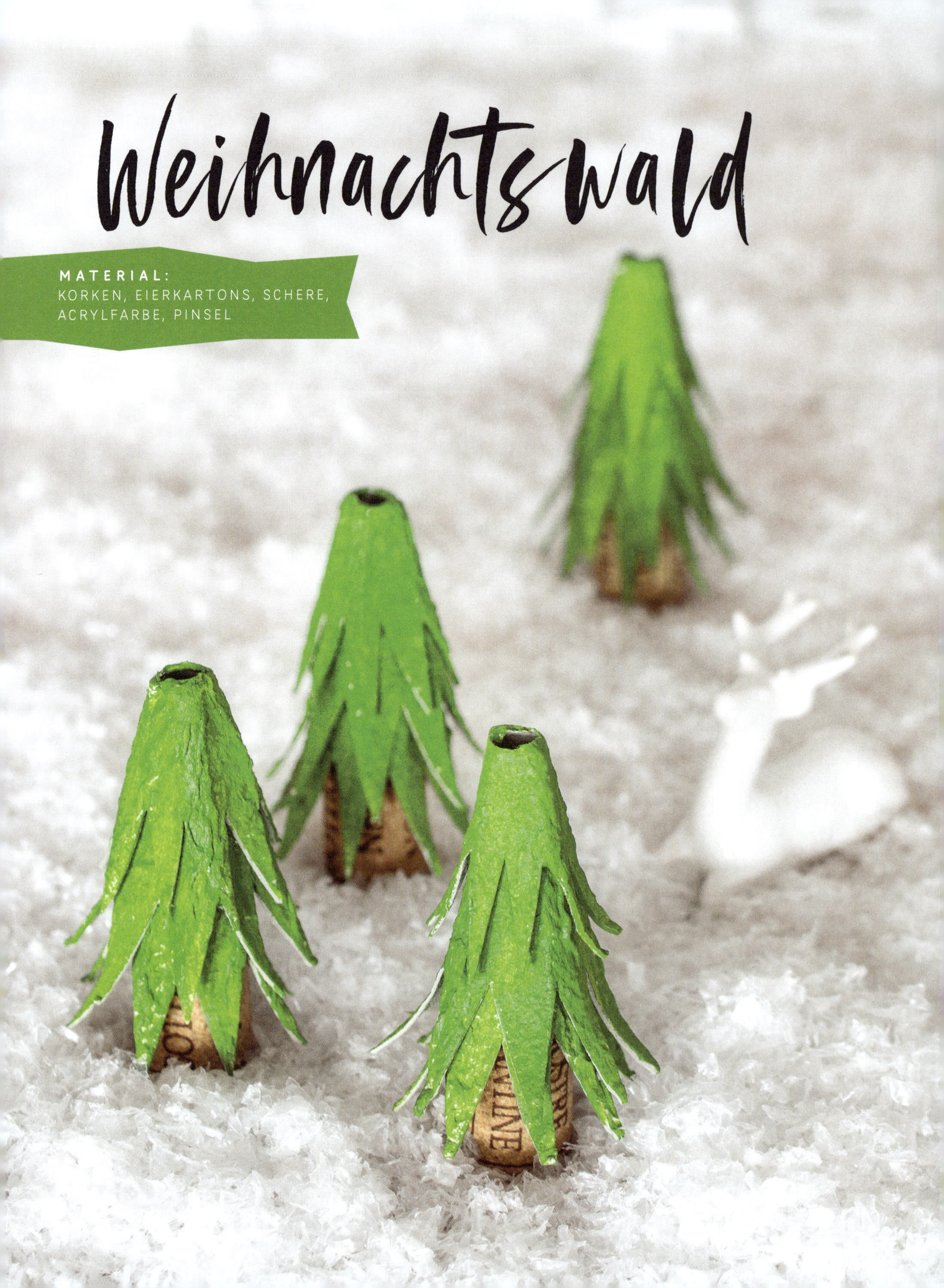

BEI DIESEN GRÜNEN TANNENBÄUMCHEN KOMMEN GLEICH ZWEI UPCYCLING-MATERIALIEN ZUM EINSATZ: FLASCHENKORKEN UND EIERKARTONS. DIE KANN MAN SUPER ZU KLEINEN WEIHNACHTSBÄUMCHEN VERBINDEN. DAS MACHT SICHER AUCH DEN KIDS SPASS. AM BESTEN EINEN GANZEN WEIHNACHTSWALD BASTELN.

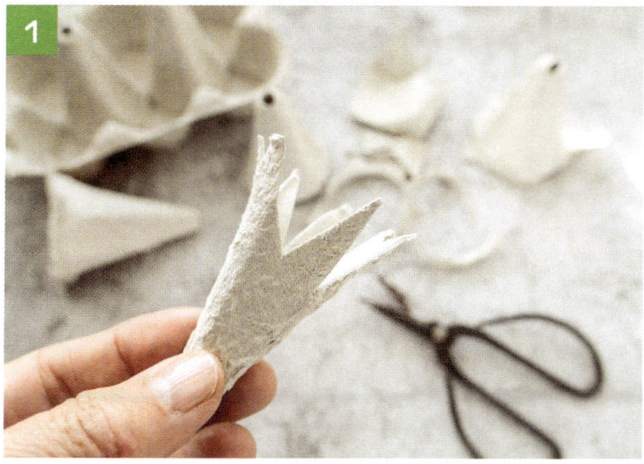

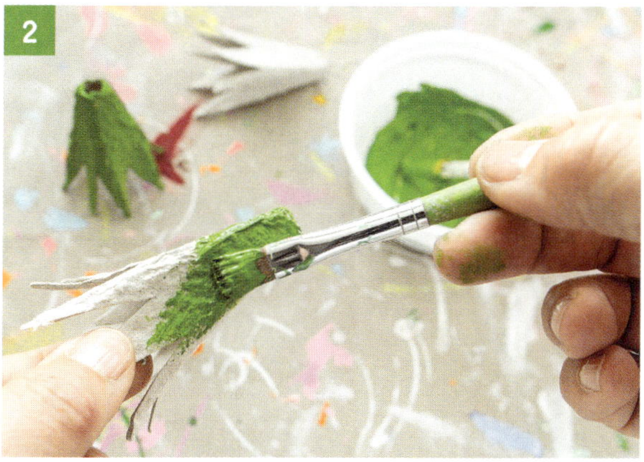

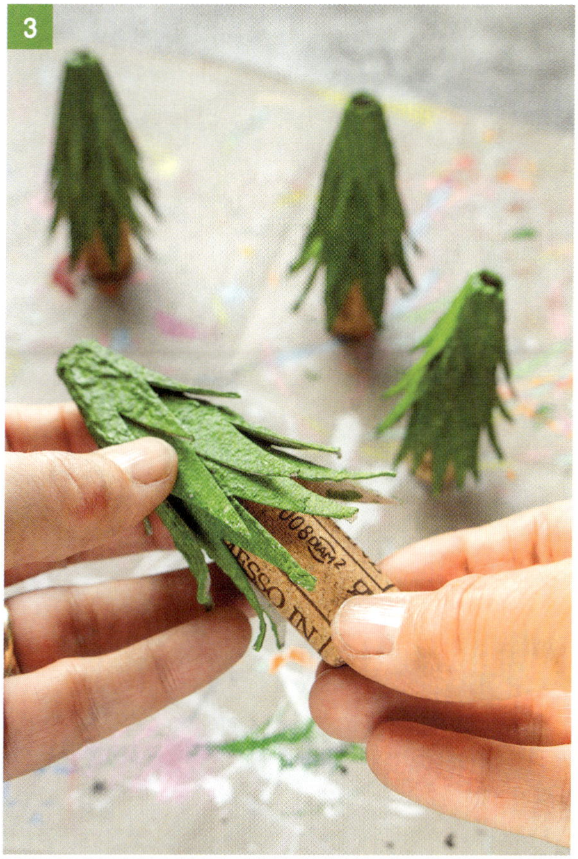

1. Von den Eierkartons verwendet man nur die Spitzen in der Mitte, also rechtzeitig anfangen zu sammeln. Für ein Bäumchen benötigt man 3 Spitzen. Man schneidet sie mit einer Schere heraus und den unteren Rand erst einmal sauber ab. Die obere Spitze des Bäumchens kann man etwas kürzer abschneiden. Dann so viele Zacken herausschneiden, wie man mag.

2. Anschließend werden die Spitzen mit grüner Acrylfarbe angepinselt. Dann sollten sie erst einmal gut trocknen.

3. Später steckt man 2 große und eine kleine Spitze übereinander. Von unten einfach einen Korken hinein drücken (evtl. festkleben). Das ist dann der Stamm des Bäumchens.

Vorlagen

VORLAGE SUPERHELDEN
VON SEITE 58

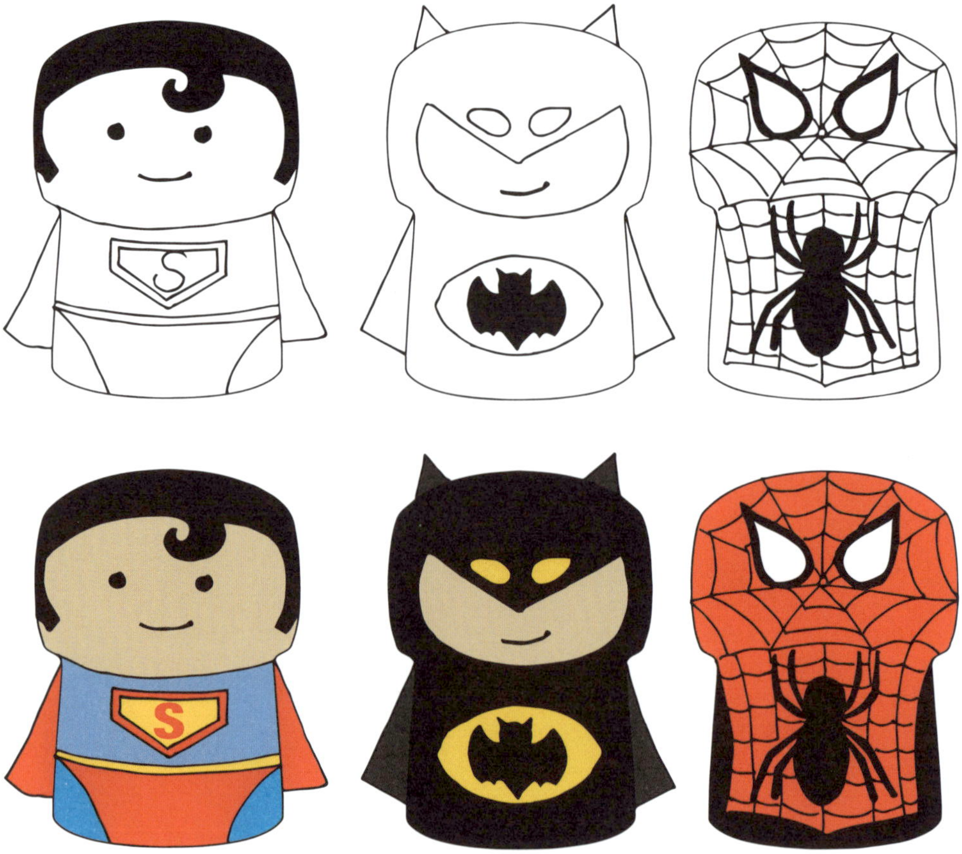

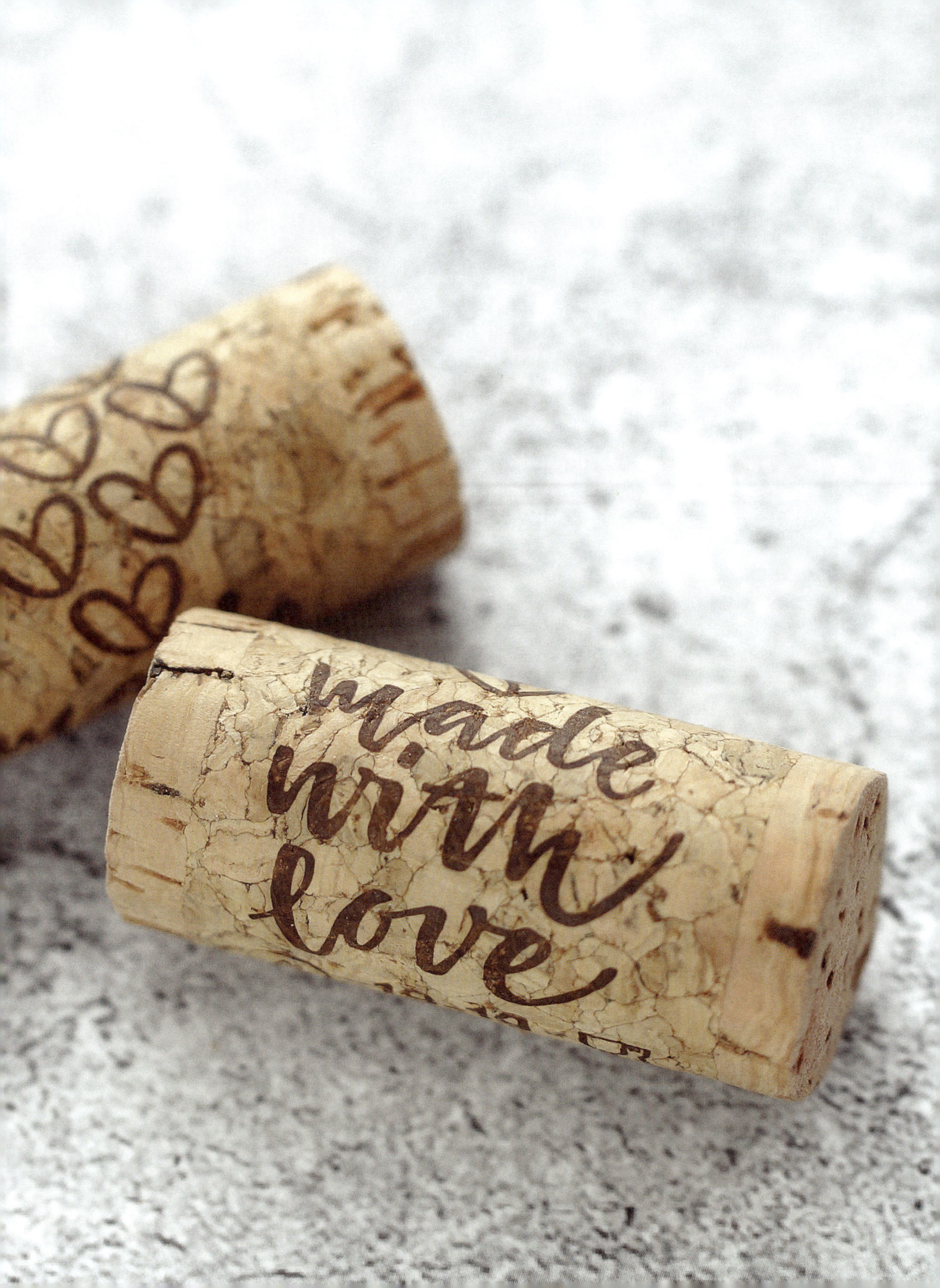
made with love

Impressum

Autorin: Ina Mielkau
Fotos und Grafiken: Ina Mielkau
Produktmanagement: Svenja Wiglinghaus
Lektorat: Sigrun Borstelmann
Korrektorat: Brigitte Schnock
Umschlaggestaltung: Ina Mielkau
Layout und Satz: Ina Mielkau
Repro: LUDWIG:media
Herstellung: Julia Hegele
Printed in Poland by CGS Printing

★★★★★

Sind Sie mit diesem Titel zufrieden? Dann würden wir uns über Ihre Weiterempfehlung freuen. Erzählen Sie es im Freundeskreis, berichten Sie Ihrem Buchhändler oder bewerten Sie beim Onlinekauf. Und wenn Sie Kritik, Korrekturen oder Aktualisierungen haben, freuen wir uns über Ihre Nachricht an Christophorus Verlag, Postfach 40 02 09, D-80702 München oder per E-Mail an lektorat@verlagshaus.de.

Unser komplettes Programm finden Sie unter

www.christophorus-verlag.de

Die Deutsche Nationalbibliothek verzeichnet diese Publikation in der Deutschen Nationalbibliografie; detaillierte bibliografische Daten sind im Internet über http://dnb.d-nb.de abrufbar.

ISBN 978-3-8388-3872-4

FSC www.fsc.org MIX Papier | Fördert gute Waldnutzung FSC® C111616

Nachhaltigkeit ist uns wichtig! Mit diesem Buch unterstützen Sie eine ökologische Produktion. Wir verwenden FSC-zertifizierte Papiere, drucken mit mineralölfreien Druckfarben, verzichten auf das Einschweißen in Plastikfolie und achten auf kurze Transportwege.

Einfach nachhaltig

Kreativ-Service

Sie haben Fragen zu unseren Büchern und Materialien? Wir beraten Sie gern rund um alle Kreativthemen.
Rufen Sie uns einfach an. Wir interessieren uns auch für Ihre eigenen Ideen und Anregungen.
Sie erreichen uns per E-Mail kreativ-service@c-verlag.de oder unter der Telefonnummer 0049-89-1306 99 577.

Besuchen Sie uns im Internet: www.christophorus-verlag.de & www.selbstgemacht.de